에듀테크의 시대

기술은 어떻게 교육을 혁신하는가

에듀테크의 시대

이진우 지음

다산스마트에듀

머리말

더 나은 미래 교육을 위하여

2011년 5월 10일, 흥분된 마음을 억누르며 샌프란시스코 모스콘 센터 앞자리에 앉아 있었다. 구글 연례 개발자 행사인 2011 구글 IO가 곧 시작될 참이었고, 행사의 첫 순서인 키노트 스피치를 통해 지난 1년간 공들여온 세계 최초 크롬북이 발표될 예정이었다. 이윽고 커다란 스크린에 크롬북이 모습을 드러내자, 우레와 같은 박수갈채가 터져 나왔다. 바로 그 순간 나의 삶은 새로운 경로로 들어섰다.

크롬북은 미국 교육 시장에서 커다란 반향을 일으켰다. 단순하고 쉽게 사용할 수 있다는 점이 각급 학교에서 대단한 호응을 얻으며 짧은 시간에 미국 교육 시장 점유율 1위로 올라섰다. 수업에서 겉돌던 학생들이 활기를 되찾고, 교사들이 더 나은 수업을 통해 기쁨을 느끼는 모습을 보았다.

미국 학교의 수업이 변화하는 모습을 지켜보면서 우리 아이들이 떠오르는 건 어쩔 수 없었다. 우리나라에도 수업에 이런 도구를 활용한다면 더 많은 학생이 더 즐겁게 공부할 수 있지 않을까? 성장하는 학생들을 보면서 교사들도 더 보람 있는 하루하루를 보낼 수 있지 않을까?

그렇게 교육과 인연을 맺은 지도 어느새 10년이 훌쩍 넘었다. 참 많은 학교를 방문했고, 많은 선생님을 만났다. 때로는 하소연을 들었고, 때로는 새로운 교육을 열망하는 눈빛을 보았다. 누가 시킨 것도 아닌데 수업의 변화를 위해, 교육의 변화를 위해 노력하는 선생님들이 곳곳에 계셨다. 그분들이 고군분투하는 이유는 분명하다. 교육이 변해야 하기 때문이다.

교육을 둘러싼 환경은 어느 때보다 빠르게 변화하고 있다. 공교육제도는 산업이 고도로 성장하던 20세기에 만들어졌는데, 모두가 인정하다시피 개인의 고유한 특성에 대한 배려가 부족하다. 표준화된 교육을 통해 사회가 필요로 하는 인재를 길러내는 데 초점이 맞춰져 있어서다. 하지만 이제 인류는 산업화 시대를 지나 인공지능으로 대변되는 4차 산업혁명의 시대로 나아가고 있다. 인공지능을 이용한 자동화 물결은 거스를 수 없는 대세가 됐다. 그러므로 교육의 핵심 과제는 다음 세대를 위해 개인의 특성을 발견하고 성장시키는 것이어야 한다.

표준화된 교육에서 개인을 생각하고 배려하는 교육으로 나아가기 위해서는 교육 시스템 전반의 변화가 불가피하다. 또한 개인의 특성을 고려하는 교육으로 변화하려면 새로운 도구가 필요하다. 한 명의 교사가 학생 한 명 한 명을 개별적으로 지도하는 것은 물리적으로 불가능하기 때문이다. 이런 고민 속에 구원투수로 등장한 것이 바로 기술이다.

수년 전부터 교실에 본격적으로 스마트 기기가 보급됐다. 디지털 교과서, 전자칠판 등 새로운 도구가 교육 현장에 속속 적용됐다. 코로나19 시대를 지나면서 교육에 기술을 적용하는 일은 더욱 속도가 빨라졌다.

하지만 교육 현장에서 느끼는 일반적인 반응은 '혼란'이었다.

'교육에 기술을 어떻게 적용할 것인가?'

스마트 기기 사용법, 인공지능 활용 수업을 말하기 전에 이 질문에 답해야 한다. 그러려면 기술이 무엇인지를 먼저 이해하고, 기술을 교육에 적용하려는 이유를 명확히 해야 한다. 교육의 목적이 분명히 변화한 만큼 그 목적을 달성하는 수단으로서의 기술을 정확하게 인식할 때 미래 교육은 올바른 방향으로 나아갈 수 있다.

책을 쓰기 전, 오랜 시간 망설였다. '교육에 기술을 어떻게 적용할 것인가?'라는 질문에 올바른 답을 제시할 수 있을까? 한 걸음 물러서고 싶을 때마다 학교에서 만났던 수많은 선생님의 얼굴이 떠올랐다. 더 나은 수업을 위해 열정적으로 노력하는 선생님들의 표정이 떠올랐다. 아주 작은 도움이라도 될 수 있다면, 단 한 문장이라도 쓸모가 있다면 그것만으로도 감사한 일이라 생각하며 집필 결심을 굳혔다.

이 책에서는 교육에 기술을 적용하는 과정 전반에 걸쳐 큰 방향을 제시하고자 했다. 스마트 기기, 전자칠판, 다양한 소프트웨어 등 교육에 활용될 수 있는 기술적 요소들을 통틀어 '기술적 도구'라는 용어로 표현했다. 기술이 교육의 목적을 이루기 위한 수단임을 강조하고, 교사나 학생들이 주체적으로 사용해야 하는 도구임을 표현하고자 했다. 무엇보다 학교의 현실을 정확히 반영한 책, 오랫동안 옆에 두고 한 번씩 들춰볼 수 있는 책을 쓰고자 했다. 현실에 두 발을 딛고 최대한 멀리 내다볼 수 있기를 소망했다.

뒤돌아보니 능력에 비해 욕심이 과했음을 인정하지 않을 수 없다. 그렇더라도 부족하나마 이 책이 교사, 학생, 교육에 관심이 있는 모든 분에게 더 나은 미래 교육으로 나아가는 데 길잡이가 되길 바란다.

끝으로 부족한 남편, 부족한 아빠가 책을 쓰는 동안 기다려주고 응원해준 아내 예란, 딸 윤서, 아들 선재에게 사랑과 감사를 전한다.

이진우

차례

1장

사회의 빠른 변화 속도를
교육이 어떻게
따라잡을 수 있을까?

교육을

다시

생각하자

세상은 빛의 속도로
변화해왔지만
교육은 늘
한발 뒤처졌다.

언제부턴가
교육은 대학 입시의
발판이라는
의미로 변질됐다.

미래 교육의
핵심은
'개인화된 교육'
이어야 한다.

모두가 만족하지 못한다. 여기저기서 '공교육이 무너졌다', '교권이 땅에 떨어졌다', '대한민국의 미래가 암울하다'라는 목소리가 들려온다. 부모들은 자녀를 학교에 보내놓고 불안 속에 하루를 보낸다. 친구들과 갈등 없이 지내는지, 수업 시간에 선생님 말씀은 잘 듣는지, 괜한 싸움에 휘말리지는 않는지…. 학부모의 하루는 만만치 않다.

그렇다고 선생님들의 하루가 만족스러운 것도 아니다. 학생들과 하루를 어떻게 보낼지 생각하면 아침마다 답답함이 몰려온다고 말한다. 과거 군대 문화를 떠올리게 했던 학교에 학생 인권과 아동 학대에 대한 의식이 도입되면서 학교 현장은 혼란스러운 모습이다.

학생들은 어떨까? 중·고등학교에 진학하면 사교육을 받는 것이 당연시되고 있다. 심지어 학원에 들어가기 위한 레벨 테스트 준비반이 따로 있을 정도다. 학생들은 꿈을 잃었다. 과거 어느 때보다 많은 공부를 하고 있지만, 정작 무엇을 하고 싶은지 모른다. 왜 공부를 하는지도 모르면서 그저 열심히 달리고, 그러다 보니 쉽게 지친다.

노란 학원버스가 도로를 지날 때면 그 안에 타고 있는 학생들을 바라본다. 차창에 힘없이 기대어 스마트폰을 들여다보거나, 고개를 숙인 채 짧은 잠을 청하는 모습이 보인다. 저 아이들의 마음 속에는 어떤 생각이 오갈까? 안타까운 마음이 들다가 금세 잊어버린다.

01

공교육의 탄생부터
현재에 이르기까지

　교육이 왜 이렇게 어려운 상황을 맞이하게 됐을까? 왜 모두가 입을 모아 교육이 변해야 한다고 말할까? 무엇보다 시대의 변화에 발맞추지 못하고 한참 뒤처져 있기 때문이다.

　몇 년 전 교사들 사이에서 회자된 유튜브 동영상o이 있다. 근대 학교제도를 피고로 하여 재판을 하는 영상이었다. 먼저 지난 150년간 자동차와 전화기 등이 어떻게 바뀌어왔는지를 보여준다. 예전의 모습을 찾을 수 없을 만큼 너무나도 달라졌다. 그야말로 눈부신 발전을 이뤘다. 이윽고 교실의 모습을 보여준다. 학생들이 각자 자리에 앉아 있고 교사가 칠판 앞에 서 있는 모습, 100년이 넘도록 그대로다.

　서구에서는 산업혁명 시기를 지나면서 공교육이 등장했다. 1800년대 중반에서 1900년대 초반에 이르는 산업화의 시기에 수많은 기

---

o "근대교육을 재판합니다", www.youtube.com/watch?v=91-UvrrpneY

업과 공장이 생겨났고, 근로자가 필요해졌다. 이에 공교육을 통해 매뉴얼에 따라 성실하게 일할 줄 아는 '훈련된' 근로자를 양성했고, 이들은 산업 사회를 성장시키는 밑거름이 됐다. 공교육은 이처럼 사회적 필요에 따른 '인적 자원'을 공급하는 데 중요한 역할을 담당해왔다.

특수 환경에서 시작된 우리나라의 공교육

대한민국의 공교육은 조선의 패망과 일제 강점기, 미 군정으로 이어지는 특수한 환경에서 틀을 갖춰나갔다. 정치적 상황의 갑작스러운 변화로 조선 시대에 행해지던 교육제도가 단절되는 안타까운 상황을 맞이했다. 1894년 갑오개혁을 통해 최초의 근대적 교육제도가 등장했는데, 이때 중점적인 대상은 중·고등 교육이 아닌 초등 교육이었다.[o] 즉 소학교와 소학교 교사 양성기관인 사범학교를 세우고, 교과서를 편찬하여 교육의 기회를 모든 사람에게 개방했다. 1895년 7월 소학교령을 통해 소학교 설치 근거가 마련됐다. 소학교는 1906년 보통학교로 개편됐다가 1938년 다시 소학교로 변경됐다. 이후 1941년에 국민학교로 개명됐다가 1996년에 초등학교로 바뀌어 오늘까지 유지되고 있다.

일제는 통감부 설치 이후 중학교를 고등학교로 바꾸고 교육 기간

o 류방란, 1995: 72

삼성초등학교 구교사. 1911년 8월 '조선교육령'이 발표된 뒤 대전에 처음 생긴 소학교다.
* 출처: 대전광역시 동구 문화관광과

을 7년에서 4년으로 축소했다. 명칭을 고등학교로 바꿨다는 것은 조선인의 교육과정이 고등학교로 마무리된다는 것을 의미했다. 조선인의 고등 교육을 원하지 않았던 일제는 조선인에 대한 실업 교육을 강화했다.○ 미 군정기에는 일제 강점기에 외면받았던 고등 교육의 개편이 이뤄졌다. 이원적으로 운영되던 고등 교육제도를 4년제 대학으로 단일화했다. 미 군정하에서 발족한 교육심의회는 6-6-4제와 6-3-3-4제를 병행하여 채택했다. 그러다가 1951년 교육법 개정을 통해 6-3-3-4의 신학제가 만들어져 오늘에 이르렀다.

○ 박철희, 〈식민지학력경쟁과 입학시험준비교육의 등장〉, 2003

세계적으로 보기 드문 교육열

해방 후 6·25를 거쳐 국가를 재건하는 시기에 의무교육이 실시됐다. 의무교육의 실시는 우리나라 교육의 커다란 전환점이 됐다. 특정 정치 세력이 주도한 변화가 아니라 새로운 국가 건설의 주요 과제로 교육이 논의됐는데, 당시 의무교육 정책이 마련되고 실시될 수 있었던 가장 중요한 요인은 바로 민중의 교육열이었다.○

1960~1970년대 산업화 시기를 지나는 동안 교육을 통해 사회적 계층 상승을 이루겠다는 열망은 한층 높아졌다. 일제 강점기, 6·25를 거치면서 응축됐던 교육열이 산업화 시기에 본격적으로 분출됐다. 이에 따라 중·고등학교 진학률은 물론이고 대학 진학률도 크게 높아졌다. 우리나라 청년 인구(25~34세)의 고등 교육 이수율은 2021년 기준 69.3%로, OECD 평균 46.9%보다 높다.○○

○ 정재선, 〈해방·국가재건기(1945~1959) 의무교육 정책의 추이와 초등교육의 강화〉, 2013
○○ 경제협력개발기구(OECD) 교육지표, 2022

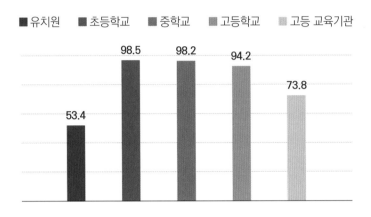

한국인의 취학률 및 진학률(2022)

(단위: %)

■ 유치원 ■ 초등학교 ■ 중학교 ■ 고등학교 ▨ 고등 교육기관

- 유치원: 53.4
- 초등학교: 98.5
- 중학교: 98.2
- 고등학교: 94.2
- 고등 교육기관: 73.8

* 출처: 한국교육개발원 교육통계 분석 자료집

우리나라 국민의 교육열은 '학교'라는 조직을 절대적으로 신뢰하는 시대를 만들었다.

"선생님, 말 안 들으면 때려주세요."

학부모들은 담임 교사 면담이 끝날 때 어떻게든 잘 지도해달라는 부탁과 함께 머리를 숙였다. 학생과 학부모의 교육에 대한 기대는 날로 커졌고, 교육을 통해 안정적인 미래를 확보하려는 치열한 경쟁이 시작됐다.

1980년대 고도성장기를 지나면서 대학 졸업장은 많은 것을 보상해줬다. 든든한 직장, 안정된 가정, 사회적 지위. 이런 보상 경험은 '더 나은 대학에 진학하는 것이 잘사는 길'이라는 대명제를 만들어냈다. 그와 함께 초·중·고 교육은 명문대로 일컬어지는 일부 대학의 관문을 통과하기 위한 발판이라는 의미로 변질됐다.

시간이 지나면서 초·중·고 교육이 대학 입학시험을 위한 준비 단계라는 일반적인 인식에 반기를 드는 목소리가 곳곳에서 터져 나왔다. 하지만 당위성은 인정하면서도 자원과 시간의 부족, 사회구조의 벽이라는 한계에 부딪혀 변화의 방향을 설정하지 못했다. 그러는 와중에도 교육에 대한 국민들의 기대는 날로 커졌고, 채워지지 않는 기대는 공교육에 대한 불신을 싹틔웠다.

시대에 뒤처진 공교육에 대한 비판

26조 원. 2022년 기준 1년간 우리나라에서 사용된 사교육 비용이다. 초·중·고 학생 중 78.3%가 사교육을 받고 있으며, 1인당 월평균

1976년 경복국민학교 교실의 수업 광경 © 위키피디아

52.4만 원을 지출한다.º 대부분 학생이 학원에 다니면서 학교 교육과정보다 짧게는 6개월, 길게는 1~2년씩 선행학습을 한다. 이런 사교육의 효과가 어느 정도인지 명확히 밝혀낸 연구는 아직 없으나, 왜 이렇게 사교육이 성행하게 됐는지는 생각해볼 필요가 있다.

1960~1970년대 각 가정에서는 자녀를 학교에 보내는 것을 아주 중요하게 생각했다. 학급당 학생 수가 60~70명이나 될지언정 교육은 모든 가정의 희망이었다. 하지만 콩나물 시루 같은 교실에서 개별성을 배려하기란 엄두도 내지 못할 일이었고, 당연하게도 단체화된 교육이 이뤄졌다. 그리고 대학에 진학하는 학생은, 2년제까지 모두 포함하더라도, 인문계 고등학교 졸업생의 절반도 안 됐다.

고도성장기를 지나 2000년대에 접어들면서 교육을 둘러싼 상황이 크게 바뀌었다. 한 가정당 자녀를 한두 명만 두게 되면서 교육의 목적 자체가 달라졌다. 이전에는 고등 교육을 받는 것만으로도 만족했지만, 이제는 교육에서 개인별 '성취의 질'을 의식하게 된 것이다. 교육적 성취의 질은 결국 어느 대학 어떤 과에 진학했느냐로 객관화됐다. 2년제든 4년제든, 대학만 가도 집안의 자랑거리이던 시대에서 어떤 대학 어떤 과에 합격했느냐로 성패를 판가름하게 됐다. 가정당 자녀의 수가 줄면서 학생 개개인의 특성이 더욱 강조되고, 대학 진학으로 대변되는 교육적 성취 문제가 급부상하면서 공교육의 한계가 명확해졌다.

현재 공교육이 해결해야 하는 가장 중요한 과제로 '개별화된 교육'

º 통계청, 2022

을 뽑는 이들이 많다. 모든 이가 동의하는 이상적인 미래 교육의 방향이지만, 이를 실현할 구체적인 방안을 내놓는 일은 만만치가 않다. 개별화된 교육에는 막대한 자원이 투입돼야 하는데 그럴 여력이 없기 때문이다.

포인투랩 크롬북 11A * 출처: 포인투랩 제공

한번은 교사들이 참가하는 교육 콘퍼런스에서 크롬북Chromebook과 구글Google의 도구를 어떻게 교육에 적용할 수 있는지를 주제로 강의한 적이 있다. 강의 중 개별화된 교육의 중요성을 강조했다. 강의가 끝나고 쉬는 시간에 선생님 한 분이 다가오시더니 한숨을 내쉬며 말

구글이 제공하는 다양한 도구

쓰하셨다.

"학교 일이 얼마나 많은지 아세요? 제 수업 준비할 시간도 부족합니다. 심지어 학급당 학생 수가 두셋뿐이라고 해도 개별화된 교육은 어려울 거예요."

실제로 그렇다. 2022년 기준 우리나라 학급당 학생 수는 21~25명에 이른다. 20명이 넘는 학생을 동시에 지도해야 하는 상황에서 개별화된 교육은 요원한 일로 보인다.

학급당 학생수(2022)

(단위: 명)

구분	초등학교	중학교	고등학교
학생 수	21.06	24.99	22.62

* 출처: 한국교육개발원

그 외에도 우리 교육은 다양한 문제를 안고 있다. 우리는 그 문제들을 해결함으로써 미래 세대에게 더 나은 교육을 제공하기 위해 노력해야 한다. 그 해결책 중 하나가 바로 기술이다.

눈앞의 과제는
무엇인가

과학science과 기술technology의 차이는 무엇일까? 과학과 비교해보면 기술의 특성을 더 잘 이해할 수 있다. 다양한 견해가 있겠지만 우선 과학은 자연과 우주의 규칙성, 그 속에 숨어 있는 원리를 밝히는 학문이라고 할 수 있다. 이에 비해 기술은 과학적 사실을 기반으로 하되 '적용'이라는 측면이 강조된다. 과학이 자연에 숨은 원리를 찾아내는 순수한 활동이라면, 기술은 적용을 통해 원하는 바를 이루거나 문제를 해결하고자 하는 실용적 측면이 주를 이룬다.

교육에 기술을 적용하고자 할 때도 이 점을 염두에 두어야 한다. 즉, 해결하려는 문제가 무엇인지를 먼저 명확하게 정의해야 한다. 또는 기술을 통해 이루고자 하는 교육의 모습을 정의할 수 있어야 한다. 명확한 정의나 청사진을 갖고 있지 않다면 기술을 적용하는 일 자체가 맹목적인 목표가 되고 만다.

최근 들어 전국 교육청에서는 학교에 스마트 기기를 대량으로 보급하는 사업을 추진하고 있다. 학생 1인당 1대의 기기를 보급한다는 목표하에 엄청난 예산을 투입하고 있다. 그런데 일선 학교에서 이를 두 팔 벌려 환영하는 분위기는 아닌 듯하다. 수백 대의 기기가 사용되지 않은 채 그냥 쌓여 있거나, 일부 선생님만 수업에 활용할 뿐이다. 계속되는 기기 보급 소식에 볼멘소리를 숨기지 않는 선생님들도 더러 있다.

"또 준다고요? 지금 있는 것도 제대로 활용하지 못하는데…."

스마트 기기를 포함하여 학교에 기술을 보급하는 것은 보급 자체가 목적이어선 안 된다. '무엇을 하려고 하는가?', '무엇을 해결하려고자 하는가?'에 대한 답을 교사, 학생, 학부모, 교육 당국이 합의하고 공감해야 보급 사업을 넘어 적용하고 활용하는 단계로 나아갈 수 있다. 그러려면 우리 앞에 해결을 기다리는 어떤 문제들이 있는지를 살펴봐야 한다.

격차의 확대

삶의 불안정성이 커지면서 미래를 예측하고자 하는 시도가 많아졌다. 인류의 미래를 예측하는 다양한 견해 중에 빠지지 않는 것이 '격차의 확대'다. 계층 간의 소득 격차, 학력 격차, 생각의 격차, 디지털 격차에 이르기까지 집단 간의 차이가 점점 더 벌어지리라는 예상이다.

'격차'라는 단어가 등장할 때 첫 번째로 언급되는 것이 빈부의 격

연령이나 지역에 따른 디지털 격차

차, 즉 소득 격차다. 실제로 소득 상위 집단과 하위 집단의 차이는 갈수록 확대되는 모양새다. 특히 대한민국은 경제협력개발기구OECD 회원국 가운데서도 소득 격차가 급격히 확대되는 나라 가운데 하나다. 2023년 3월 세계불평등연구소에서 발표한 자료에 따르면, 2007년부터 2021년까지 우리나라 소득 최상위 1%가 전체 소득에서 차지하는 비중은 3.3%p 증가한 11.7%를 기록했다. 이는 같은 기간 7.7%p 증가한 멕시코에 이어 두 번째로 큰 폭이다. 소득 상위 10%의 비중도 같은 기간 2.5%p 증가하여 34.4%를 기록했다.

학력의 격차도 점점 더 커지는 양상이다. 2020년 교육 현장에 불어닥친 코로나19 여파로 상당 기간 원격 수업이 진행되면서 격차가 더욱 확대됐다.

2021년 서울시교육청 서울교육정책연구소는 코로나 발생 이전인 2019년 중학교 2학년이던 학생들이 코로나가 발생한 2020년 중3으로 진급하면서 학업성취 등급 분포가 어떻게 변화했는지 조사했다. 중간 등급인 B·C·D 분포 비율이 모두 감소했고 최상위 A등급과 최하위 E등급은 비중이 커졌다. 비교군으로 활용된 2018년 중2 학생들이 2019년 중3으로 진급했을 때의 성취도 분포 변화에서는 A등급이 늘어나고 B·C·D·E등급이 전반적으로 줄었는데 변화 폭은 작았다. 이는 코로나를 거치면서 중간 성적대 학생들이 줄어들고 양 끝단의 학생들이 비교적 큰 폭으로 늘어났음을 시사한다.

학업성취 등급 비율 변화량(중2 → 중3)

(단위: %)

대상	교과	A	B	C	D	E
관심군 (2019년 기준 중2)	국어	△7.98	▼7.51	▼4.55	▼0.89	△4.97
	수학	△12.38	▼6.70	▼4.69	▼3.52	△2.53
	영어	△8.02	▼3.83	▼2.98	▼2.02	△0.81
비교군 (2018년 기준 중2)	국어	△5.81	△0.05	▼2.07	▼1.95	▼1.85
	수학	△4.85	▼1.42	▼2.25	▼1.78	△0.59
	영어	△2.24	▼0.21	▼0.93	▼0.72	▼0.37

* 출처: 서울교육정책연구소, 〈코로나19 전후, 중학교 학업성취 등급 분포를 통해 살펴본 학교 내 학력격차 실태 분석〉, 2021

이처럼 학력 격차가 확대되는 추세는 코로나 종식 이후에도 개선되지 않을 가능성이 크다. 학력 격차의 일차적인 원인으로는 소득의 격차, 지역 간 격차를 꼽을 수 있다. 이 두 가지 원인이 계속 심화되는 상황에서 학력 격차가 줄어들기를 기대하긴 어렵다.

하버드대학교 교육대학원 토드 로즈Todd Rose 교수의 책 《평균의 종말》을 보면, 1940년대 미 공군은 전투기 추락 사고가 빈발하자 원인을 조사하기 시작했다. 다양한 측면을 살폈지만 이렇다 할 원인을 발견하지 못한 공군은 인류학자인 길버트 S. 대니얼 중위를 불러 조사하게 했다. 대니얼은 4,063명의 조종사들을 대상으로 키와 가슴둘레, 팔길이 등 전투기 조종석의 크기와 가장 연관성이 큰 신체 사이즈를 측정한 후 놀라운 사실을 발견했다. 측정한 열 가지 신체 사이즈 평균값과의 편차가 30% 이내에 들어오는 조종사가 단 한 명도 없었다. 어떤 조종사는 팔은 길지만 다리가 짧았고, 어떤 조종사는 가슴둘레는 평균보다 컸지만 엉덩이둘레는 좁은 편에 속했다. 결국 평균적인 체형을 가정하고 만들어진 조종석은 누구에게도 맞지 않았던 것이다.

학력 격차와 관련하여 도출되는 과제는 이것이다. 우리는 어떤 학생을 가정하고 수업을 해야 할까? 교육과정은 어떤 집단을 가정하고 설계해야 할까?

빠른 변화 속도

구글의 크롬북과 교육용 소프트웨어 패키지인 '워크스페이스 포에듀케이션Google Workspace for Education'을 한국에 알리기 시작하면서 그와 관련한 책을 내자는 제의를 받은 적이 있다. 그리 오래 고민하지 않고 거절했는데, 가장 주된 이유는 책이 변화의 속도를 따라잡을 수 없음을 알았기 때문이다. 구글은 6주 간격으로 크롬북 운영체제OS를 업데이트하며, 새로운 기능이 계속해서 도입되고 변경된다. 크롬북에 대한 책이 인쇄되는 순간, 이미 그 책은 생명력을 잃을 것이 분명했다.

MIT에서 발간하는 잡지 〈테크놀로지리뷰Technology Review〉 2012년 5월호에 매우 흥미로운 기사가 실렸다.○ 알렉산더 그레이엄 벨Alexander Graham Bell이 전화에 대한 특허를 획득한 1876년 이후 미국에 소개된 아홉 가지 기술이 얼마나 빠른 속도로 퍼져 나갔는지 알려주는 내용이었다. 기술 확산의 과정은 견인traction(10%의 보급률에 도달하는 시간), 성숙maturity (10~40%의 보급률에 도달하는 시간), 정체saturation(40~75%의 보급률에 도달하는 시간)라는 세 단계로 정의됐다. 이들 중에서 인류 역사상 가장 빠르게 보급된 기술로 스마트폰이 선정됐다. 유선전화가 보급률 5%에서 50%에 도달하는 데 약 45년이 걸린 데 비해 스마트폰은 7년

○ MIT Technology Review, "Are Smart Phones Spreading Faster than Any Technology in Human History?", Michael DeGusta, 2012. 5. 9, https://www.technologyreview.com/2012/05/09/186160/are-smart-phones-spreading-faster-than-any-technology-in-human-history/

정도 만에 비슷한 보급률에 도달했다.

아홉 가지 신기술의 확산 속도

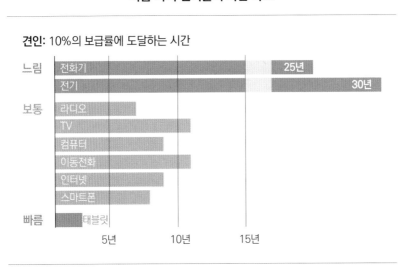

견인: 10%의 보급률에 도달하는 시간

느림
- 전화기 ... 25년
- 전기 ... 30년

보통
- 라디오
- TV
- 컴퓨터
- 이동전화
- 인터넷
- 스마트폰

빠름
- 태블릿

5년   10년   15년

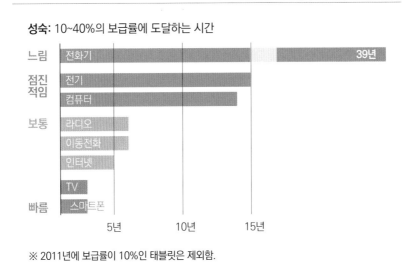

성숙: 10~40%의 보급률에 도달하는 시간

느림
- 전화기 ... 39년

점진
적임
- 전기
- 컴퓨터

보통
- 라디오
- 이동전화
- 인터넷

- TV

빠름
- 스마트폰

5년   10년   15년

※ 2011년에 보급률이 10%인 태블릿은 제외함.

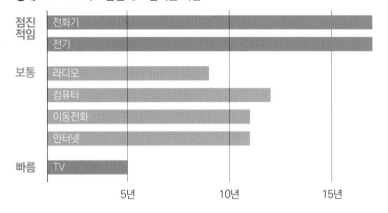

정체: 40~75%의 보급률에 도달하는 시간

점진 적임	전화기
	전기
보통	라디오
	컴퓨터
	이동전화
	인터넷
빠름	TV

5년   10년   15년

※ 2011년에 보급률이 40%인 스마트폰은 제외함.

* 출처: MIT Technology Review

한편 메타Meta가 최근 새롭게 출시한 사회관계망 서비스인 스레드 Threads는 출시 2시간 만에 200만 가입자를 확보했고, 출시 5일 만에 가입자 1억 명을 달성했다.○

2000년 이후 인터넷이 보편화되면서 지구촌 한구석에서 시작된 어떤 변화든 이전 시대와 비교할 수 없는 속도로 퍼져 나간다. 마치 핵분열이 일어나듯이, 하나의 변화가 또 다른 변화를 촉발하며 확대 재생산되고 있다. 앞으로 교육을 둘러싼 환경 역시 과거에 경험해보

○ statista, "Number of Threads sign-ups worldwide as of July 10, 2023", https://www.statista.com/statistics/1398663/global-threads-users/

메타에서 출시한 스레드

지 못한 속도로 변화할 것이다.

　우리나라 교육과정은 제1차(1954~1963)를 시작으로 제7차 (1997~2007)에 이르기까지 시대에 따라 지속적인 변화 과정을 거쳐왔 다. 2007년 이후에는 빠르게 변화하는 환경에 대응하기 위하여 수시 개정 체제를 도입하여 오늘에 이르고 있다. 그런데 사회의 빠른 변화 속도를 교육이 어떻게 따라잡을 수 있을까?

직업의 변화

다가올 시기에는 전혀 새로운 종류의 제품과 서비스가 나타날 것이며, 새로운 직업적 능력, 특히 보다 정교화된 지식 분야의 능력이 요구될 것이다. 그러나 이런 새로운 노동 부문은 엘리트 지향적이고 그 수도 제한적이다. 우리는 수천 명의 노동자가 회사 정문과 서비스센터에서 쏟아져 나오는 20세기의 일상적인 장면을 결코 다시는 보지 못하게 될 것이다.

– 제러미 리프킨Jeremy Rifkin, 《노동의 종말》

우리가 걱정해야 할 미래는 어떤 사람들이 예측하듯이 일이 완전히 사라진 세상이 아니라, 모든 사람이 일하기에는 일거리가 부족한 세상이다.

– 대니얼 서스킨드Daniel Susskind, 《노동의 시대는 끝났다》

로봇이 인간을 대체하는 노동 현장이 증가하고 있다.

우리나라 주요 대기업들은 매년 봄·가을에 걸쳐 '공채'라는 형태의 대규모 채용을 진행해왔다. 그래서 대학 졸업생이나 취업 준비생들 역시 채용 시즌에 맞춰 필기시험과 면접을 준비했다. 이런 공채제도에서 기업들은 이른바 '스펙'이 좋은 지원자를 선택했다. 좋은 스펙을 가진 지원자의 입사 후 업무 성과가 좋으리라고 여겼기 때문이다.

그런데 몇 해 전부터 이런 채용 방식에 변화가 일어났다. 대부분의 대기업 집단이 공채 폐지를 선언했다. 업무가 세분화되고 전문화되는 상황에서 직무에 맞는 인재를 필요할 때 채용하기 힘들다는 것이 주된 이유였다. 수만 명에서 수십만 명에 이르는 지원자가 마치 대입시험을 치르듯 필기시험을 보고, 면접에 임하는 제도에서는 기업이 원하는 인재를 골라내기가 사실상 불가능에 가깝다는 걸 이제는 누구나 안다.

전 세계 취업 지원자들이 선호하는 기업 구글 이야기를 해보겠다. 2010년, 크롬북 상품기획을 담당하면서 구글 본사 담당자들과 일하게 됐다. 거의 매달 구글 본사가 있는 미국으로 출장을 다녔다. 2010년 9월 첫 출장을 가서 미팅룸에 마주 앉은 구글 직원들은 한눈에 보기에도 매우 스마트했다. 미팅이 끝나자, 그들의 배경이 궁금해진 나는 명함을 가지고 직업 관련 사회관계망 서비스에서 검색을 해봤다. 미팅에 참석한 대부분 구글 직원의 정보를 확인할 수 있었다. 하버드, 스탠퍼드, MIT, 와튼스쿨 등 세계 최고 수준의 학력이었다. 당시 구글은 최고의 대학을 졸업한 인재들을 채용하는 것으로 유명했는데, 실상을 눈으로 직접 확인한 셈이다. 그랬던 구글조차 최근에는 직

구글 본사 전경

원 채용 시 대학 졸업장을 요구하지 않는다. 그 대신 능력과 경험을 중요시하며, 수차례에 걸친 면접을 통해 검증한다.

기업들은 결국 지원자가 입사 후 훌륭한 성과를 낼 수 있을지 미리 알기를 원한다. 어떻게 하면 미리 알 수 있을까? 지원자 한 명 한 명을 철저히 검증한다면 충분히 할 수 있는 일이다. 다만 지금까지는 그렇게 할 수가 없었다. 기업은 수많은 인력을 필요로 하는데, 그 많은 인원을 검증하려면 오랜 시간과 많은 노력이 필요하기 때문이다. 그래서 스펙이 중요했고, 대학의 졸업장이 기업의 검증 과정을 단축시켜줬다. 그런데 이제는 지원자를 검증할 수 있는 기술적 수단이 하나둘씩 나타나고 있다. 수만 명의 자기소개서를 인공지능을 적용하여 단 몇 분 만에 걸러낼 수 있으며, 수천 명에 달하는 소프트웨어 직군 지원자들에게 코딩 테스트를 실시할 수 있다. 지원자의 역량을 철저히 검증하는 일이 중요해짐에 따라 검증 수단이 다양화되면서 대규모 공채 대신 수시, 소규모 채용이 보편화되고 있다.

　자동화 물결도 직업의 변화를 가속화하고 있다. 불과 2~3년 전만 하더라도 극장에 가면 멋진 유니폼을 입은 직원들이 꽤 많이 보였다. 매표소, 매점, 상영관 입구의 검표원에 이르기까지 많은 직원이 관객들의 편의를 위해 일했다. 그런데 이제는 풍경이 바뀌었다. 대부분 관객이 스마트폰으로 예매를 하고, 키오스크에서 팝콘을 주문하며, 상영관 입구에서 스마트폰의 QR코드를 찍고 입장한다. 이제 극장에 필요한 인력은 예전의 절반도 안 된다. 식당에는 서빙 로봇이 도입되기 시작했고, 고속도로 톨게이트는 머지않아 모두 자동 징수 시스템으로 바뀔 것이다. 그동안은 공장에만 도입됐던 로봇이 3차 서비스 산업에도 활용되면서 인간의 일자리를 크게 위협할 것으로 보인다. 인공지능 및 자동화의 물결이 거세게 일어나면서 일자리를 얻는 데 필요한 능력도 변화하고 있다.

　최근 발표된 세계경제포럼 일자리 전망 보고서에 따르면, 기업들은 가장 필요한 역량으로 '비판적 사고'를 꼽았다. 상사에게 지시를 받았을 때 묵묵히 수행하는 사람보다 더 나은 방법은 없는지 끊임없이 생각하는 사람을 선호한다는 뜻이다. 분석적 사고, 기술 활용 역량, 호기심과 새로운 것을 배우는 역량, 회복력·유연성·민첩함 등이 비판적 사고의 뒤를 이었다.

기업들이 꼽은 가장 필요한 역량

(단위: %)

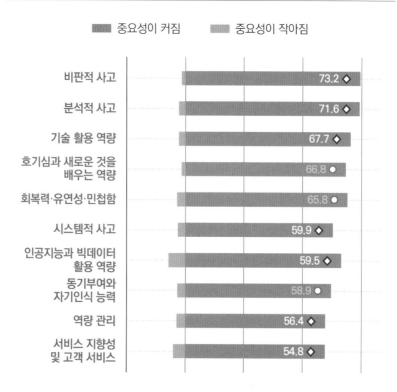

■ 중요성이 커짐　　■ 중요성이 작아짐

비판적 사고	73.2 ◇
분석적 사고	71.6 ◇
기술 활용 역량	67.7 ◇
호기심과 새로운 것을 배우는 역량	66.8 ○
회복력·유연성·민첩함	65.8 ○
시스템적 사고	59.9 ◇
인공지능과 빅데이터 활용 역량	59.5 ◇
동기부여와 자기인식 능력	58.9 ○
역량 관리	56.4 ◇
서비스 지향성 및 고객 서비스	54.8 ◇

구분: ◇ 역량, 지식, 능력　○ 태도

* 출처: 세계경제포럼(WEF), 〈일자리 전망 보고서 2023〉, Fig. 4.3

　　대니얼 서스킨드는 노동의 미래를 다룬 《노동의 시대는 끝났다》에서 미래 직업의 변화를 '양극화', '공동화'라는 단어로 묘사했다. 중간 숙련 직업은 줄어들고 저숙련 직업과 고숙련 직업이 증가한다는 의미다. 직업에도 양극화가 일어날 것으로 예상한다. 인공지능 등 자동화의 영향으로 가장 크게 줄어들 것으로 예상되는 일자리는 화이트 칼라로 대변되는 중간 숙련 일자리다. 일자리의 증가 또는 감소와 관련하여 가장 크게 영향을 미치는 기준은 '틀에 박힌*routine*' 업무냐 아니냐. 중간 숙련 일자리는 대부분 표준화할 수 있는 업무들이기에 자동화에 따른 일자리 감소가 가장 클 것으로 예측된다. 의외로 저숙련 일자리는 증가하는 경향을 보였다. 저숙련 일자리가 대체로 사람을 대하는 서비스 분야에 속하고 손기술이 필요한 경우가 많아 자동화하기가 어렵기 때문이다.

교육의 목적 중 하나가 사회에서 필요로 하는 인재를 지속적으로 공급하는 것임을 고려할 때, 현재의 교육은 다가올 미래 직업의 변화에 어떻게 대응해야 할까?

즐겁지 않은 수업

2019년 10월 어느 금요일, 선생님들 연수를 진행하기 위해 서울의 한 고등학교를 방문했다. 때마침 점심시간이 지나 5교시 수업이 진행되고 있어서 복도에는 나 말고 아무도 없었다. 무심코 고개를 돌려 교실 안을 바라봤다. 마음이 쿵 하고 내려앉았다. 절반이 넘는 학생들이 체육복 상의를 뒤집어쓰고 잠들어 있었다. 그런데도 앞에서 수업을 진행하시는 선생님의 얼굴에는 아무런 표정이 없었다.

연수를 요청하신 선생님을 만나 질문을 던졌다.

"선생님, 수업 중에 아이들이 많이 자고 있던데요?"

"네…. 아이들이 학교에 왜 오는지도 모르겠어요."

선생님의 답변을 듣고서는 마음이 더 안타까웠다. 수업 시간에 자는 학생들이 많다는 얘기는 들었지만, 두 눈으로 확인한 교실은 더 적막하고 어두웠다.

통계청에서 발표한 〈2022년 사회조사보고서〉°를 보면 학생들이 수업에 흥미를 느끼는 정도가 어떤지 엿볼 수 있다. 중·고생을 대상으로 한 조사에서 '공부하는 것이 재미있어서 한다'는 학생은 19.0%를 기록했다. 2020년 조사 결과인 20.8%에서 소폭 감소한 것으로, 다섯 명 중 겨우 한 명꼴로 공부를 재미있다고 생각한다는 뜻이다. 공부가 재미있어서 한다는 학생 중에도 '매우 그렇다'는 답변은 3.5%에 그쳤다. 이런 경향은 남학생과 여학생 간에 유의미한 차이를 보이지 않았다. 학생들의 공부 동기는 '미래를 위해서'라는 답변이 80%에 이른다. 대한민국의 중·고생들은 재미는 없지만 자신의 미래를 위해서 공부하고 있는 것이다.

○ 전국 1만 8,576 표본 가구 내의 만 13세 이상 가구원을 대상으로 조사함.

학습 동기(공부하는 것이 재미있어서)

(단위: %)

	계	그렇다	매우	약간	보통이다	그렇지 않다	약간	전혀
〈2020〉	100.0	20.8	4.8	16.0	35.3	43.8	26.4	17.5
〈2022〉								
전국	100.0	19.0	3.5	15.6	36.6	44.3	27.0	17.3
동·읍면부								
도시(동부)	100.0	18.8	3.6	15.3	37.0	44.2	27.0	17.2
농어촌(읍면부)	100.0	20.2	3.0	17.2	34.8	45.0	27.3	17.7
성별								
남자	100.0	18.0	2.9	15.1	37.8	44.2	27.0	17.2
여자	100.0	20.1	4.1	16.0	35.3	44.5	27.1	17.5

학습 동기(공부는 미래의 나를 위해 필요해서)

(단위: %)

	계	그렇다	매우	약간	보통이다	그렇지 않다	약간	전혀
〈2020〉	100.0	79.6	36.9	42.7	16.6	3.8	2.5	1.3
〈2022〉								
전국	100.0	79.7	34.5	45.1	17.2	3.2	2.0	1.2
동·읍면부								
도시(동부)	100.0	79.3	34.0	45.3	17.5	3.2	2.0	1.2
농어촌(읍면부)	100.0	81.5	37.3	44.2	15.5	3.1	2.3	0.8
성별								
남자	100.0	78.1	31.8	46.3	18.5	3.4	2.7	0.7
여자	100.0	81.3	37.4	43.9	15.7	3.0	1.3	1.7

* 출처: 〈2022년 사회조사보고서〉, 통계청

이런 조사 결과가 학교 수업이 얼마나 흥미로운지에 대한 직접적인 답은 아니다. 다만, 학생들이 왜 수업 시간에 집중하지 않을까에 대한 답을 간접적으로 알려준다. 흥미로운 사실은 학교생활 만족도 중 교우관계에 관한 만족도는 74.1%로 높은 편에 속한다는 것이다.

학생의 학교생활 만족도(교우관계)

(단위: %)

	계	그렇다			보통이다	그렇지 않다		
			매우	약간			약간	전혀
〈2020〉	100.0	73.3	37.6	35.7	23.7	3.0	2.5	0.5
〈2022〉								
전국	100.0	74.1	38.8	35.3	22.5	3.4	2.7	0.8
동·읍면부								
도시(동부)	100.0	73.8	38.5	35.3	23.1	3.2	2.4	0.8
농어촌(읍면부)	100.0	75.8	40.1	35.7	19.4	4.7	4.0	0.8
성별								
남자	100.0	74.9	40.2	34.7	22.5	2.6	1.7	0.9
여자	100.0	73.3	37.3	36.0	22.4	4.3	3.7	0.6

* 출처: 〈2022년 사회조사보고서〉, 통계청

즉, 학교에서 친구들과 어울리는 시간에는 재미를 느낀다는 얘기다. 친구들과 어울리는 시간의 만족도가 높다면, 이를 활용하여 수업의 흥미도 높일 수 있지 않을까? 아무리 좋은 교육과정을 준비한다고 해도 학생들이 적극적으로 참여하지 않는다면 의미가 없다. 가르치는 교사 입장에서도 여간 힘든 일이 아니다.

여기에서 또 하나의 과제가 도출된다. 어떻게 더 즐거운 수업을 만들 것인가?

집단으로 이뤄지는 진로지도

경기도의 한 고등학교에서 '나의 미래'라는 주제로 강의한 적이 있다. 늦은 저녁 시간이었지만 교실을 가득 메운 학생들은 반짝이는 눈빛으로 강의 내내 집중해줬다.

강의가 끝난 후, 한 여학생이 조심스러운 발걸음으로 다가왔다. 문과를 선택해서 수업을 듣고 있는데, 최근 들어 컴퓨터 프로그래밍에 관심이 간다고 했다. 지금 진로를 바꾸는 것이 잘하는 일인지 너무 불안하다며 눈물까지 글썽였다. 그 학생의 눈물을 보고 있자니 가슴이 먹먹해졌다. 왜 문과를 선택했을까? 문과를 선택하던 당시에는 컴퓨터를 전혀 접해보지 못한 걸까? 그 학생에게 누구도 다른 길을 보여주지 않은 걸까?

매년 교육부에서 실시하는 학교생활 및 진로 활동 만족도 통계를 살펴보자. 학교 진로 활동에 대한 만족도는 초등학교에서 중학교, 고등학교로 올라갈수록 하락한다. 진로를 선택해야 하는 가장 중요한 시기에 정작 진로 활동의 만족도가 낮아지는 것이다. 2018년부터 2022년까지 5년간의 통계를 보면 학생들의 진로 활동에 대한 만족도는 대체로 감소 추세를 보인다.

진로 활동 만족도

(단위: 점)

	2018	2019	2020	2021	2022
초등학생	4.16	4.09	3.87	3.89	4.00
중학생	4.02	3.88	3.67	3.59	3.62
고등학생	3.79	3.80	3.71	3.58	3.56

※ 1점: 매우 불만족, 5점: 매우 만족

* 출처: 교육부, 〈진로교육 현황조사〉

　인공지능과 자동화의 영향으로 틀에 박힌 업무를 주로 하는 일자리의 수는 크게 감소할 것이다. 앞서도 밝혔듯이, 일자리의 양극화 현상도 진행 중이다. 고숙련·고소득 일자리와 저숙련·저소득 일자리가 증가하고 있다. 이런 시대적 변화에 대응하는 가장 좋은 해결책은 학생들이 자기를 발견하도록 학교와 가정이 돕는 것이다. 가정, 학교, 사회의 분위기와 압력에 떠밀리는 학생이 아니라 자기를 발견하고 자발적 의지로 미래를 선택하는 학생이 되도록 도와야 한다.

　한편, 학생들이 희망하는 직업에 대한 정보를 어디에서 얻었는가에 대한 조사 결과는 학교 진로교육에 많은 것을 시사한다. 학생들은 주로 웹사이트, SNS, 대중매체, 가족을 통해서 직업에 대한 정보를 얻고 있는 것으로 나타났다. 중학생 16.3%, 고등학생 19.6%만이 희망 직업을 알게 된 경로가 '학교 선생님'이라고 대답했다.

학생이 희망 직업을 알게 된 경로

(단위: %)

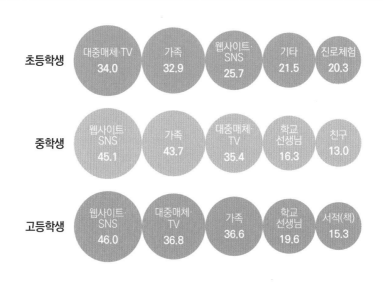

* 출처: 교육부, 〈진로교육 현황조사 2022〉

최근 들어 유튜브 등의 매체에 다양한 직업군에 대한 소개 및 정보가 넘쳐나고 있다. 물론 직업에 대해 더 많은 정보를 제공한다는 점은 긍정적이다. 하지만 특정 직업의 금전적인 측면만 부각하거나, 잘못된 정보를 제공하는 등 왜곡된 직업관을 형성하게 할 수 있다는 우려도 제기되고 있다.

현재 학교에서 진행되는 진로 활동은 '집단'을 대상으로 한다. 학년별 진로 활동이 주를 이루며, 체험 활동이나 외부 인사 초청 강연이 대부분이다. 하지만 진로 활동은 세분화될수록, 개인화될수록 더욱 큰 효과를 발휘할 수 있다. 학생별로 파악된 특성을 바탕으로 설계하고 제공하는 것이 바람직하다. 특히 초등에서 중등으로 올라갈수록 개인별 맞춤형 진로 활동이 더욱 필요하다.

이 일을 효과적으로 해내려면 진로 활동을 실시한 이후 학생의 반응을 면밀히 살펴야 한다. 단순히 진로 활동을 제공하고 참석 여부만 체크하는 것이 아니라, 학생별로 어떤 활동에 어떤 반응을 보였는지 관리하는 것이 중요하다. 그래야만 학생이 어떤 활동에 관심을 보이고 즐거워했는지를 바탕으로 그 분야를 더욱 깊이 알 수 있는 추가적인 진로 활동을 계획할 수 있다.

03

어떤 방향으로
나아가야 할까

　교육은 어떻게 변해가야 할까? '미래 교육'이라는 제목을 달고 열리는 세미나와 교사 대상 연수를 흔히 접할 수 있다. 그만큼 미래 교육은 뜨거운 화두이자 어려운 주제이기도 하다. 학제 개편, 학교 시설의 현대화, 교육과정의 개정 등 교육을 둘러싼 하드웨어와 소프트웨어 전반에 대한 논의가 활발하다. 미래 교육이 갖춰야 하는 모습 중 기술과 연관성이 깊은 측면을 살펴본다.

개인화된 교육과정

　미래 교육의 모습을 논할 때 자주 등장하는 단어가 '개인화'다. 현재까지 교육은 '집단'을 전제로 설계되고 실행됐다. 초등학교 1학년, 2학년이라거나 중학교 1학년, 2학년이라는 식으로 학년에 따른 구분

미래 교육에서 '개인'은 중요한 화두다.

만 존재했다. 교육과정에서 개인은 보이지 않았다. 개인이 고려되지 않은 교육과정을 이수하면서 학생들은 '같아지는' 법을 배웠다. '틀림'이 아닌 '다름'의 가치를 배울 기회를 잃어버렸다.

초등학교 수학의 첫 번째 고비가 '분수'라고 한다. 덧셈과 뺄셈을 지나 분수를 만나면서 개념이 이해되지 않는 것이다. 이어 소수와 비율까지 진도가 나가면 이른바 '수포자'가 생겨난다. 분수를 잘 이해하지 못하는 아이가 있다고 하더라도 학교는 기다려주지 않는다. 정해진 진도를 나가야 하니 말이다. 만약 분수를 이해하지 못한 학생이라면, 일주일 더 분수를 공부하면 어떨까? 자기 속도에 맞춰 진도를 나갈 수 있도록 공교육 시스템을 구축할 수 있다면, 너무 일찍 수학 과목에서 좌절을 맛보는 그 많은 '수포자'를 구할 수 있지 않을까?

개인화된 교육은 몇 가지 측면으로 나눠서 생각해볼 수 있다.

첫 번째는 콘텐츠의 개인화다. 즉 배우는 내용이 학생마다 다르게 구성될 수 있어야 한다. 학생들이 저마다의 적성과 흥미에 따라 배울 내용을 스스로 선택할 수 있는 교육제도가 필요하다. 2022 개정 교육과정을 통해 학생의 선택권을 확대하는 방향으로 나아가고 있긴 하지만, 그 선택의 폭을 과감하게 넓힐 필요가 있다.

그렇다면 콘텐츠의 개인화는 어느 수준으로 이뤄져야 할까? 개인이 사회의 구성원으로서 조화롭게 살아갈 수 있도록 가르치는 것도 교육의 목적 중 하나다. 개인이 사회 속에서 정상적으로 생활하기 위해서는 사회의 규범과 문화를 비롯해 반드시 알아야 하는 지식이 있다. 유치원이나 초등 교육에서는 이런 공통 지식을 쌓게 하는 것이 많은 부분을 차지할 것이다. 중·고등 교육으로 올라가면서는 개인의 적성과 흥미, 진로를 고려한 세분화된 내용이 점차 증가해야 한다. 고등 교육으로 갈수록 더욱 세분화되고 개인화된 내용이 반영돼야 한다. 다만 초등 교육에서 사회적으로 필요한 공통의 지식을 배우는 중에도 자기 의식과 자존감이 충분히 갖춰지도록 학교의 문화가 조성돼야 한다.

두 번째는 시간의 개인화다. 국가가 정한 나이가 되면 누구나 초등학교에 입학하여 공교육 시스템에 참여하게 된다. 정해진 시간에 등교하여 수업 시작을 알리는 종이 울림과 함께 배움이 시작된다. 초등학교 40분, 중학교 45분, 고등학교 50분 등 학생들은 진행되는 수업에 집중하기 위해 노력한다. 지난 수업에 배운 내용을 이해하지 못한 학생이든 선행학습으로 내용을 다 아는 학생이든, 모두가 같은 시간에 같은 내용의 수업을 듣는다. 그러니 교육과정의 개인화를 이야기할 때 '시간의 개인화'를 빼놓아선 안 된다.

시간의 개인화는 곧 '속도의 개인화'다. 배우는 속도는 사람에 따라 모두 다를 수 있다. 분수가 이해되지 않는 학생이 있다고 해보자. 그런데 도형에 대한 감각이 뛰어나서 기하 단원은 너무나도 즐겁게 배워나간다. 이 학생에게 분수를 공부할 시간을 좀 더 할애하고, 기하 단원은 빠르게 지나갈 수 있도록 공교육 시스템이 유연성을 발휘할 수는 없을까?

> 우리가 살고 있는 현시대는 그런 교육 개조를 감당할 만한 신기술이 마련되어 있어, 자율속도형 교육을 실현 가능한 현실로 만들 여건이 된다.
> – 토드 로즈, 《평균의 종말》

토드 로즈는 《평균의 종말》에서 '자율속도형 교육^{self-paced learning}'이라는 단어를 사용했다. 학습자 스스로 자신이 결정한 속도와 일정에 따라 학습을 진행해나가는 것을 말한다. 자율속도형 교육을 효과적으로 실현하기 위해서는 협업, 공유 등 부족한 부분을 채우려는 노력 또한 필요하다.

세 번째는 공간의 개인화다. 이는 시간의 개인화 문제와 맞물려 있다. 학생 개인이 스스로 정한 일정에 따라 공부해나가려면 분리된 공간이 필요하다. 원격 수업이나 인터넷 강의가 이뤄질 때 학생들은 각자의 공간에서 학습을 진행할 수 있다. 혼자서 높은 집중력을 요하는 학습을 할 때도 개인적 공간은 필요하다. 여러 기업이 공용 업무 공간과 함께 개인의 업무 공간을 확보하는 이유도 더 효율적인 작업 환경을 제공하기 위해서다.

물론 교실이라는 공통 공간에 함께 모여서 수행해야 효과적인 교육과정도 분명히 존재한다. 또한 학생들이 같은 공간에서 협업을 통해 공동의 목표를 이루기 위해 노력하는 과정 역시 필요하다. 지금까지의 학교는 공용 공간을 의미했다. 상대적으로 개인적인 공간이라고 볼 수 있는 자율학습실, 도서관 등은 함께 있으면 오히려 암묵적 경쟁심을 불러일으키기도 했다. 현재의 학교에는 개별 학생을 고려하여 만들어진 공간이 없는데, 공용 공간과 더불어 개인화된 공간 또한 마련해야 할 것이다.

네 번째는 가르침과 평가의 개인화다. 구글은 학교에 '클래스룸 Clasroom'이라는 수업 관리 도구를 제공하고 있는데, 교사가 학생들에게 과제를 할당하는 기능이 있다. 한 명 한 명의 학생에게 어떤 과제를 할당할지 정할 수 있다. 학

구글 클래스룸

교에서 교사 연수를 진행하면서 이 부분을 설명할 때, 선생님들이 의아해하는 표정을 자주 봤다. 지금까지는 같은 반 학생 모두에게 공통된 과제를 내주는 것이 일반적이었기 때문이다. 그래야 객관적인 평가를 할 수 있지 않겠는가. 과제가 달라지면 평가도 달라져야 하는데 교사들이 담당하는 반이 여럿이다 보니 학생별로 과제를 다양하게 만들고, 할당하고, 채점하기가 물리적으로 불가능한 부분도 있다. 이런 물리적 한계를 완화하기 위해 같은 과목 선생님들이 각자 과제를 만들어 공유하는 학교도 있었다.

개인화된 학습의 핵심은 콘텐츠의 개인화와 더불어 가르침과 평가 역시 개인화하는 것이다. 개별 학생의 실력과 상황에 대한 이해를 바탕으로 교사가 개별적인 가르침과 평가를 할 수 있는 환경이 갖춰져야 비로소 완성된다. 최근 들어 많은 사교육 업체에서 PT^{Personal Training}라는 이름으로 활발한 마케팅을 펼치고 있다. 헬스장에서 사용되던 PT라는 단어가 교육에 도입된 것이다. 이를 공교육에도 도입해 마치 개인과외를 하듯 개별적인 가르침과 평가를 제공한다면 최상의 학습 결과를 얻을 수 있을 것이다.

가정과의 연계 강화

어느 금요일 저녁, 한 중학교 선생님과 만나기로 되어 있어서 약속 장소에 가서 기다리고 있었다. 선생님은 30분 정도 늦게 허둥지둥 나타나셨다. 수업 후 학부모 상담이 있었는데, 얘기가 길어져서 늦었다고 하셨다. 최대한 서둘러 달려오셨을 그 마음을 생각하니 안타까웠다.

여기저기에서 교사들의 하소연이 들려온다. 학부모를 대하는 일이 너무 힘들어 가르치는 일을 그만두어야 하는지 심각하게 고민한다는 교사들도 적지 않다. 학교에서 벌어지는 일에 관해 학부모에게 더 많은 정보를 제공해야 한다고 말하면 교사들의 마음은 복잡해진다. 당위성을 인정하면서도 그로 인해 발생하게 될 부정적인 사건들이 떠오르기 때문이다.

원격 수업을 진행하면서 우리는 교육에서 가정의 역할이 얼마나 중요한지를 다시 한번 깨달았다. 지방의 중학교에서 근무하시는 선생님이 이런 이야기를 들려주셨다. 원격 수업에 거의 들어오지 않는 학생이 있었다. 몇 번이나 전화를 했는데 연락이 되지 않자 선생님은 주소를 확인하고 학생의 집을 찾아갔다. 다행히 학생은 집에 있었고, 덥수룩한 머리로 선생님을 맞이했다. 조부모와 살고 있는 그 학생은 원격 수업에 참여할 의지도 부족했을뿐더러 환경도 갖추지 못했다. 모든 학생이 초고속 인터넷과 최신 노트북, 환한 조명이 갖춰진 자신의 방에서 부모의 충분한 관심과 물리적 지원을 받으며 공부할 수는 없다는 걸 새삼 생각하게 해준 이야기였다.

개인별 맞춤형 학습 과정을 실효성 있게 설계하고, 실제적 도움이 되는 진로지도가 이뤄지려면 학생에 대한 다양한 정보가 반드시 필요하다. 학생의 적성과 흥미, 능력을 되도록 자세하게 파악해야 그에 맞는 학습 과정을 설계할 수 있다. 학생이 무엇을 하고 싶어 하고 어

코로나19 당시 원격 수업을 하고 있는 서울 장위중학교 2학년 교실 © 연합뉴스

떤 꿈을 가지고 있는지 알아야 진로와 관련해 정확한 조언을 해줄 수 있다. 학생과 관련된 이런 다양한 정보를 학교에서 모두 수집하고 관리하기란 불가능하다. 학생들은 학교를 나선 이후에도 학습 활동을 하고 취미 활동을 하면서 생활을 이어나간다. 그러므로 학교와 가정은 학습, 생활, 진로지도에 도움이 되는 정보를 최대한 공유해야 한다. 공유되고 축적된 정보를 바탕으로 학교와 가정이 협력할 때 최선의 개인별 교육과정을 만들어낼 수 있다. 이를 위해 학교와 가정을 잇는 효과적인 커뮤니케이션 수단을 마련해야 한다.

교권을 보호해야 한다는 논의가 활발하게 진행되고 있는데, 교사와 학부모의 접촉을 최소화하는 것이 갈등을 해결하는 최선책은 아니라고 생각한다. 오히려 더 많은 정보를 공유하고, 더 많은 대화를 나눔으로써 교사와 학부모가 학생을 더 잘 이해해야 한다. 부모는 자녀가 학교에서 어떻게 생활하는지 모르고, 교사는 학생이 귀가 후에 어떻게 지내는지 알 수 없다면 효과적인 교육을 기대하기 어렵다. 더 나은 미래 교육은 학교와 가정의 더욱 밀접한 연계를 필요로 한다.

교사의 역할 변화

교사의 역할 변화에 대한 이야기가 심심치 않게 들려온다. 교육 현장에 원격 수업, 동영상 강의 등 다양한 수단이 들어오면서 교사의 역할도 변화해야 한다는 이야기가 더 자주 나온다.

정말 교사의 역할이 변화해야 할까? 변하지 않는 것은 없다. 세상이 변하고 그 안에서 살아가는 우리 삶도 변한다. 교사의 역할 역시 당연히 변화해야 한다. 시대의 흐름을 무시한 채 옛것만 고집할 수는 없는 노릇이다. 그렇지만 교사는 변화에 민감하지 않은 것으로 여겨져 왔다. 오랫동안 교육을 둘러싼 환경이 변화하지 않았기 때문이다. 정부 주도의 공교육 과정에서 정해진 틀에 따라 역할을 충실히 '실행'하도록 요구받았기에, 교사 개인의 자율성은 한계를 가질 수밖에 없었다.

하지만 이제는 달라지고 있다. 세상이 빠르게 변화하고 있고, 교육 과정과 교육에 요구되는 결과물도 변화하고 있다. 교육을 실행하는 주도적인 위치에 있는 교사의 역할도 이제는 변해야 한다.

최근 들어 교사에게 가해지는 커다란 압력 중 하나는 '개별화된 교육'의 요구다. 예전과 달리 각 가정에서 '특별한 존재'로 길러진 학생들은 학교에서 '집단' 속에 묻히기를 원하지 않는다. 학생들의 개인별 요구가 늘어나는데 교사들이 모두 대응하기는 어렵기에 심각한 갈등을 겪게 된다. 최근 자주 발생하는 교사와 학생, 교사와 학부모 간 갈등도 부분적으로 이런 변화에 기인한다. 개인적 특성을 충분히 고려해달라는 학부모와 학생의 기대는 점점 커지는 반면, 교사는 그런 기대에 부응할 만큼 충분한 물리적 자원을 가지고 있지 않기 때문이다. 한 학급의 학생을 모두 고려해야 하는 교사와 개별화된 존재이기를 원하는 학생·학부모 간에는 갈등이 일어날 수밖에 없다. 이런 갈등이 초등학교 단위에서 가장 많이 발생하는 것도 이 때문이다. 학교라는 조직에서 처음으로 집단생활을 시작하면서 겪게 되는 문제를 스스로 해결하지 못하고 교사에게 책임을 돌리는 경우를 흔히 볼 수 있다.

교사는 '가르치는' 사람이다. 가르치기 위해 교사가 됐고, 가르침을 통해 보람을 얻는다. 교사의 역할 변화는 '가르치는' 행위에서 일어나야 하는 게 아니다. '무엇을' '어떻게' 가르칠 것인가에서 일어나야 한다. 교사는 계속해서 가르쳐야 한다. 학생들을 가르쳐서 더 나은 인간이 되도록 도와야 한다. 다만 더 나은 인간이 되도록 돕기 위해 무엇을 어떻게 가르쳐야 하는지는 시대에 발맞춰 변화해야 한다.

학생들의 학습 흥미를 높이고자 역할극을 진행하며 동영상을 제작 중인 광주광역시 초등학교 선생님들 ⓒ 연합뉴스

    지금까지 교사는 학생이 직접적으로 알아야 하는 지식을 가르쳤다. 국어, 영어, 수학, 사회 등 교과서를 펼치고 교육과정에 따라 정해진 내용을 학생들에게 이해시키기 위해 노력했다. 가르치고 평가하고, 부족한 부분을 메우기 위해 노력했다. 그런데 이제는 교육에 기술적 요소가 도입되면서 지식을 전달할 수 있는 대체 수단이 다양해졌다. 대표적인 것이 동영상 강의. 학생들은 자신의 수준에 맞춰 다양한 동영상 강의를 시청할 수 있다. 최근에는 동영상 강의 중간에 문제를 삽입하거나, 학생들의 반응을 요구하는 등 집중력을 유지시키기 위한 도구도 추가되고 있다.

    앞으로는 학생의 개별 능력에 맞춘 학습 도구가 더욱 많아질 것이다. 교사는 이제 무엇을 어떻게 배워야 하는가에 대한 학생들의 질문에 답해야 한다. 학생별로 배우는 속도와 내용이 다를 때, 교사는 공부해야 하는 내용과 시기를 개인별로 제시할 수 있어야 한다. 직접적으로 지식을 가르치는 역할과 더불어 배움의 과정을 설계하고 관리하는 역할이 더해져야 한다는 뜻이다.

신임 교감 선생님들의 연수 과정에서 강의를 맡은 적이 있다. 첫날 첫 시간 강의로, 노트북을 활용한 연수였다. 모든 자리에는 노트북이 놓여 있었고, 새롭게 교감이 되신 선생님들이 한 분 두 분 강의실로 들어오셨다. 그중 한 분이 자리에 앉으면서 무심코 말씀하셨다.

"어머, 나 이런 거 싫어하는데….”

강의실에 한바탕 웃음이 터졌다. 소곤거리는 목소리가 아니었던지 앞에서 강의를 준비하던 내 귀에도 뚜렷하게 들렸다. 벌써 몇 년 전의 일이다. 이제는 학교에 스마트 기기가 많이 보급되면서 선생님들의 활용 능력도 향상됐다. 앞으로 더 많은 기술적 요소들이 교육 현장에 소개될 테니, 교사들의 기술 적응력과 활용 능력이 한층 더 중요해질 것이다.

기술의 활용

미래 교육의 방향을 이야기하면서 개인화된 교육과정, 가정과의 연계 강화, 교사의 역할 변화를 살펴봤다. 미래 교육에 관한 교사 연수를 진행할 때 이런 미래 교육의 특징 세 가지를 소개한다. 교사들은 대개 고개를 끄덕이지만, 그러면서도 알 수 없는 표정을 짓곤 했다. 그 표정의 의미가 무엇인지 못내 궁금했는데 이후 어떤 연수에서 내막을 알게 됐다.

쉬는 시간에 선생님 한 분이 다가와서 말씀하셨다.

"다 좋은 말씀인데요, 그게 현실에는 안 맞아요. 교실에 한번 와보세요, 그게 되나⋯."

다 좋은 얘기지만 현실과 너무 동떨어져 있다는 말씀이었다.

어느 교육 콘퍼런스에서 발표를 마친 후, 분교 단위의 작은 학교에서 근무하시는 선생님을 만났다. 전교생이 몇 명 되지 않는다고 하셨다.

"선생님, 학생들이 적으니 한 명 한 명 신경 써주실 수 있겠네요?"

그러자 선생님이 펄쩍 뛰면서 말씀하셨다.

"아이고, 학교 일이 얼마나 많은지 아세요? 제 수업 연구할 시간도 별로 없어요."

선생님은 행정 업무가 너무 많아 오히려 학생들을 잘 돌보기 어렵다고 하소연하셨다.

코로나 이전에는 선생님들에게 이런 질문을 종종 받았다.

"왜 컴퓨터를 써야 하나요?"

현재도 문제없이 수업을 진행하고 있고 다른 일들도 너무 많은데, 왜 새로운 걸 배우라고 해서 힘들게 하느냐는 하소연이다. 얼마 후 코로나가 교육 현장을 덮쳤고, 기술에 익숙하지 않던 선생님들은 원격 수업을 급하게 준비하느라 힘겨워했다.

이제는 교육에 왜 컴퓨터를 써야 하느냐고 누구도 묻지 않는다. 코로나를 거치면서 다양한 학습 수단을 갖춰 안정적인 교육 환경을 확보하는 것이 얼마나 중요한지 모두가 경험했으니 말이다.

코로나가 끝나고 학생들이 모두 학교로 돌아왔으니 이제 기술을 활용한 교육은 접어두어도 되는 걸까? 우리는 교육 대변혁기의 초입에 서 있다. 빠른 사회 변화에 상대적으로 뒤떨어져 있던 교육이 기지개를 켜고 달려 나가려고 한다. 개인화된 교육과정, 가정과의 연계 강화, 교사의 역할 변화 등 미래 교육을 실현하려면 기술 활용을 빼놓을 수 없다. 교사가 가진 물리적 자원의 한계를 뛰어넘을 수 있는 수단을 기술이 제공하기 때문이다.

1970년대에 개인용 컴퓨터가 기업에 도입되기 시작했고, 이후 개인의 생산성이 급격히 향상됐다. 정보통신기술ICT이 개인의 생산성에 얼마나 기여했는지를 보여주는 증거도 있다. 영국에서 발표된 통계를 살펴보자. ICT의 도입과 함께 개인의 생산성이 급격히 향상됐음을 그림을 통해 확인할 수 있다. 1972년을 100으로 봤을 때 2011년에는 시간당 생산성에 대한 ICT의 기여도가 5배 이상이 됐다.

교육 분야에 생산성 개념을 빗대어 설명하는 것이 불편할 수도 있으나, 미래 교육의 방향성을 고려할 때 기술을 활용하여 교육자원의 효율성을 높이는 일은 반드시 필요하다. 개인화 과정이 진행된다면 한 명의 학생을 교육하기 위해 투입되는 자원은 계속해서 늘어날 것이다. 다만 기술의 활용은 학교 현장의 환경 개선과 더불어 이뤄져야 한다. 교사들이 계속해서 행정 업무에 시간을 빼앗기고, 학교에 보급된 스마트 기기를 관리하느라 애를 써야 한다면 기술 활용의 효과는

생산성에 대한 ICT의 기여도

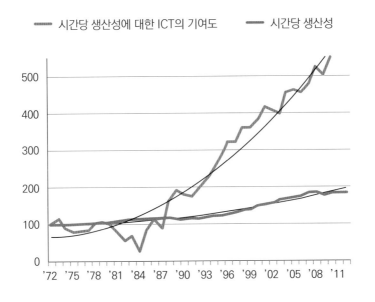

━━ 시간당 생산성에 대한 ICT의 기여도   ━━ 시간당 생산성

* 출처: EU KLEMS database 2012, Cebr analysis

반감될 수 있다. 수업을 주관하는 교사가 기술을 익히고 활용할 수 있는 여건이 조성되지 않는다면, 아무리 많은 컴퓨터가 학교에 보급 돼도 기술은 활용되지 않을 것이다.

04

무엇을
목적으로 할 것인가

교육의 목적은 시대에 따라 변화해왔다. 우리가 살아가고 있는 현시대, 교육의 목적은 무엇일까? 교육기본법 제2조에서 밝힌 교육의 목적은 다음과 같다.

교육은 홍익인간의 이념 아래 모든 국민으로 하여금 인격을 도야하고 자주적 생활능력과 민주시민으로서 필요한 자질을 갖추게 함으로써 인간다운 삶을 영위하게 하고 민주국가의 발전과 인류공영의 이상을 실현하는 데에 이바지하게 함을 목적으로 한다.

산업화 시대 교육의 목적

교육기본법에 나타난 교육의 목적은 세 가지로 요약된다. 첫째, 인격을 도야하게 한다. 둘째, 인간다운 삶을 영위하게 한다. 셋째, 민주

국가 발전과 인류공영에 기여하게 한다. 이는 다시 개인적 영역과 공적 영역으로 나누어 볼 수 있다. 인격을 도야하고 인간다운 삶을 영위하는 것은 개인적 영역이며, 민주국가 발전과 인류공영에 기여하는 것은 공적 영역이다. 이처럼 현재 교육의 목적은 개인적인 부분과 국가·사회적 부분이 함께 명시돼 있다.

많은 국가에서 시행되고 있는 공교육 제도는 산업혁명 이후 본격적으로 모습을 드러냈다. 특히 서양에서는 산업혁명이 일어나고 공장이 생겨나면서 자본주의 산업화를 위한 훈련된 인력의 필요성이 대두됐다. 공장에서 물건을 대량으로 생산하게 되면서, 읽기 능력을 지닌 많은 인력이 필요해졌다. 매뉴얼에 따라 작업할 수 있고, 공장 내의 규정을 지키며 질서를 유지할 수 있는 '교육받은' 인력이 필요했다. 정치적 측면에서는 교육이 사회질서를 유지하고 사회를 통합하는 데 중요한 역할을 했다. 국가에 충성하고 질서를 잘 지키는 조직 구성원을 길러내기 위한 교육이 이뤄졌다.

분단의 현실, 산업 고도성장기를 맞이한 우리나라의 교육도 이런 시대적 요청을 반영해왔다. 학교에서는 '국기에 대한 맹세'를 통해 국가관을 형성하게 했고, 아시안 게임과 올림픽의 성공적인 개최는 한때 모든 국민의 지상과제였다. 개인·사회·국가는 운명 공동체였고, 개인은 국가의 발전을 위해 '쓸모 있는 사람'이 되어야 했다.

올더스 헉슬리Aldous Huxley의 소설 《멋진 신세계》에는 인간배양 및 사회기능훈련소가 등장한다. 모든 인간은 인공수정을 통해 태어난다. 인간은 국가의 필요에 따라 알파, 베타, 감마, 델타, 엡실론이라는

《멋진 신세계》 초판 표지 © 위키피디아

다섯 등급으로 분류된다. 계급이 분류된 인간은 각각 약물을 투여받고 정해진 특성을 갖도록 '교육'된다. 그 결과 정해진 것만을 생각하고, 규범에 어긋나는 상상이나 행동은 하지 않고 살아가게 된다. 지금으로부터 약 100년 전인 1931년에 쓰인 《멋진 신세계》가 그리는 세상이다.

'글로벌 인재 양성', '핵심 인재 양성', '융합 인재 양성'이 누구나 쉽게 발견할 수 있는 교육의 목적이다. 이때 교육은 국가와 사회가 필요로 하는 인적 자원을 공급하는 것을 목적으로 한다. 지금까지 우리의 교육은 인적 자원을 길러내는 데 큰 비중을 뒀다. 먹고사는 문제가 시급했고, 국가 간 경쟁에서 승리하는 것이 중요했다. 지하자원이 부족한 우리나라는 더욱더 '인적 자원'을 길러내는 일에 몰두했다. 그것이 우리의 생존 방식이었다.

개인의 행복한 삶을 위한 교육으로

앞으로 펼쳐질 세상은 어떨까? 인공지능, 기후변화 등 국가를 초월해 전 지구적으로 협력해야 하는 문제들이 우리 앞에 놓여 있다. 국가 간 경계는 약해지고, 협력을 통해 당면한 문제들을 해결해야 한다. 인공지능이 발전하면서 많은 일자리를 대체할 것으로 예상된다. 기술의 시대, 인공지능의 시대에 인간은 무엇을 해야 할까? 모라벡의 역설Moravec's paradox에서 실마리를 찾을 수 있다.

모라벡의 역설을 제시한 한스 모라벡
© 위키피디아

> 인간에게 쉬운 것은 컴퓨터에게 어렵고, 인간에게 어려운 것은 컴퓨터에게 쉽다.

우리는 최대한 '인간'다워져야 하고 '나'다워져야 한다. 우리 모두가 고유한 존재라는 것은 신이 주신 놀라운 선물이다. 교육은 인간의 본성을 깨워야 하고, 각 개인의 특성을 발견하고 성장시켜야 한다. 이것이 미래 교육의 주된 목적이 되어야 한다. 인적 자원을 길러내는 교육에서 한 개인의 행복한 삶을 위한 방향으로 중심축이 옮겨져야 한다. 자신의 길을 꿋꿋이 걸어가는 개인들로 구성된 사회는 건강하고 지속적인 발전을 이룰 수 있다. 지금까지 같아지기 위한 교육이 중심이었다면, 이제는 달라지는 법을 가르치는 교육으로 한발 더 나아가야 한다.

2장

기술은 우리 삶
어디에든 존재하며
거부할 수 없는
강력한 힘을 발휘한다.

바야흐로

기술의

시대다

자동화의
물결로 일자리가
빠르게 로봇으로
대체되고 있다.

현대인에게
기술은
이미
일상이 됐다.

스마트폰은
전화기 이상의
수단이 된 지
오래다.

우리 삶은 과거 어느 때보다 기술의 영향을 크게 받고 있다. 아침이면 스마트폰 알람으로 눈을 뜨고, 졸린 눈을 비비며 스마트폰으로 새로운 소식을 살핀다. 지하철을 탔을 때 모든 사람이 고개를 숙인 채 스마트폰을 들여다보는 모습은 이제 아주 익숙한 풍경이 됐다. 회사에 도착하면 앱으로 미리 주문해놓은 커피를 받아 들고 자리로 가서 노트북을 켠다.

직장인의 일상만 그런 게 아니다. 아이가 울면 부모들은 동영상을 틀어준다. 아기는 언제 찡얼거렸나 싶게 초롱초롱한 얼굴로 화면에 빠져든다. 특히 청소년들에게 스마트폰은 밥보다 더 중요한 생필품이다. 정보 얻기부터 게임, 친구 관계까지 모두 이 안에서 이뤄진다.

어쩌면 우리는 생각보다 훨씬 더 기술 의존적인 삶을 살아가고 있는지 모른다. 너무 깊숙이, 너무 자연스럽게 우리 삶에 녹아 있어서 인식하지 못할 정도다. 그러다 보니 기술에서 소외되면 삶에서도 소외된다. 키오스크 앞에서 당황스러운 얼굴을 하고 계시는 어르신을 심심찮게 보게 된다. 햄버거 하나 주문할 때도, 극장에서 팝콘을 살 때도 젊은이들처럼 빠릿빠릿하게 처리하지 못해 머쓱해하기 일쑤다. 그 정도면 다행이라고도 할 수 있다. 코로나에 감염돼 격리 생활을 하셨던 어른들에게는 생존의 문제가 되기도 했다. 집에 음식이 떨어져 가는데 밖에 나가지도 못하고 인터넷으로 주문도 못 하니 매우 힘들었다는 얘기를 들었다. 자식들에게 전화로 부탁해서 겨우 식료품을 전달받고는 안도의 한숨을 내쉬었다고 한다.

원하든 원하지 않든, 우리는 기술의 시대를 살고 있다. 기술은 이제 우리 삶 어디에든 존재하며 거부할 수 없는 강력한 힘을 발휘하고 있다.

01

기술이란 무엇일까

아리스토텔레스(기원전 384~기원전 322)의 초상

'기술technology'이라는 단어는 고대 그리스어 테크네로고스technelogos에서 유래했다. 테크네로고스는 테크네techne와 로고스logos가 합쳐진 단어로, 테크네는 기교craft·예술art을 뜻하고 로고스는 단어word, 즉 말 또는 그것을 활용하는 능력을 뜻한다. 테크네로고스는 기원전 철학자인 아리스토텔레스의 《수사학》에서 최초로 등장했다. 이 책에서 네 번에 걸쳐 테크네로고스가 언급되는데, 그가 정확히 어떤 의미로 사용했는지는 불분명하다.○

○ 케빈 켈리, 이한음 옮김, 《기술의 충격》, 민음사, 2011

그 후 이 용어는 오랫동안 자취를 감췄지만, 기술 자체는 늘 존재했다. 농사를 지으면서 새로운 방법을 찾아냈고, 도로를 만들었고, 건축물도 지었다. 우리가 오늘날 기술이라고 부르는 단어의 본질은 계속해서 발전해왔지만, 신기하게도 기술이라는 용어는 쓰이지 않은 것이다. 그러다가 18세기 들어 산업혁명이 일어나면서 세상의 많은 것이 바뀌었다. 기계가 사람들의 삶 속으로 파고들었다. 방직기와 증기기관이 등장했다. 이때까지도 사람들은 그것을 총체적으로 일컫는 이름을 알지 못했다.

요한 바크만(1739~1811)의 초상
© 위키피디아

기술technology이라는 단어는 1802년 독일 괴팅겐대학교 경제학과 교수였던 요한 바크만Johann Beckmann이 《기술 입문서Guide to Technology》라는 교재를 펴내면서 비로소 세상에 등장했다.

오늘날 우리가 '기술'이라고 부르는 것의 본질은 무엇일까? 기술은 해결해야 할 문제와 연관 지어 언급되는 경향이 있다. 어떤 문제가 존재할 때 그 문제를 풀기 위한 수단을 '기술'이라고 부르는 경우다. 또는 과학과 비교하여 기술의 본질을 정의하기도 한다. 과학을 우리가 살아가는 세상이 품고 있는 원리·진실·법칙이라고 한다면, 기술은 과학을 활용하되 좀 더 현실적인 문제에 적용되는 것을 전제로 한다. 즉 과학이 '발견'하고 '알아내는' 것이라면, 기술은 '개발'하고 '만들어내는' 것이라고 할 수 있다. 기술은 과학적 발견을 기반으로 하되 인간에게 주어진 한계를 극복하고자 하는 의지를 담고 있다. 신이 창조한 세계를 인간이 발견해나간 결과물이 과학이라면, 기술은 인간이 만들어나가는 세상을 대변한다.

　존재하는 세상 위에 인간이 원하는 모습을 구현해나가는 과정에서 기술은 발전한다. 그렇기에 기술은 자연과 반대편에 서 있는지도 모른다. 기술이 발전할수록 자연을 이용하게 되고, 그 때문에 환경 파괴 문제가 지속적으로 발생한다. 기술에는 목적이 있으며 경쟁적이다. 누가 먼저 어떤 문제를 해결하고 그것을 통해 얼마나 큰 가치를 만들어내느냐에 따라 승패가 갈리기도 한다. 특허제도가 도입되고 지식재산권의 중요성이 커지면서 기술은 더욱 경쟁적인 성격을 띠게 됐다. 경쟁을 포함하는 기술은 이기적일 수 있고, 탐욕을 품을 수 있다.

　기술은 빠르게 발전하고 있다. 인간이 그 속도를 따라잡기 어려울

산업혁명을 통해 대량생산의 시대가 시작됐다.

만큼 빠르다. 인간을 위해 만들어진 기술이 인간을 종속시키는 상황도 발생한다. 현시점에서 가장 앞서 있고 고도화된 기술을 뜻하는 하이테크high-tech나 하이퍼테크hyper-tech라는 말이 생겨난 지도 꽤 오래고 보면, 앞으로 기술이 만들어나갈 세상에 대해서는 기대와 두려움이 교차한다. 예컨대 조지 오웰George Orwell의 소설 《1984》에는 텔레스크린이라는 도구가 등장한다. 모든 집에는 텔레스크린이 설치돼 있고, 빅 브라더가 집 안에서 일어나는

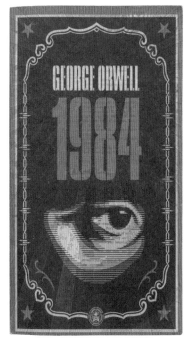

빅 브라더를 이미지화한 《1984》 표지
© 위키피디아

일을 감시한다. 기술을 이용해 완벽한 감시와 통제가 이뤄지는 디스토피아다.

기술을 어떻게 사용할 것인가? '인간을 위한 기술'이라는 대전제를 우리는 지켜낼 수 있을까? 기술은 그 본질마저도 스스로 변화시킬지 모른다. 한 가지 확실한 것은 인간이 만드는 기술은 인간을 위한 것이어야 하고, 인간을 위한 기술이 되도록 강제하는 역할도 인간이 해야 한다는 것이다. 인간은 기술을 만들고 사용한다. 이 명제가 언제나 참이기를 기대한다.

IT를 중심으로 살펴보는 기술의 역사

산업혁명을 촉발한 증기기관의 발명

산업혁명이 진행되면서 기술은 실체를 드러내며 빠르게 발전해왔다. 제1차 산업혁명을 대표하는 기술적 키워드는 석탄, 증기기관, 직물 산업, 도로와 운하, 코크스 제철법, 철도 등이다.º 산업혁명을 촉발한 대표적인 발명품이 증기기관인데, 대부분 사람이 제임스 와트James Watt가 발명한 것으로 알고 있는 듯하다. 하지만 실제 증기기관을 발명한 인물은 영국의 발명가 토머스 뉴커먼Thomas Newcomen이다.

º 김명자, 《산업혁명으로 세계사를 읽다》, 까치, 2019

산업혁명을 촉진한 와트의 증기기관 ⓒ 위키피디아

당시 영국 광산에서는 갱도 내에 물이 고이는 일이 잦아 골칫거리였다. 대장간의 직공이었던 뉴커먼은 광산의 물을 퍼낼 방법을 찾다가 증기기관을 발명했다. 초창기의 증기기관은 당연하게도 몇 가지 단점이 있었는데, 이를 제임스 와트가 해결해 산업에 활용할 수 있게 했다.

그리고 드디어 1814년, 조지 스티븐슨George Stephenson이 고압의 증기 엔진으로 달리는 증기기관차를 개발했다. 기술이 점차 발전하여 1825년에는 대중용 증기기관차가 상용화됐고, 공장에서 만들어지는 생산품을 소비자가 있는 곳까지 실어 나를 수 있게 됐다. 이때 큰 역할을 한 것이 철도이며, 철도의 등장으로 인간의 역사는 또 한 번 크게 바뀌었다. 프랑스의 역사학자 뽈 망뚜Paul Mantoux는 《산업혁명사》에서 이렇게 밝혔다.

증기기관차와 철도의 등장으로 운송 혁명이 일어났다.

증기기관의 발명과 더불어 산업혁명의 최종적이고 가장 결정적인 단계
가 열렸다. 증기기관으로 산업혁명의 마지막 족쇄가 풀렸고, 이로 인해
대규모 공업이 급속히 발달했다.

인류의 생활을 바꾼 전기의 등장

증기기관으로 대변되는 산업혁명이 기술의 시대를 열었다면, 19세
기에 접어들면서는 전기가 주인공으로 등장했다. 전기의 발전에서 빼
놓을 수 없는 인물로 영국의 물리학자이자 화학자였던 마이클 패러데
이Michael Faraday가 있다. 패러데이는 1831년 자기장의 변화가 전기회
로에서 전류를 흐르게 한다는 사실을 실험으로 보여줬다. 이는 훗날 발
전기의 기본 원리로 활용되면서 전기 산업 시대가 개막하는 데 큰 영향
을 미쳤다.

1890년대에 전기 산업의 획을 긋는 대사건이 있었다. 〈커런트 워〉
라는 영화로 제작되기도 한 '전류 전쟁'이다. 우리가 잘 알고 있는 토
머스 에디슨Thomas Edison과 니콜라 테슬라Nikola Tesla의 대결이었다. 에
디슨은 전등회사를 설립하고 110V 직류를 사용하여 전등을 밝혔다.
그런데 직류는 전압이 낮아 전기를 멀리까지 보낼 수 없다는 단점이
있었다. 테슬라는 교류전기로 이 문제를 해결하고자 했다. 결국 전력
표준 시스템으로 직류를 선택할 것인가, 교류를 선택할 것인가를 놓
고 전류 전쟁이 벌어졌다. 이런 와중에 에디슨은 교류의 위험성을 보
이기 위해 비윤리적인 동물 감전 실험을 하기도 했다.

1893년 5월 1일, 테슬라의 교류전기가 시카고 만국박람회장을 환

하게 밝히면서 전류 전쟁은 테슬라의 승리로 마무리됐다. 이후 대부분의 전기 장비는 교류를 사용하게 됐고, 오늘날 우리도 가정에서 교류를 사용하고 있다.

교류의 위험성을 보이기 위한 실험에서 감전사한 코끼리
© 위키피디아

개인용 컴퓨터 시대를 연 천재들

세계 최초의 컴퓨터는 1946년에 펜실베이니아대학교의 존 W. 모클리John W. Mauchly와 J. 프레스퍼 에커트J. Presper Eckert가 제작한 에니악Electronic Numerical Integrator and Calculator, ENIAC으로 알려져 있다. 에니악에는 약 1만 8,000개의 진공관이 사용됐으며, 무게만 30톤이 넘는다.

컴퓨터라는 개념은 이보다 한참 전에 영국의 수학자인 찰스 배비지Charles Babbage가 주창했다. 1791년 영국에서 출생한 찰스 배비지는 어려서부터 사람의 일을 대신 할 수 있는 기계에 관심이 많았다. 이윽고 1834년, 주어진 프로그래밍 명령에 기초하여 다양한 연산을 수행하는 범용 컴퓨터의 개념을 떠올렸다.○

찰스 배비지의 범용 컴퓨터 개념이 에니악으로 현실화된 후, 두 명의 젊은이가 개인용 컴퓨터 혁명의 시대를 열었다. 스티브 잡스Steve

○ 월터 아이작슨, 정영목·신지영 옮김, 《이노베이터》, 오픈하우스, 2015

1만 8,000개의 진공관이 사용된 에니악 © 위키피디아

Jobs와 스티브 워즈니악Steve Wozniak이 그 주인 공이다. 개인용 컴퓨터의 시대를 확신한 두 젊은이는 1976년 애플Apple을 창업했다. 그리고 이듬해인 1977년 애플II 컴퓨터를 세상에 공개하면서 본격적으로 개인용 컴퓨터의 시대를 열었다.

애플II는 9인치 흑백 모니터와 두 개의 게임 패들, 저장 장치로 쓰이는 카세트테이프리코더가 포함된 구성이었다. © 위키피디아

다만, 애플II가 출시되자마자 인기를 끈 것

은 아니었다. 사람
들은 컴퓨터로 무
엇을 해야 좋을지
몰랐다. 일반 가정
에 무슨 컴퓨터가
필요하냐며 PC 사
업을 비하하는 사
람들도 많았다. 애

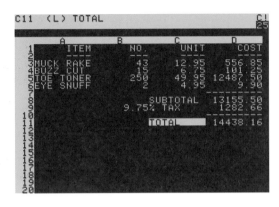

'애플 II'에서 비지캘크가 실행되고 있다. © 위키피디아

플II 컴퓨터가 성공하게 된 배경에는 비지캘크VisiCalc라는 소프트웨어가 있다. 오늘날 엑셀Excel과 같은 스프레드시트 형태의 소프트웨어로, 업무 처리의 혁명을 일으켰다. 말 그대로 최초의 킬러 앱Killer App이었다.

컴퓨터의 표준 운영체제를 확립한 마이크로소프트

애플이 개인용 컴퓨터의 새 역사를 시작하기 얼마 전 한편에서는 또 다른 IT 업계의 거인들이 부상하고 있었다. 미국 시애틀의 부유한 가정에서 태어난 빌 게이츠Bill Gates는 유명 사립학교 레이크사이드 스쿨에서 폴 앨런Paul Allen을 처음 만났다. 1975년, 두 사람은 훗날 컴퓨터 역사에 커다란 기둥이 되는 마이크로소프트Microsoft를 창업했다. 그들은 사실 컴퓨터 운영체제에 대해 잘 알지 못했기에 당시 유력한 컴퓨터 운영체제였던 디지털 리서치Digital Research의 CP/M을 복제한 86-DOS라는 운영체제를 5만 달러에 구매했다. 그런 다음 IBM과 납품 계약을 맺음으로써 컴퓨터 운영체제 시장에 뛰어들었다.○ 이후 우리가 잘 아는 MS DOS는 개인용 컴퓨터의 대표적인 운영체제가 됐고, 그래픽 사용자 인터페이스Graphical User Interface, GUI를 도입한 윈도Windows를 출시하면서 마이크로소프트는 날개를 달게 됐다.

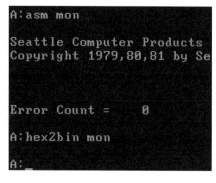
86-DOS의 실행 화면 ⓒ 위키피디아

검색엔진 시장을 선점한 구글, 크롬북 돌풍까지

오늘날의 IT 산업을 이야기할 때 빼놓을 수 없는 또 하나의 기업이 있으니 바로 구글이다. 1998년, 스탠퍼드대학교 컴퓨터공학과 대학원 박사 과정 학생이었던 래리 페이지Larry Page와 세르게이 브린Sergey Brin이 차고에서 구글을 창업했다. 이들은 훌륭한 논문은 다른 논문에서 많이 인용된다는 점에 착안해 검색엔진을 만들었다. 구글은 인터넷 세상의 폭발과 함께 빠르게 성장했다. 2006년 구글은 신생 동영상 플랫폼 업체를 무려 16억 5,000만 달러에 인수했다. 대략 2조 원에 달하는 엄청난 액수다. 당시에는 너무 비싸게 인수한 것 아니냐는 우려 섞인 시선도 있었으나, 오늘날 유튜브의 영향력을 고려한다면

○ 정지훈, 《거의 모든 IT의 역사》, 메디치미디어, 2010

당시 구글 경영진의 혜안에 감탄하지 않을 수 없다.

구글은 2011년 5월 샌프란시스코에서 크롬북이라는 새로운 컴퓨터를 발표했다. 2000년대 초반부터 개발해온 크롬 운영체제를 탑재한 첫 번째 노트북을 우리나라의 삼성전자와 타이완의 컴퓨터 기업 에이서Acer에서 동시에 출시했다. 이후 크롬북은 미국 교육 시장에서 돌풍을 일으켰다. 클라우드 기반의 크롬북은 저렴한 가격, 강력한 보안, 쉬운 사용성을 기반으로 빠르게 교육 시장을 장악해나갔다. 크롬북과 구글의 교육용 솔루션인 '워크스페이스 포 에듀케이션'을 통해 구글은 미래 세대인 학생들에게 친숙한 기업으로 다가가고 있다.

이동전화가 손안의 컴퓨터로 변신하기까지

이동전화를 처음으로 손에 쥐었던 순간의 충격과 감동을 잊지 못한다. 묵직하게 손에 잡히는 검은색 전화기로 언제 어디서든 통화할 수 있었다. 게다가 문자 메시지까지 주고받을 수 있다니 기술의 위력을 새삼 실감했다. 이동전화로 통화하는 것이 익숙해질 무렵, 두 번째 이동전화를 갖게 됐다. 화면은 컬러로 변했고, 벨소리도 현란한 화음으로 바뀌었다. 그렇게 2년마다 이동전화기를 바꾸는 것이 습관이 될 무렵, 전 세계는 충격적인 광경을 보게 됐다.

2007년 1월 9일, 애플의 스티브 잡스가 아이폰을 세상에 내놓았다. 전화기, 인터넷 통신 기기, 새로운 아이팟 등 세 가지 기기를 발표하겠다던 잡스의 프레젠테이션이 진행되는 동안 사람들은 곧 이 세 가지가 사실은 하나의 기기임을 알게 됐다. 아이폰의 등장은 IT 산업

1세대 아이폰

에 일대 지각변동을 일으켰다. 비주류로 머물러 있던 스마트폰이 단숨에 가장 인기 있는 개인용 기기가 됐다. 2008년 아이튠즈의 업데이트 형태로 시작된 앱스토어는 스마트폰을 둘러싼 전방위 산업에 엄청난 변화를 가져왔다. 자동차가 안겨준 이동의 자유와는 차원이 다른 이동의 자유가 사람들에게 주어졌다.

아이폰 이후 스마트폰은 변화를 거듭해왔다. 더 큰 화면, 더 빠른 동작, 더 오래가는 배터리. 특히 카메라 기술이 스마트폰에 결합되면서 누구나 일상을 기록하고 공유하는 새로운 시대가 열렸다.

2010년, 스티브 잡스는 누런 서류 봉투를 들고 다시 무대에 등장했다. 바스락거리는 봉투에서 잡스는 얇고 납작한 IT 기기를 꺼내 들었다. 바로, 아이패드다. 태블릿 컴퓨터라는 새로운 명칭을 탄생시키며 애플은 다시 한번 세상을 놀라게 했다.

기술의 발전 방향

기술이라는 단어가 본격적으로 등장한 계기는 산업혁명이었지만, 기술의 실체는 항상 우리 주변에 존재했다. 인간은 잘 먹고 잘 사는 문제를 해결하기 위해 노력해왔고, 기술의 발전은 그런 노력의 결과물이자 동력이 됐다.

연결하는 기술

겨울철 며칠 동안 집을 비웠다가 돌아가는 길에 문득 집이 얼음장처럼 차가울 거라는 생각이 들었다. 스마트폰의 앱을 열어서 거실 난방을 가동했다. 현관문을 열고 집에 들어서자 훈훈한 온기가 몸을 감쌌다.

최근 각 가정에 설치되는 보일러에는 와이파이 기능이 탑재돼 있다. 와이파이 기능이 있다는 것은 인터넷에 연결할 수 있다는 뜻이고, 전 세계 어디에서든 우리 집 보일러 기능을 통제할 수 있다는 의미다.

인터넷이 등장해 전 세계가 연결되면서 거대한 네트워크가 만들어졌다. 사람과 사람, 사람과 기계가 '연결'된 것이다. 기술은 이런 연결을 더욱 촘촘하고 빠르게 만들어갈 것이며, 우리 주변의 다양한 물건이 서로 연결될 것이다. 예컨대 의자에 앉아 있으면 의자 자체가 체중을 측정하여 스마트폰으로 전송하고, 앉아 있는 자세의 문제점을 분석하여 사용자에게 알려줄 수 있다. 의자에 다양한 센서와 통신 모듈이 장착되면서 정보가 수집되고 인터넷을 통해 전송된다.

이처럼 우리 주변의 모든 것이 연결될 수 있다. 인간이 통제하기를 원하고 알기를 원하는 이 세상의 모든 사람과 물건이 인터넷에 연결될 수 있다. 연결은 곧 정보를 공유할 수 있음을 의미한다. 인터넷에만 연결되면, 정보는 누구에게든 전송될 수 있다.

대규모 데이터의 수집과 분석

매월 카드명세서를 받아보면 지난 한 달간 나의 소비 패턴을 확인할 수 있다. 언제 어디에서 얼마를 사용했는지 깔끔하게 분류돼 도표

이제는 사람만이 아니라 모든 사물도 인터넷에 연결된다.

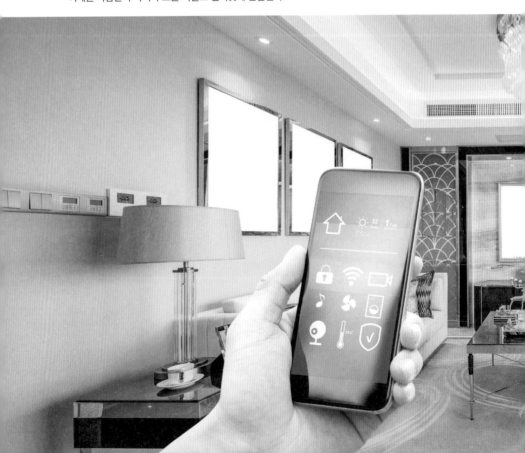

로 정리돼 있다. 따라서 카드회사 역시 내가 문화생활에 얼마를 사용했는지, 옷을 얼마나 자주 사는지, 식당은 일주일에 몇 번이나 가는지 모두 알고 있다. 나보다 나의 소비 패턴을 더 잘 알고 있는 카드회사는 내가 옷을 구매할 것 같은 시기에 할인 쿠폰을 보내준다.

또한 대형마트는 우리 집이 어떤 물건을 얼마나 자주 사는지 잘 알고 있다. 물건 구매 목록을 분석하여 가족 중 임신부가 있는지를 알아낼 수도 있다. 임신이 확실하다고 판단되는 가정에 임신용품, 출산 준비물 등의 할인 쿠폰을 보내주는 것은 이미 일반화됐다. 회원 가입을 유도하고 회원에게만 할인을 해주는 것도 데이터를 얻기 위해서다.

기술은 세상 구석구석에서 벌어지는 일들의 데이터를 수집하게 될 것이다. 저장 공간의 부족이나 대규모 데이터 처리를 위한 강력한 컴퓨팅 파워의 문제가 해결되면서 인류는 어느 때보다 스스로를 잘 알게 될 것이며, 이를 통해 더 나은 인류로 진보하게 될 것이다. 대규모 데이터를 수집하고자 하는 욕구와 개인의 프라이버시를 지키고자 하는 욕구가 충돌하는 가운데, 기술은 끊임없이 타협점을 찾기 위해 노력할 것이다.

시간과 공간을 변화시키는 기술

지구의 둘레는 4만 킬로미터가 조금 넘는다. 인간의 보행 속도를 시속 4킬로미터 정도로 가정하면 1만 시간, 즉 417일 정도를 걸어야 제자리로 돌아올 수 있다. 우리가 인식하는 지구의 크기다. 자동차로 달리면 어떨까? 시속 100킬로미터로 달릴 때 16.67일이면 제자리로 돌아올 수 있다.

기술은 인간이 인식하는 시간과 공간의 개념을 계속해서 변화시키고 있다. 공간이 시간의 개념으로 전환돼 '몇 킬로미터 떨어져 있다'라는 표현보다는 '자동차로 몇 시간 거리'라는 표현이 우리에게 더 익숙하다. 기술은 시간상 거리를 더욱 가깝게 하면서 공간의 개념을 약화하는 방향으로 발전해나갈 것이다. 서로 같은 공간에 있기 위해서 이동하는 시간이 갈수록 줄어들고, 서로 다른 공간에 있어서 할 수 없었던 일들도 점점 줄어들 것이다.

생체 RFID 칩을 이용해 차문을 여는 모습

뇌를 향하는 기술

거실 탁자 위에 놓여 있던 전화기가 어느새 손안으로 들어왔다. 손안에 들려 있던 전화기는 손목 위로 올라왔고, 안경 형태의 전화기도 시도되고 있다. 이른바 웨어러블 기기의 시대가 다가오고 있다.

현재 웨어러블 기기의 대표주자는 스마트워치다. 스마트워치를 활용해 건강 상태를 모니터링하고 메시지를 확인하는 것은 이제 너무나도 자연스러운 일이 됐다. 스마트워치를 활용해 지하철을 타고 편의점에서 계산도 한다. 네덜란드에서 경비원으로 일하는 패트릭 파우먼Patrick Paumen은 결제의 편리함을 위해 자신의 손등 피부 아래에 생체 RFID 칩을 이식했다.○ 상점이나 식당에서 결제할 때 파우먼은 비접촉식 카드리더기에 왼손을 가까이 대기만 하면 된다.

인간이 사용하는 모든 스마트 기기의 개발자들은 사용자 경험User Experience을 향상시키기 위해 노력한다. 사용자 경험에는 다양한 요소

○ BBC뉴스코리아, 캐서린 라탐, "손 올리면 자동 결제… 몸에 마이크로칩 이식받는 사람들", 2022. 4. 12, www.bbc.com/korean/features-61076174

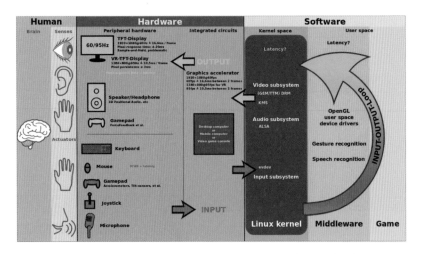

GUI는 입출력 등의 기능을 아이콘 등의 그래픽으로 처리해 사용 편의성을 높인 것을 말한다.
© 위키피디아

가 있지만 가장 큰 영향을 미치는 것은 기기와 사용자 간의 인터페이스$_{User Interface, UI}$다. 컴퓨터로 무언가를 할 때 우리는 키보드와 마우스를 사용한다. 마우스와 키보드를 사용해 원하는 동작을 컴퓨터에 지시하고, 화면을 통해 결과를 확인한다. 그리고 자동차에는 안전을 위해 음성 인터페이스가 빠르게 도입되고 있다. 인간과 기기 사이의 이런 인터페이스는 복잡성으로 인한 오류를 줄이고, 입출력 시간의 지연을 줄이는 방향으로 발전해왔다.

　사용자 인터페이스의 최종 목표는 결국 인간의 뇌다. 인간의 생각과 의지를 읽어내고 처리할 수 있다면 현존하는 전자 기기들은 형태상으로 커다란 변화를 맞이하게 될 것이다. 어머니의 기억을 보관하고 있는 도서관에서 기억에 접근할 방법을 찾지 못해 벌어지는 이야

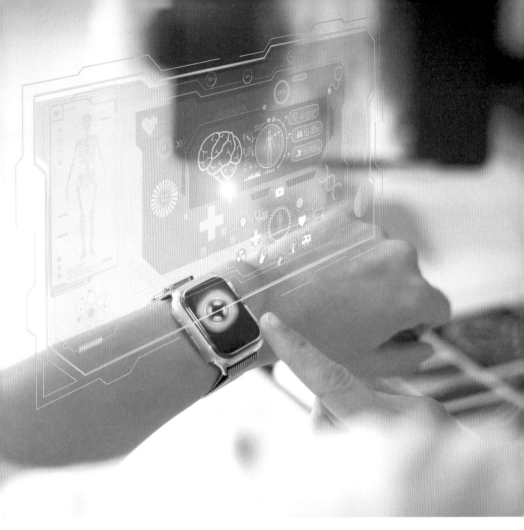

웨어러블 기기의 예

기를 다룬 단편 소설이 있다.° 우리의 기억이 모두 데이터로 저장될 수 있는 미래를 그렸다. 기술은 인간을 이해하고자 한다. 기술이 이해하고자 하는 인간의 실체는 인간의 뇌가 될 수 있다.

○ 김초엽, 〈관내분실〉, 《우리가 빛의 속도로 갈 수 없다면》, 허블, 2019

02

기술의 속성

기술은 끊임없이 진보한다

요즘은 길을 다니면서 스마트폰으로 통화하는 사람들을 보는 게 드문 일이 아니다. 조그만 스마트폰으로 지구 반대편에 있는 사람과도 생생하게 이야기를 나눌 수 있으니 그저 신기할 따름이다. 어떻게 이런 일이 가능한 걸까?

스마트폰으로 통화를 할 수 있으려면 이동전화 네트워크가 설치돼야 한다. 쉽게 말해, 기지국이 있어야 한다. 눈에 보이지는 않지만 스마트폰은 항상 근처의 기지국과 연결돼 있다. 폰에서 통화 스위치를 누르면 연결돼 있던 기지국으로 수신자의 번호를 포함하는 발신 정보가 전달된다. 기지국은 전달받은 수신자 정보를 더 상위의 네트워크로 전달한다. 네트워크에 전달된 수신자 정보를 통해 수신자가 현재 어디에 있는지 확인하고, 수신자가 있는 기지국을 통해 전화가 왔음을 알리는 신호를 보내게 된다. 신호를 받은 스마트폰은 전달받은 발신자의 전화번호를 표시하면서 벨을 울린다.

이런 모든 기술이 준비되고 나서야 이동전화가 등장했다. 한 통의 전화가 성공적으로 연결되기 위해서는 이렇게 복잡한 기술적 기능들이 모두 정상적으로 동작해야 한다. 여기에는 수많은 하드웨어와 소프트웨어가 필요한데, 어느 하나라도 완전하게 준비되지 않으면 이동전화 서비스는 이뤄질 수 없다.

이렇게 기술이 어떤 문제를 해결할 때는 좁은 범위의 한 가지 기술만 사용되지 않는다. 현존하는 수많은 기술이 복합적으로 사용돼 결실을 이루는 것이다. 즉 한 가지 기술이 분리돼 독자적으로 의미를 가질 수 없고, 존재하는 모든 기술과 하나의 덩어리를 이뤄야 빛을 발하게 된다. 마치 하나의 생명체처럼 기술 역시 상호작용 속에 발전해나가는 것이다.

《기술의 충격》 초판 표지 © Steve Jurvetson

기술의 이런 특성을 케빈 캘리Kevin Kelly는 《기술의 충격》이라는 책에서 '테크늄' 이라는 단어로 정의했다.

좀 마지못해 우리 주변에서 요동치는 더 크고,

세계적이며 대규모로 상호 연결된 기술계System of Technology를 가리키는 단어를 창안해야 했다.

나는 그것을 테크늄Technium이라고 부르려 한다. 테크늄은 반질거리는 하드웨어를 넘어서 문화, 예술, 사회제도, 모든 유형의 지적 산물들을 포함한다. 그것은 소프트웨어, 법, 철학 개념 같은 무형의 것들도 포함한다. 그리고 가장 중요한 점은 그것이 더 많은 도구, 더 많은 기술 창안, 더 많은 자기 강화 연결을 부추기는, 우리 발명품들의 생성 충동을 포함한다는 것이다.

앞서 범용 컴퓨터의 개념을 최초로 제시한 찰스 배비지를 소개했다. 그가 제시한 범용 컴퓨터가 실제로 만들어지기까지는 얼마나 걸렸을까? 찰스 배비지가 정교한 컴퓨터에 관한 논문을 발표한 것은 1837년의 일이지만, 그런 컴퓨터를 실제로 제작하는 데 필요한 수십 가지 테크놀로지가 마련된 것은 100년이 지나서였다.° 100년이라는 긴 시간 동안 컴퓨터를 실제로 구현할 수 있는 기술들이 하나씩 만들어졌고, 드디어 하나의 완성된 모습을 드러낸 것이다.

이처럼 기술은 마치 자기 증식을 하는 생명체와 같이 계속해서 앞으로 나아가고 있다. 2023년 3월 29일, 일론 머스크Elon Musk와 유발 하라리Yuval Harari를 포함하는 1,000여 명의 첨단 기술 종사자들이 인공지능의 위험성을 경고하며 6개월간 모든 AI의 개발을 멈추자는 공개서한을 발표했다. 그들의 의도는 충분히 이해할 수 있으나 개발을

○ 월터 아이작슨, 정영목·신지영 옮김, 《이노베이터》, 오픈하우스, 2015

멈추는 건 가능한 일이 아니다. 인류가 존재해온 이래 단 한 순간도 기술의 진보는 멈춘 적이 없다. 우연한 발견이나 절대적 필요 또는 욕망을 충족하기 위해서 등 기술은 현존하는 기술과 계속해서 상생 작용을 일으키며 앞으로 나아간다. 우리는 기술이 인간에 종속적이며, 인간이 명령하고 허용한 일만 한다는 믿음을 가지고 있었다. 그러나 인간은 기술의 발전 방향을 완전하게 통제하지 못했다. 환경 파괴나 자동화로 인한 일자리의 상실 같은, 예상하지 못한 문제들을 앞으로 더 자주 마주하게 될 것이다. 인공지능은 기술의 이런 자기 증식적 속성을 위협적일 만큼 강화할 수 있다.

노벨상을 만든 알프레드 노벨Alfred Nobel은 자신이 발명한 다이너마이트가 세계 평화에 기여할 거라는 믿음을 가지고 있었다.

노벨의 공장에서 다이너마이트를 혼합하고 있는 노동자들(1897) © 위키피디아

내 다이너마이트는 곧 천 가지 세계 조약보다 더 평화를 가져올 것이다.
- 케빈 켈리, 《기술의 충격》

하지만 알다시피 다이너마이트는 전쟁을 막지 못했고, 오히려 무기로 쓰였다. 기술은 인간이 의도한 방향으로만 사용되지 않는다.

만들어진 기술은 사용된다

제2차 세계대전 당시, 미국은 나치 독일보다 하루라도 먼저 원자폭탄을 개발해야 했다. 그 유명한 맨해튼 프로젝트의 시작이다. 뉴멕시코주 로스앨러모스에 모인 최고의 과학자들은 인류 최초의 원자폭탄을 만들어냈다. 하지만 원자폭탄이 실제로 사용되리라고는 누구도 생각하지 않았다. 독일은 항복해버렸고, 일본과의 태평양 전쟁에서도 전세는 이미 기울었기 때문이다. 하지만 일본은 생각보다 거세게 저항했다. 35일 동안 지

맨해튼 프로젝트를 주도한 J. 로버트 오펜하이머(J. Robert Oppenheimer)와 레슬리 R. 그로브스 주니어 (Leslie R. Groves Jr.) © 위키피디아

속된 이오시마 전투에서 2만 8,000명의 미군 사상자가 발생했다. 이어 오키나와 전투에서도 막대한 인명피해가 발생하자 미국은 원자폭탄을 사용하자는 유혹을 떨치지 못했다.

> 한여름에 미국 정부는 일본의 비타협성에 참을성을 잃고, 굉장히 장엄하고 뭐라고 항의할 수 없을 만큼 결정적인 방식으로 전쟁을 끝내고 싶은 유혹에 굴복하기 시작했다.
> – 존 키건John Keegan, 《2차세계대전사》

전쟁을 빨리 끝내고 미군 희생자를 줄여야 했다. 20억 달러(당시 기준)라는 어마어마한 돈을 들여서 완성한 원자폭탄이 있지 않은가. 1945년 8월 6일, 원자폭탄 '리틀보이'가 히로시마에 투하됐다. 폭탄이 투하된 지역의 반경 12킬로미터 범위 내에서 8만 명이 당일 사망했다. 12월 말까지 추가로 6만 명이 사망해 리틀보이로 인한 사망자는 14만 명에 달했다. 1945년 8월 9일에는 나가사키에 또 하나의 원자폭탄 '팻맨'이 투하됐고, 7만 명이 넘는 사망자가 발생했다.

20만 명이 넘는 사망자가 발생한 원자폭탄을 꼭 사용해야 했는지에 관해서는 다양한 의견이 존재한다. 그렇지만 어쨌든 원자폭탄은 사용됐다. 마치 기술 스스로가 생명력을 지닌 것처럼 말이다. 사용을 전제하지 않는 기술은 존재하지 않는다. 명확한 목적성을 갖는 것이 기술의 특성임을 고려한다면, 만들어진 기술이 사용되지 않을 수 있다고 생각하는 것이 더 이상하다. 경제적·사회적 효용성을 완전히 상실하여 조용히 사라지는 기술도 있지만, 언제 다시 살아나 다른 기술

원자폭탄이 투하돼 버섯 구름이 피어오르는 히로시마(왼쪽)와 나가사키(오른쪽) ⓒ 위키피디아

과 결합해 또 다른 모습을 보여줄지 모른다. 수많은 과학자의 노력과 엄청난 투자의 결실로 완성된 원자폭탄이 그저 전쟁을 억제하는 상 징적인 존재로 남기를 바랐다면 너무 순진한 생각이 아닐까?

지금 우리가 인공지능을 앞에 두고 두려워하는 것도 같은 이유다. 사람처럼 생각하고 스스로 발전해나가는 범용 인공지능의 위험성을 과소평가해서는 안 된다. 만들어진 기술은 스스로 길을 찾아내고 진 화한다는 사실을 역사가 증명하지 않는가.

기술은 시대를 반영한다

애플이 내놓은 제품마다 성공했던 것은 아니다. 애플에도 아픔을 안겨준 제품이 있다. 1993년 출시한 '뉴턴 메시지 패드'라는 PDA Personal Digital Assistant 제품이다. 7인치 크기의 흑백 터치스크린이 있으며 일정 관리, 메모 송수신, 팩스 전송 등의 기능을 제공했다. 특정 단어의 선택, 오타 자동수정, 기록된 단어의 근사치를 보여주는 기능이 탑재된 매우 혁신적인 기기였다. 하지만 이 혁신적인 기기는 아쉽게도 소비자의 외면 속에 1998년 단종되는 운명을 맞이했다.

당시 소비자들은 PDA의 구체적 가치와 필요를 알지 못했고, 가격 또한 699달러로 매우 비쌌다. 기술적으로 매우 앞섰으나 시대적으로 보자면 너무 앞선 제품이었다.○

기술은 시의성을 갖는다. 즉 그 시대를 살아가는 사람들과 맞

뉴턴 OS를 구동 중인 애플의 뉴턴 메시지 패드 2100.
그 옆에 있는 것은 iOS를 구동 중인 1세대 아이폰이다.
© Blake Patterson

○ POSRI 보고서, 〈왜 좋은 기술이 실패하는가〉, 2015

물려 있다. 아무리 뛰어나도 시대의 선택을 받지 못하면 빛을 발할 수 없다. 기술은 순수 과학이 아니라 문제를 해결하고 가치를 제공하는 것이 목적이기 때문이다. 대부분의 기술은 시대적 과제를 안고 개발이 시작된다. 증기기관과 방직기는 당시 영국 사회가 안고 있던 문제를 해결하고자 하는 노력의 산물이었다. 기술은 거기에 내재된 혁신성을 사람들이 수용할 수 있을 때 확산된다.

특정 기술에 대한 투자 역시 시대적 환경에 영향을 받는다. 신재생에너지 기술이 대표적인데, 이 기술에 대한 투자는 유가 흐름에 좌우된다. 유가가 하락하면 각국 정부나 기업은 신재생에너지에 대한 투자를 줄인다. 우리나라의 신재생에너지 연구·개발은 1970년대와 1980년대 두 차례의 석유 파동을 겪으며 본격적으로 진행됐다. 지구의 석유가 금방이라도 바닥날 듯한 압박 속에 신재생에너지에 대한 투자가 이뤄졌으나, 시추 기술의 발달 등으로 석유는 지속적으로 생산됐고 유가는 경제 상황에 따라 오르내렸다. 신재생에너지에 대한 관심과 투자는 유가의 변동에 따라 큰 변화를 겪었다.

1979년 6월 석유 파동 당시, 미국 메릴랜드주 주유소에 줄지어 서 있는 자동차들 ⓒ 위키피디아

기술에는 부작용이라는 이면이 있다

자동차가 처음 등장했을 때 사람들은 그 편리함에 감탄을 금치 못했다. 이전에는 상상조차 하지 못했던 빠른 속도로 원하는 곳에 갈 수 있었기 때문이다. 자동차의 효용성에 한창 열광할 때, 뜻밖의 사건이 일어났다. 사람이 자동차에 치여 사망한 것이다. 세계보건기구WHO의 발표에 따르면, 매년 130만 명이 교통사고로 목숨을 잃고 2,000만 명 이상이 부상을 당한다.ㅇ

18세기 산업혁명이 모든 사람의 삶을 향상시킨 것은 아니었다. 방직기가 출현하여 품질 좋은 직물을 대량으로 생산하자, 기계가 사람의 일자리를 빼앗아 간다는 위기감이 고조됐다. 1810년대 초, 영국의 직물 산업 지역에서 네드 러드Ned Ludd가 주도하는 비밀결사체 러다이트Luddite의 기계 파괴 운동이 시작됐다.ㅇㅇ 기계 탓에 일자리를 잃거나 궁핍해진 노동

부서진 채 버려진 방직공장의 기계들

ㅇ WHO, "Road traffic injuries", 2022. 6, 20,
ㅇㅇ 김명자, 《산업혁명으로 세계사를 읽다》, 까치, 2019

기계를 파괴하려는 노동자와 작업장을 지키려는
공장주가 대치하고 있다.

자들은 기계를 파괴하며 저항에 나섰고, 1811년부터 1816년까지 치열한 운동이 펼쳐졌다. 하지만 거대한 물결을 막을 수는 없었다. 1차 산업혁명의 결과로 농업 중심의 경제 체제가 무너지고 공장 생산 체제와 기업이 그 자리를 대신하게 됐다.

산업혁명을 탄생시킨 테크놀로지는 주로 노동자를 대체하는 쪽이었다.

– 칼 베네딕트 프레이(Carl Benedikt Frey),
《테크놀로지의 덫》

인류는 기술을 개발하고 적용함으로써 부를 창출해왔다. 기업은 끊임없이 새로운 기술을 만들어내면서 생산성을 향상시켰다. 그리고 매 시기 기술 적용에 따른 생산성 향상의 열매가 얼마나 공정하게 분배되느냐 하는 문제가 뜨거운 논쟁거리로 떠올랐다. 기술의 적용으로 소득이 늘어나는 집단과 줄어드는 집단이 생기면서 기술에 대한 입장도 극명하게 갈렸다. 대체로 중산층과 상류층은 기술의 발전을 긍정적으로 생각했다. 생산성 증가에 따른 열매를 향유하는 계층이었기 때문이다. 그러나 노동자층은 기술에 적대적인 태도를 취했는데, 기계화 탓에 노동의 가치를 상실하거나 일자리를 잃어야 했기 때문이다.

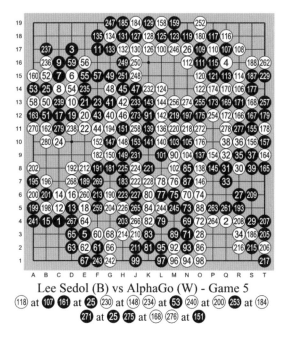

Lee Sedol (B) vs AlphaGo (W) - Game 5

이세돌과 알파고의 반상 대결 5차전 © 위키피디아

2016년 딥마인드DeepMind의 알파고AlphaGo가 세계 최고의 바둑 기사 이세돌을 가볍게 물리쳤을 때, 우리는 인공지능의 위력을 실감했다. 그보다 20년 전인 1996년, IBM의 딥 블루Deep Blue가 체스 고수 가리 카스파로프Garry Kasparov를 이긴 적이 있지만 알파고의 승리만큼 화제가 되지는 못했다. 1년 후 재대결에서 딥 블루가 패한 이유도 있겠지만, 알파고의 승리가 더 놀라운 것은 바둑이 체스와는 비교할 수 없을 만큼 복잡하기 때문이다. 가로세로 8줄을 사용하는 체스에 비해 바둑은 가로세로 19줄을 사용한다. 바둑에서 가능한 수는 체스의 배가 넘는다. 더 중

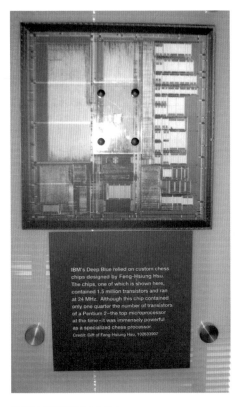
IBM's Deep Blue relied on custom chess chips designed by Feng-Hsiung Hsu. The chips, one of which is shown here, contained 1.5 million transistors and ran at 24 MHz. Although this chip contained only one quarter the number of transistors of a Pentium 2 – the top microprocessor at the time – it was immensely powerful as a specialized chess processor.
Credit: Gift of Feng-Hsiung Hsu, 102633907

딥 블루 프로세서 © Erik Pitti

요한 사실이 있다. 딥 블루가 프로그래밍된 명확한 규칙에 따라 작동했다면, 딥 마인드는 명확하게 프로그래밍돼 있지 않았다는 점이다. 딥마인드는 '학습'했고, 고유의 규칙을 만들어냈다.

카페나 영화관, 패스트푸드점에 몇 년 전부터 키오스크가 등장했다. 자세히 관찰해보면, 직원들의 숫자가 예전보다 현저히 줄어든 것을 알 수 있다. 그 많던 젊은이들은 지금 어디에서 일하고 있을까?

모든 유익한 것에는 그만큼의 부정적인 부분이 존재하기 마련이다. 복권에 당첨된 사람들이 하루아침에 주어진 부의 무게를 감당하지 못하고 이전보다 불행한 삶을 살아가는 이유다. 얻는 것만큼의 부정적인 면을 충분히 감당할 수 있을 때, 그것을 받아들일 준비가 된 것이다. 지금까지 인간은 기술을 만들어내고, 이용해왔다. 자동차 사고로 사망자가 발생하자, 더 안전한 자동차를 만들기 위해 노력했다.

지금까지는 기술의 부정적인 면을 잘 감당해왔다고 생각했다. 하지만 환경의 파괴와 그로 인한 기후의 변화 등 오랫동안 점진적으로 진행돼 관심을 기울이지 않았던 기술의 청구서가 날아들고 있다. 인공지능의 발전과 활용은 훗날 우리에게 어떤 청구서를 내밀까? 기술을 만들어내고, 기술을 이용하는 인간으로 언제까지나 남을 수 있기를 희망한다.

03

에듀테크의 현주소

'에듀테크'라는 말이 이제는 너무나 자연스럽다. 교육과 기술이 결합해야 한다는 데 누구도 이의를 제기하지 않는다. 코로나 시대를 지나면서 우리 교육 현장은 한 번도 경험하지 못한 변화를 받아들였다. 기술의 도입이다.

2020년 2월을 잊지 못한다. 대구의 한 학교에서 교사 연수를 마친 후 택시를 타고 동대구역으로 향하고 있었다. 대구에서 코로나 환자가 집단으로 발생했다는 뉴스가 흘러나왔다. 긴장감이 묻어 있던 아나운서의 목소리가 아직도 기억난다. 그 후 며칠 만에 대구는 코로나 위험 지역이 됐고, 한동안 뉴스에 오르내렸다.

3월이 됐지만, 학교는 새 학기를 시작하지 못했다. 각 시·도 교육청은 2020학년도 학사일정을 어떻게 할 것인가를 놓고 큰 혼란에 빠졌다. 이윽고 4월, 온라인 개학이 결정됐다. 각 학교는 부랴부랴 온라인 수업을 위한 준비에 들어갔다.

"경기도교육청인데요. 크롬북, 있는 대로 최대한 빨리 교육청으로 가져다주세요."

온라인 개학이 다가오자, 학생들의 노트북 소유 여부를 묻는 조사가 실시됐다. 학습용 기기가 없는 학생들을 대상으로 긴급 지원이 이뤄지면서 스마트 기기의 학교 보급이 물꼬를 트게 됐다.

도입 초기의 어수선한 교실 풍경

2011년 5월, 세계 최초 크롬북이 미국에서 출시됐고 미국 학교에 보급이 시작됐다. 당시 미국 학교들은 기술을 교육에 활용하는 데 상

2011년 9월, 크롬북으로 공부하는 미국 교실의 모습 © Rachel Wente-Chaney

당히 적극적이었다. 많은 학교에 IT매니저라는 직책이 있었고, 윈도 노트북이나 애플의 아이패드를 활용해 수업하는 학교가 늘어나고 있었다. 구글과 함께 크롬북 보급 사업을 직접 진행하면서 교육 현장을 가까이에서 지켜볼 수 있었다. 크롬북이 보급된 학교의 수업 사례를 실제로 접하면서 기술의 도입이 어떻게 학교와 학생들을 변화시키는지 생생하게 경험했다. 내성적인 성격으로 학교에서 늘 소외되고 주목받지 못하던 학생이 수업에 스마트 기기를 활용하면서부터 자기 생각을 적극적으로 표현하게 됐고, 그와 함께 자신감이 생겨나면서 학교생활 전반에 변화가 일어났다. 이런 사례를 접할 때마다 가슴이 뭉클해졌다.

기술을 교육에 접목했을 때 일어날 수 있는 긍정적인 효과를 미국의 다양한 사례를 통해 체험하면서 자연스레 한국의 현실이 떠올랐다. 우리의 자녀들이 어떤 환경에서 교육받고 있는지 너무나 잘 알고 있었기에 한국 교실에도 기술 활용이 반드시 필요하다는 생각을 하게 됐다.

오랜 준비 끝에, 2016년 2월 국내에 크롬북을 처음으로 출시하고 본격적으로 학교 보급을 시작했다. 수업에 스마트 기기를 활용하는 교사가 거의 없을 때였다. 일부 학교에 태블릿이 보급돼 있었으나, 그마저도 제대로 활용하는 학교는 드물었다.

학교에 보급된 태블릿은 일부 교사의 전유물이 되어 있었다. 일테면 '젊은 남자 김 선생님' 식으로 IT에 관심이 있고, 관련 지식을 가지고 있는 교사의 교실에서만 사용되고 있었다. 심지어 본인이 근무하는 학교에 태블릿이 보급돼 있다는 사실을 모르는 교사도 많았다.

그러다 보니 학교에서 교사 대상 설명회를 할 때마다 비슷한 얘길 들어야 했다.

- 굳이 컴퓨터를 수업에 사용해야 하나요?
- 컴퓨터 없이도 아무런 불편 없이 수업 잘하고 있어요.
- 학생들한테 컴퓨터를 주면 수업이 제대로 되겠어요?

대부분의 선생님이 기술의 필요성을 느끼지 못했다는 얘기다.

교육부 등 당국에서는 미래를 대비해 다양한 사업을 전개하고 있었다. 대표적인 것이 디지털 교과서 사업으로, 대대적인 개발과 보급이 이뤄졌다. 전국에서 디지털 교과서 선도학교가 지정됐다. 선도학교로 선정되면 예산을 지원받아 스마트 기기를 구매할 수 있고, 선도교원 연수도 받을 수 있었다. 전국 수백 개의 학교가 디지털 교과서 선도학교가 됐다.

선도학교로 지정된 학교의 선생님들을 만날 기회가 많았는데, 디지털 교과서를 교실 현장에서 사용하려면 넘어야 할 산이 많다고 입을 모았다. 디지털 교과서는 안드로이드 앱 형태로 만들어졌는데, 과목별·단원별로 모두 다운로드받아야 했다. 당시에는 와이파이가 설치된 학교가 거의 없었다. 그래서 태블릿에 디지털 교과서를 다운받는 것부터가 너무나 어려웠다. 시작부터 난관에 부딪히면서 디지털 교과서는 크게 확산되지 못했다. 많은 학교에서 다양한 교사들을 만났지만 자신의 수업에 디지털 교과서를 활용한다는 분은 거의 없었다.

이후에도 SW 교육 선도학교, 온라인 콘텐츠 활용 교과서 선도학교 등 다양한 사업이 추진됐다. 모두 큰 틀에서 교육에 기술을 접목하려는 방향성을 지니고 있었다. 하지만 가장 성공적인 사업이 무엇이었냐고 묻는다면 답이 떠오르지 않는다. 내실 있게 사업을 추진할 수 있는 별도의 시간과 여유가 교사들에게 주어지지 않은 상태에서 이런 사업들은 '추가적인 업무'가 되고 말았다.

디지털 콘텐츠 선도학교 사업을 위한 학교 선정이 진행되는 와중에 대도시 지역이 아닌 교육지청의 장학사님 연락을 받았다.

"학교 대상으로 설명회를 하려고 하는데요. 오셔서 소개 좀 해주시면 좋겠습니다."

해당 지원청에 도착해서 장학사님의 이야기를 들으니 마음이 답답해졌다.

"3개 학교를 선정해야 하는데, 지원하는 학교가 없어요."

이해가 되지 않았다. 선정만 되면 많은 스마트 기기를 확보할 수 있는데 왜 지원하지 않을까?

"선생님들 업무가 과중해서 그렇지요."

곧바로 이해가 됐다. 담당 교사는 선정 지원서를 써야 하고, 선정되면 기기 구매와 관리를 해야 하고, 활용 수업을 해야 하고, 이후 결과보고서까지 써야 했다. 정말 열의가 넘치거나 특별한 목표가 있지 않으면 굳이 지원할 이유가 없었다.

코로나는 우리가 겪어보지 못한 어려움을 가져다줬지만, 교육 현장에는 기술이 적용되는 계기가 됐다. 모든 학교가 원격 수업을 해야 했다. 교사와 학생들은 새로운 도구를 받아들여야만 했다. 기술의 필요성을 절감한 교육청들은 무선 인프라 확충, 스마트 기기 보급과 같은 사업을 대규모로 진행했다. 그 결과 이제는 스마트 기기를 보유하지 않은 학교가 거의 없다.

교육청들은 학생 1인당 1기기 보급을 목표로 예산을 투입하고 있다. 이전과는 비교할 수 없을 정도로 많은 스마트 기기가 학교에 보급되고 있지만, 기술을 활용하기 위한 현장의 준비와 보급 속도의 적절성은 논란의 여지가 있다. 이미 기술이 학교에 본격적으로 도입되기 시작했고, 그 큰 물줄기를 멈출 수는 없다. 다만 속도와 방향성에 대한 논의가 충분히 이뤄져야 한다. 테크늄으로 대변되는 기술의 속성을 고려할 때, 한번 도입된 기술을 없던 일로 되돌릴 수는 없기 때문이다.

도구는 있으나 기술을 모른다

학교에 기술이 도입되고 있다. 수많은 컴퓨터가 보급되고, 교실마다 와이파이가 설치돼 언제든 인터넷에 접속할 수 있다. 전자칠판 보급 사업도 추진된다고 한다. 하지만 단순히 컴퓨터를 활용하고, 전자칠판을 설치하고, 디지털 교과서를 사용하는 문제로 접근해서는 안 된다. 기술을 교육에 접목해야 한다. 교사들은 기술을 사용하고, 의도대로 통제할 준비가 됐는가? 학교에 무엇을 들이는지 정확히 이해하고 있는가?

학교에 스마트 기기 구매를 위한 예산이 배정되거나 기기 보급을 위한 수요 조사 공문이 도착하면, 어떤 제품을 구매할 것인지 결정하는 기자재선정위원회가 열린다. 후보가 되는 기기의 스펙과 용도를 논의하고, 각 학교에 맞는 최적의 기기를 선택하는 자리다. 그런데 아쉽게도 많은 학교에서 기자재선정위원회가 제구실을 못 하고 있다는 이야기를 들었다. 교장 선생님의 의중이 크게 반영되는 학교, 스마트 기기를 잘 아는 선생님의 의견대로 정해지는 학교, 심지어 납품 업체가 추천한 기기를 그대로 선정하는 학교도 있다고 한다. 일부 학교에서만 그런다고 믿고 싶지만, 실제로 상당수의 학교에서 기자재선정위원회가 형식적인 역할에 머무는 것 같다.

여러 가지 이유가 있겠으나, 가장 중요한 이유는 교사들의 기술에 대한 관심 부족과 그로 인한 정보의 부재다. 스마트 기기는 형태만 해도 노트북(클램셸), 태블릿, 컨버터블, 2-in-1 등 다양한 종류가 있다(5장 참조). 운영체제는 또 어떤가. 안드로이드, iOS, 윈도, 크롬, 웨일 등 교육용 플랫폼으로 사용되는 운영체제만 해도 다섯 가지나 된다. 교육용 소프트웨어 플랫폼도 구글의 워크스페이스 포 에듀케이션, 마이크로소프트 팀즈Teams, 네이버의 웨일스페이스 Whale space 등이 있

마이크로소프트 팀즈

다. 이렇게 다양한 선택지를 앞에 놓고 학교마다 명확한 기준을 세워서 결정한다는 것이 간단한 일은 아니다. 그렇더라도 한번 선택한 하드웨어와 소프트웨어를 쉽게 바꿀 수 없고, 교사와 학생이 학습하고 익숙해지는 데 들어가는 노력과 시간을 고려한다면 적합한 기술적 솔루션을 선택하기 위해 노력을 기울여야 하는 것만큼은 분명하다.

2003년 마이크로소프트는 독점 금지법 위반 소송을 합의로 마무리했다. 합의안에는 당시 최고경영자였던 스티브 발머Steve Ballmer의 특별한 요청 사항이 포함됐는데, 캘리포니아주에 있는 학교들이 컴퓨터 기술 관련 제품을 구매할 수 있는 바우처를 제공하기로 한 것이다. 하드웨어, 소프트웨어, 서비스를 가리지 않고 어떤 회사의 제품이나 서비스든 구매할 수 있는 바우처였다. 이 합의안이 하나의 모델이 되어 마이크로소프트는 전국 학교에 30억 달러 가치의 바우처를 공급했다.

> 우리뿐만 아니라 온 나라가 함께 깨달은 통찰이었다. 수십억 달러를 썼지만 기술과 관련해 학교들이 겪는 가장 큰 난관은 교실에 더 많은 컴퓨터를 들이는 문제가 아니었다. 학교들이 겪는 가장 큰 어려움은 그 기술을 사용하는 데 필요한 능력을 교사들에게 키워주는 일이었다.
> – 브래드 스미스Brad Smith·캐럴 앤 브라운Carol Ann Browne, 《기술의 시대》

마이크로소프트는 30억 달러, 한화로 3조 5,000억 원이 넘는 돈을 학교에 컴퓨터 관련 기술을 보급하는 데 사용했다. 그렇게 엄청난 돈을 사용한 후 커다란 교훈을 얻었다. 교육의 주체는 누구일까? 교사, 학생, 학부모, 교육 당국 등이 있지만 이 중에서 누구보다 교육에 지대한 영향을 미치는 주체는 교사다. 가르치고, 배운다는 교육의 핵심적인 활동에서 주도권을 가지고 있기 때문이다. 교사는 수업의 방향, 내용, 평가 등 교육의 핵심적인 요소들을 결정할 수 있다. 기술이 교육에 도입될 때 교사의 역할이 가장 중요한 이유다. 교사가 기술을 활용하는 능력을 갖추지 못하면, 아무리 막대한 예산을 투입한다고 하더라도 교실에서 기술은 활용되지 못한다.

코로나를 거치면서 이제는 대부분 교사가 원격 수업을 진행할 수 있고, 기술적 도구를 사용할 수 있는 단계에 이르렀다. 하지만 기술을 활용해서 성취하고자 하는 교육적 목적을 생각할 때, 아직은 기술에 대한 지식과 이해가 부족하다. 스마트 기기와 교육용 소프트웨어는 계속해서 발전할 것이다. 교사들 앞에는 시간이 갈수록 더욱더 다양한 기술적 도구가 놓일 것이다. 그런 도구들을 주체적으로 수용하고 활용하려면 지금보다 더 많은 노력이 필요하다.

교사 대상으로 수백 번 진행한 기기 사용법에 관한 연수를 학생 대상으로는 한 번도 한 적이 없다. 모든 교사가 이구동성으로 말했다.

"아이들은 알아서 잘 사용합니다."

어려서부터 디지털 기기를 활용하면서 생활해온 현재 초·중·고 학생들은 어떤 스마트 기기든지 거부감 없이 단기간에 사용법을 터득한다. 교사의 지시에 따라 결과물을 뚝딱 만들어내기도 하고, 교사 몰래 게임을 하기도 한다. 학생들에게는 단순한 스마트 기기 사용법이 아니라 학교에서 스마트 기기를 어떻게 활용할 것인지에 대한 전반

⟨Théâtre D'opéra Spatial(Space Opera Theatre)⟩ 제이슨 마이클 앨런(Jason Michael Allen)의 프롬프트(생성형 AI에게 제시하는 질문)를 사용하여 생성형 AI 플랫폼 미드저니(Midjourney)에서 만든 이미지다. 2022년 9월 콜로라도주 박람회의 연례 미술 대회에서 우승하였으며, 이런 대회에서 상을 받은 최초의 AI 생성 이미지라는 기록을 남겼다. ⓒ 위키피디아

적인 안내가 필요하다. 학생들에게 컴퓨터는 학습을 위한 도구도 될 수 있고, 게임을 위한 도구도 될 수 있다. 상황에 따라 어떤 목적으로 활용해야 하는지 스스로 결정하는 능력을 길러줘야 한다. 학생들도 기술을 이해하고 '기술을 사용하는' 주체적 태도를 갖출 수 있는 교육이 필요하다. 생성형 AI$^{Generative AI}$가 교육계의 화두로 떠오르고 있는 지금, 기술의 주체적 활용에 대한 이론을 정립함과 함께 학생들에 대한 교육도 병행해야 한다.

장기적 안목이 부족하다

국민학교(현재의 초등학교)에 다니던 시절 고학년이 되면서 교실에 TV가 놓이기 시작했다. 학교 예산이 부족하여 교실마다 TV의 종류가 달랐다. 유선으로 연결된 TV로 교장 선생님이 훈화 말씀을 하셨다. 월요일마다 전교생이 운동장에 모여 진행하던 애국조회는 비가 오거나 더운 날에는 영상으로 대체됐다. 전교생이 한꺼번에 계단을 오르내리는 위험을 감수하지 않아도 됐다.

과학실에서 수업을 할 때면 선생님은 OHPoverhead projector(오버헤드 프로젝터)라는 신문물을 활용했다. 얇고 투명한 플라스틱 위에 글을 써서 올려놓으면 백열등의 강렬한 빛이 그 내용을 비춰줬다. 생소함과 신기함에 아이들은 어느 때보다 더 수업에 집중했다.

지금은 고화질 대형 TV가 교실마다 갖춰져 있다. 교실마다 프로젝터를 설치한 학교도 있다. 이제 와이파이는 학교의 기본적인 인프라가 됐다. 최근 들어 칠판을 걷어내고 전자칠판으로 대체하는 사업도 이뤄지고 있으며, 코로나

수업에서 사용되는 OHP ⓒ 위키피디아

전자칠판을 활용하는 수업의 모습

이후 학생 개인용 스마트 기기의 보급도 폭발적으로 늘어났다.

소프트웨어의 도입도 활발하게 진행됐다. 교육청별로 교육 플랫폼 소프트웨어 도입에 잰걸음을 놓았다. 구글의 워크스페이스 포 에듀케이션, 마이크로소프트의 팀즈, 네이버의 웨일스페이스 등 대부분 학교는 교육용 소프트웨어 플랫폼과 함께 응용 애플리케이션을 활용하고 있다.

그런데 선생님들한테 이런 하소연을 자주 듣는다.

○ 학교에 있는 스마트 기기를 무선으로 TV에 연결할 수는 없나요?

○ 원하는 애플리케이션이 스마트 기기에서 동작하지 않습니다.

○ 와이파이가 자꾸 끊기거나 너무 느려서 수업이 힘들어요.

왜 이런 일이 발생하는 걸까? 기술적 도구들이 효율적으로 활용되려면 서로 간의 연결성, 통합성이 매우 중요하다. 학교의 정보통신 인프라를 구축할 때는 장기간에 걸친 사용 환경을 충분히 고려하여 사용성을 최대한 지원할 수 있도록 통합적으로 설계하고 설치해야 한다. 그런데 현재는 이를 전혀 고려하지 않은 채 산발적으로 도입하고 있다. 그렇게나마 도입한 도구의 적절성조차 제대로 검토되지 않는 터이니, 통합적 관점을 논하는 건 요원한 일로 보인다. 한번 도입된 기술적 도구들의 내구연한이 보통 5~6년이므로, 최초 도입할 때 신중에 신중을 기해야 한다.

기본적으로 와이파이 접속 장치인 무선공유기^{Wireless Access Point, WAP}의 용량과 공유기에 연결된 인터넷 회선^{backbone}의 대역폭을 결정해야 하며, 더 나아가서는 통합적 관점에서의 레퍼런스^{reference} 학교와 교실 모델도 개발돼야 한다.

그런데 이런 일을 교사들이 할 수는 없다. 기술적 전문성과 교육적 방향성을 모두 이해하는 조직에서나 가능한 일이다. 교육 당국이 나서야 한다. 교육에 기술을 도입하는 초입에서 정확한 방향성을 정립하는 것은 매우 중요하다. 1인 1기기를 단시간에 마무리하는 것보다 기술이 교육에 어떻게 활용돼야 하는지에 대한 철학적 목적성, 방향

기기 보급 속도보다 중요한 것은 교육에 기술을 어떻게 활용할 것인가에 대한 방향성 설정이다.

성, 실행 방법 등 교사들이 수업을 하면서 해결할 수 없는 중요한 과제들을 교육 당국이 먼저 풀어주어야 한다. 교육 당국이 학교에서 활용되는 기술 전반에 관한 표준 모델을 개발하고, 이를 바탕으로 현장에서 실현할 수 있는 다양한 모습을 제시해줄 때 학교의 기술 도입은 길을 찾게 될 것이다.

설계도가 충실해야 좋은 건물을 지을 수 있다. 장기적이고 전체적인 안목 없이 덕지덕지 지어진 건물은 작은 충격에도 무너질 수 있다. 지금은 기술을 교육에 적용할 좋은 설계도를 마련해야 할 때다.

3장

학교는 이제
장소가 아니라
학생들을 성장시키는
하나의 시스템이
되어야 한다.

왜 교육에

기술을

사용해야 하는가

코로나19는
사상 초유의
교육 중단 사태를
불러왔다.

왜 공부는
지루하고
재미없는 것으로
여겨질까?

학생들의
다양한 학교생활을
데이터로
남겨야 한다.

지난 100여 년간 학교의 모습은 크게 변하지 않았다. 국민학교(현재의 초등학교)에 처음으로 등교하던 날이 머릿속에 희미하게 남아 있다. 교문은 육중한 철문이었고, 왠지 쉽게 드나들 수 없을 것만 같은 중압감을 풍겼다. 문을 열거나 닫을 때면 커다란 경첩에서 고래 울음소리가 울려 퍼졌다. 학교에 들어서면 먼지가 날리는 넓은 운동장이 우리를 맞이했다. 비만 오면 진흙탕으로 변해서 운동화가 푹푹 빠졌다. 4층으로 된 네모난 학교 건물이 있었고, 건물 앞에 학교 행사 때 쓰는 구령대가 있었다. 화단에는 이순신 장군 동상이 자리 잡고 있었다. 고학년이 됐을 때, 이순신 장군 옆에 친구가 생겼다. "나는 공산당이 싫어요"라고 외쳤다는 이승복 동상이었다.

못이 삐죽 튀어나온 책걸상을 사용했다. 내 키에 맞는 책상과 의자를 찾느라 다른 아이들의 눈치를 봐야 했다. 운 좋게 두 아이의 의견이 맞아떨어지면 책상과 의자를 교환할 수 있었다. 선생님은 60명 가까운 학생과 온종일 씨름했다. 학교에 가면 늘 시끄러웠고, 정신이 없었다. 그렇지만 학교는 늘 신나는 곳이었다.

1970년대를 거쳐 1980년대에 들어서자 우리나라 경제가 고도성장을 구가했다. 기업에는 컴퓨터라는 새로운 업무 도구가 속속 도입됐다. 종이에 손으로 쓰던 아날로그의 시대가 지나고, 모든 것이 컴퓨터로 기록되고 관리되는 디지털 시대로 전환됐다. 업무 생산성이 크게 향상됐다. 몇 시간씩 걸리던 서류 작업을 불과 몇 분이면 해치울 수 있었다. 사회가 고도성장을 이루는 동안, 학교는 크게 변하지 않았다. 학생들이 집에서 컴퓨터로 게임을 하고 스마트폰으로 친구들과 대화를 하는 시대가 됐지만, 여전히 학교는 교과서와 노트 필기 중심의 수업에 머물러 있었다.

왜 우리의 교육 현장은 변화하지 않았을까? 효과적인 지식 전달 수단이 계속해서 나타났는데도 왜 교육 현장에서는 수용하지 못했을까? 다양한 원인을 찾을 수 있겠으나, 가장 지배적인 원인으로 입시 중심의 교육을 들 수 있다. 현재까지도 우리나라 초·중·고 교육의 정점은 대학 입시다. 학생과 학부모는 물론이고, 학교에서도 대학 입학을 위한 과정으로 교육을 바라본다.

앞서 미래 교육의 방향을 살펴봤다. 개인화된 교육과정, 가정과의 연계 강화, 교사의 역할 변화, 기술의 활용과 같은 미래 교육의 방향성은 입시를 전제로 하지 않는다. 개인이 사회에서 조화롭게 살아가고, 개인이 지닌 잠재력을 최대한 발휘하여 자신의 적성과 흥미에 맞는 직업을 선택함으로써 행복한 삶을 살아갈 수 있는 교육을 지향한다.

교사 대상 스마트 기기 연수를 시작할 때, 강연장을 둘러보며 선생님들의 표정을 살피곤 한다. 특히 전체 교사를 대상으로 하는 연수에서는 표정이 제각각이다. 선생님들은 강연장에 들어서면 먼저 참석을 확인하는 명단에 서명하는데, 아마도 공식 연수 시간에 포함하기 위한 참석증명일 것이다. 자리에 앉아서 연수를 기다리는 선생님들의 표정을 살피다 보면 몇몇 선생님한테서는 무관심이 느껴진다. 학생들과 힘겨운 하루를 보내고, 처리해야 하는 행정 업무가 남은 상황에서 연수에 참석하자니 아마도 고되다는 생각이 들 것이다. 의무적으로 참석해야 한다는 데 대한 거부감도 있을 것이다. 그렇지만 나로서는 왜 기술을 알아야 하고 왜 수업에 적용해야 하는지 조금만 관심을 가져줄 수 없을까 하는 마음에 안타까울 때가 많았다.

연수를 시작할 때마다 선생님들께 이런 질문을 던진다.
"왜 스마트 기기나 기술을 사용해야 할까요?"
이에 대한 답을 각각의 교사가 확실하게 가지고 있지 않다면, 아무리 많은 투자가 이뤄져도 교실에서 기술은 활용되지 않는다. 교사가 기술을 활용해 수업하려면 스마트 기기 사용법을 익혀야 하고, 어떤 소프트웨어를 사용할 것인지 선택해 그 사용법도 배워야 한다. 교실의 와이파이가 안정적이지 않을 때 학생들은 "선생님, 이거 안돼요!"를 외치기 마련이다. 이쯤 되면 왜 이렇게까지 해야 하나 싶어질 것이다. 학생들에게 동기부여가 중요하듯 교사가 기술을 활용하고자 할 때도 확실한 동기가 필요하다. 왜 기술을 사용해야 하는지 스스로 수긍이 되지 않는다면 누가 그 수많은 난관을 뚫고 기술을 활용하고자 하겠는가.

수백 대의 스마트 기기가 한 교실에 쌓여 있는 학교를 본 적이 있다. 교육청에서 지급받은 기기를 일시적으로 보관하고 있었을 거라고 생각한다. 지금은 그 많은 스마트 기기가 수업에서 충분히 활용되고 있기를 기대한다.

01

교육의 안정성 확보

사상 초유의 개학 연기를 부른 코로나 사태

2020년은 우리 모두에게 잊을 수 없는 시기였다. 2월부터 코로나가 전국으로 퍼졌다. 마침 겨울방학을 보내던 교육계는 코로나의 확산 추이를 우려의 눈으로 바라봤다. 3월, 개학이 다가왔다. 코로나 확진자 수가 급증하면서 교육부는 사상 초유의 개학 연기 결정을 내렸다. 등교를 준비하던 학생들은 큰 혼란에 빠졌다. 맞벌이 가정에서는 자녀가 등교하지 않게 되

코로나19로 외부인 출입 통제 안내문이 붙은 서울 경복고등학교 정문 ⓒ 오모군

면서 당장 돌봄의 문제를 해결해야 하는 상황에 놓였다.

우리 집도 마찬가지였다. 당시 중학교 입학 예정이던 딸과 초등학교 4학년이 되는 아들은 집에서 하염없이 시간을 보냈다. 코로나로 아무 곳에도 갈 수 없었다. 그저 집에서 하루를 견뎌야 하는 힘겨운 시간이 이어졌다. 너무나 지루해하는 아이들을 위해 평소 그렇게도 버티며 사주지 않았던 게임기를 구매하기에 이르렀다. 점심을 배달음식으로 때우고 하루를 보내는 아이들의 모습이, 그 시간이 안타까웠다. 아무런 준비 없이 맞이한 개학 연기는 말 그대로 '혼돈'을 불러왔다.

교육부는 4월 9일 온라인 개학을 발표했다. 한 달이 넘는 교육의 중단은 온라인 개학으로 고비를 넘기려 하고 있었다. 온라인 개학은 말 그대로 온라인으로 수업을 진행한다는 뜻이었다. 발표를 듣고 의구심이 들었다. 과연 그 짧은 시간에 온라인으로 수업을 할 수 있을 만큼 준비가 될까? 학교의 기술 활용 수준을 잘 알고 있었기에 교사들이 느낄 혼란과 어려움이 충분히 예상됐다.

학교는 부랴부랴 마이크와 카메라 등 온라인 수업에 필요한 도구들을 구매했다. 2020년 상반기, 전국 학교와 교육청의 구매로 스마트 기기를 포함하여 온라인 수업에 필요한 IT 기기들이 품절 현상을 보였고 납기가 길어졌다. 예산이 있어도 온라인 수업에 필요한 준비를 시간 내에 마치기는 어려웠다.

온라인 개학 초기 소프트웨어 플랫폼으로는 EBS의 온라인 클래스가 마련됐다. 역시나 급하게 준비되면서 불안정성이 드러났다. 접속이 끊기거나 지연되는 현상이 자주 발생했다. 대규모 사용자에 대한

코로나19 당시 줌을 통해 화상회의를 하는 모습

준비를 충분히 하지 못한 채 진행됐으니 당연한 결과였다. EBS 온라인 클래스의 기능은 단순했다. 실시간 양방향 수업이 아니라 과제 및 자료 배포가 중심이 될 수밖에 없었다. 학생들은 매일 아침 온라인 클래스에 접속하여 그날 시간표에 따라 자료를 다운로드해서 읽고, 주어진 과제를 수행했다. 급하게 준비된 EBS의 온라인 클래스가 교육 중단 사태를 온전히 해결하기는 힘겨워 보였다. 학생들은 여전히 지루한 하루하루를 보내야 했다.

온라인 수업 기간이 길어지면서 실시간 양방향 수업을 하는 학교와 교사가 점차 늘어났다. EBS 온라인 클래스의 부족함을 절감한 교사들이 새로운 교육적 수단을 활용하기 시작했다. 실시간 양방향 수업 도구로는 줌^{zoom}과 구글 미트^{Meet}가 가장 많이 사용됐다. 실시간

미국 캘리포니아 새너제이에 있는 줌 본사

양방향 수업이 시작되면서, 공간은 달랐지만 학생들은 학교생활과 유사한 생활 패턴 을 지키게 됐다. 아침에 일어나 컴 퓨터로 담임 선생 님을 만나고, 정해 진 시간에 각 과목 의 수업을 들었다. 단순 과제 부여 형

구글 미트

태의 EBS 온라인 클래스보다는 훨씬 나은 수업을 진행할 수 있었다. 실시간 양방향 수업은 각 가정에서 수업을 받는 학생들에게 등교 수업과 유사한 시간적 규칙성을 가져다줬다.

　고3을 시작으로 단계적 등교가 개시된 후에도 코로나 발생 상황에 따라 오프라인 등교와 온라인 수업이 번갈아 이뤄지는 상황이 길게 이어졌다.

　우리나라의 공교육이 멈춰선 시기가 한 번 더 있었다. 바로 6·25 전쟁이 발발한 1950년이다. 당시 참혹한 전쟁으로 학교가 파괴되고 교육이 중단되는 위기를 맞이했으나, 당시 백낙준 문교부 장관은 '아무리 비참한 전쟁 중이라도 교육은 중단될 수 없다'라는 철학이 확고했다. 그는 1951년 2월 '전시하 교육특별조치요강'을 발표하고 제도권 교육이 중단되지 않도록 빠른 조치를 취했다.○

전쟁 중에도 중단시키지 않으려 노력했던 교육 시계가 코로나 때문에 멈춰선 것이다.

부산 피난 시절 임시학교의 풍경 * 출처: 국가기록원 제공

○ 〈중앙SUNDAY〉, 최민우, 심층기획 "'전쟁 통에도 공부는 꼭 하거라' 책 챙겨 아들만 피란 보낸 어머니", 2015. 5. 10, www.joongang.co.kr/article/17766319#home

교육 중단을 가져올 수 있는 위험들

전염병

2000년대 초 사스^{SARS}(중증급성호흡기증후군)가 발생하여 아시아를 공포에 떨게 했다. 2002년 2월 중국에서 처음 발생한 사스는 몇 개월 만에 홍콩, 싱가포르 등지로 퍼져 나갔다.○ 백신이나 예방약이 개발돼 있지 않은 전염병으로, 우리나라에서 유행하지는 않았으나 상대적으로 높은 치명률 때문에 국민들은 불안에 떨었다.

2015년 5월 20일, 질병관리본부는 5월 4일 바레인에서 입국한 60대 남성이 메르스^{MERS}(중동호흡기증후군)에 감염됐다고 발표했다. 당시만 해도 메르스 환자의 97.8%가 중동 지역에서 발병해 우리나라에는 잘 알려지지 않은 질병이었다. 해당 환자는 입국 당시 발열 등 증상이 나타나지 않아 검색대를 쉽게 통과했다. 첫 번째 메르스 환자 발생 뉴스가 전해졌을 때 국민들은 특별한 관심을 기울이지 않았다. 그로부터 9일 후, 하루 동안 여섯 명의 추가 확진자가 발생했다. 첫 번째 환자가 다녀간 병원을 통해 추가 감염이 발생한 것이었다.○○ 서울의 대형병원 응급실에서 다수의 환자가 발생하면서 국민들의 불안감은 극도에 달했다. 지하철에서 마스크를 쓴 사람들이 늘어났고, IT 기업을

○ 제주감염병관리지원단, 전문자료 〈중증급성호흡기증후군(SARS) [제1급 법정감염병]〉, www.jeci.kr/bbs/board.php?bo_table=expert&wr_id=87&page=2
○○ 대한감염학회 백서, 〈메르스 연대기〉, 2020

중심으로 재택근무를 시행했다. 우리 일상에 크게 영향을 준 첫 번째 감염병이 메르스였다. 당시 학교 현장에서 휴교령에 관한 논의가 있었으나 공식적으로 시행되지는 않았다.

전문가들은 인간에게 전염병을 일으키는 바이러스의 발생 주기가 더욱 짧아지고, 한번 발생한 바이러스의 전파 속도도 이전보다 더 빨라질 것으로 예상한다. 21세기의 도시화, 세계화, 기후변화, 생태계 파괴가 예측의 근거다. 생명력을 지닌 바이러스는 이런 조건들을 최대한 활용하려 할 텐데, 이는 곧 인간의 위기로 이어진다.

자연재해

폭우와 태풍, 지진 등 자연재해의 발생도 빈도가 잦아지고 있다.

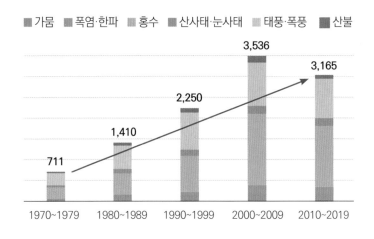

전 세계 재해 발생 건수

(단위: 건)

■ 가뭄 ■ 폭염·한파 ■ 홍수 ■ 산사태·눈사태 ■ 태풍·폭풍 ■ 산불

- 711 (1970~1979)
- 1,410 (1980~1989)
- 2,250 (1990~1999)
- 3,536 (2000~2009)
- 3,165 (2010~2019)

* 출처: 세계기상기구(WMO)

지난 50년간 전 세계 태풍, 가뭄 등 자연재해는 4~5배 증가했다.°
가장 많이 발생한 자연재해는 홍수지만, 태풍과 폭풍으로 인한 인명
피해가 가장 컸다. 지구 온난화로 기후변화가 지속적으로 진행되면
서 이런 자연재해는 앞으로 더 자주, 더 심각하게 일어날 것이다. 우
리나라에 영향을 주는 초강력 태풍(중심 풍속 54m/s 이상)의 발생 건수도
지속적으로 증가하는 추세다. 자연재해는 곧바로 식량 문제와 환경
오염 문제 등으로 이어져 국가 간 갈등 요소가 되기도 한다.

전쟁, 국지전

전쟁이나 국지적인 혼란도 교육의 중단을 가져올 수 있는 위협 요
소다. 제2차 세계대전 이후 6·25 전쟁, 베트남 전쟁, 아프가니스탄
전쟁, 이란-이라크 전쟁, 그리고 2022년의 러시아와 우크라이나 전
쟁 등 국가 간 전쟁이 지속적으로 발생했다. 국가 간 전쟁 외에도 이
스라엘-팔레스타인 분쟁, 시리아 내전 등 민족 및 종교 대립으로 인
한 국지적인 분쟁이 이어지고 있다. 21세기에는 제2차 세계대전과
같은 대규모 전쟁이 발발하지 않을 것으로 보는 시각도 존재한다. 서
로를 끝장낼 수 있는 무기를 보유하고 있으며, 세계가 경제적으로 연
결돼 있어 전쟁에서 승리한다고 하더라도 거둘 수 있는 이익이 현저
히 줄었기 때문이다. 하지만 단기적이고 국지적인 군사 분쟁이 발생

° 〈한겨레〉, 이근영, "지난 50년 태풍·가뭄 등 자연재해 4~5배 ↑ ⋯사망자수는 3배 ↓", 2022. 7. 20,
www.hani.co.kr/arti/society/environment/1051675.html

기술은 인간에게 주어진 한계를 극복하고자 하는 의지를 담고 있다.

할 가능성은 점점 더 커지고 있다.

교육 안정성, 기술로 확보할 수 있다

　대학을 졸업하고 취업한 첫 직장이 LG정보통신이었다. 이후 LG전자로 합병된 기업으로 이동통신 시스템과 휴대전화기를 만드는 곳이었다. 대학 졸업 당시 이동통신은 최고의 화두였다. 전화기를 주머니에 넣고 다니며 가족이나 친구와 언제든 통화할 수 있다는 것은 그야말로 신세계였다. 이동통신연구소에서 소프트웨어 연구원으로 사회

교육의 안정성을 확보하는 데 기술이 큰 역할을 할 수 있다.

생활을 시작하면서 그 신기한 세상을 가능케 하는 일에 참여하게 됐다. 이동통신 기지국에서 동작하는 소프트웨어를 개발하는 일은 보람도 있었지만 한시도 긴장을 늦출 수 없는 일이었다. 이동통신 네트워크가 갖춰야 할 최고의 덕목은 안정성이었다. 하루 24시간, 1년 365일 어떤 상황에서도 서비스가 안정적으로 이뤄져야 했다. 서비스의 안정성을 위해 이동통신 시스템은 '이중화'라는 안전장치를 두고 있다. 하나의 장치에서 문제가 생기거나 고장이 발생하면, 예비로 대기하고 있던 또 하나의 장치가 즉시 가동되면서 서비스가 중단되지 않게 한다.

이동통신 서비스에서 연속성과 안정성을 이처럼 중요시하며 준비한다면, 교육에서 안정성이 얼마나 중요한지는 두말할 나위가 없다. 2020년 코로나로 교육이 중단되면서 대한민국 교육이 한 달 넘게 사라졌다. 교육이 중단되면 아이들의 배움이 멈추고, 배움이 멈추면 성장이 멈춘다. 교육이 중단됐던 그 시간의 가치는 돈으로 환산할 수 없다. 딸아이의 사라진 초등학교 졸업식, 중학교 입학식, 중학교 첫 등교의 설렘, 한 달이 넘었던 무작정 대기 상태는 무엇으로도 보상할 수 없다. 그렇게 전국에 있는 학생들의 삶이 멈췄다.

교육은 앞으로 전염병의 창궐, 자연재해의 발생, 국지적인 분쟁의 발생 등 다양한 요인들로 중단의 위협을 받을 수 있다. 따라서 이런 상황을 가정하고, 가능한 모든 자원을 동원하여 교육의 안정성을 확보하도록 노력해야 한다. 기술이 바로 그런 노력에서 중요한 선택지가 될 수 있다.

코로나가 발생한 2020년 대한민국 대부분 학교가 수업을 진행하지 못하고 있을 때, 교육을 이어간 학교들이 있다. 바로 코로나 이전부터 온라인 수업을 해왔던 학교들이다. 공교육이 공식적으로 멈춰 있을 때 코로나 이전부터 스마트 기기를 활용한 수업을 준비하고 실행해왔던 일부 대안학교, 국제학교들은 수업을 멈추지 않았다. 교육의 '이중화' 장치가 빛을 발한 셈이다. 학생들의 오프라인 등교가 중단되자, 이들 학교는 구글 미트 등을 활용해 개학식을 하고 온라인 수업을 이어갔다. 학교에서의 대면 수업이라는 하나의 장치가 문제를 일으키자 준비된 '온라인 수업'이라는 또 하나의 장치를 즉시 작동한 것이다.

기술이 모든 교육 중단 상황을 해결할 수는 없다. 자연재해나 전쟁으로 통신망이 파괴된다면 기술적 수단도 힘을 쓸 수 없다. 하지만 평소 오프라인 등교 수업과 함께 기술을 활용한 수업이 준비된다면 교육을 이어갈 수 있는 두 가지 수단을 갖추게 된다. 교육의 안정성을 높일 수 있는 효과적인 수단을 확보하게 되는 것이다.

02

교육의 시공간 확대

아침이 되면 부모님의 목소리가 집 안을 울린다.

"빨리 일어나 학교 가야지. 지각하면 혼난다!"

보통의 가정에서 볼 수 있는 흔한 아침 풍경이다. 부스스한 머리로 아침을 먹는 둥 마는 둥, 현관을 나선다. 학교로 가는 길엔 같은 교복을 입은 학생들이 가득하다. 등굣길에 친한 친구를 만나면 그날은 기분이 더 좋다. 왠지 하루가 잘 풀릴 것만 같다. 수업의 끝을 알리는 종소리가 울리자마자 학생들이 복도로 쏟아져 나온다. 모이를 쪼아 먹던 비둘기 떼가 동시에 날아오르는 것 같다. 수업 시작을 알리는 종이 울리면 학교는 다시 고요 속으로 빠져든다.

우리가 아는 학교의 모습이다. '학교'라는 단어를 떠올리면 교문과 운동장, 교실이 떠오른다. 그동안 우리에게 학교는 '장소'를 의미했다. 같은 시간에 같은 곳에 모여 같은 것을 공부하는 곳이었다.

같은 시간, 같은 장소에 많은 학생이 모이면서 학교는 몇 가지 특

그동안 우리에게 학교는 장소를 의미했다.

징을 가지게 됐다. 우선 동시에 수용할 수 있는 최대 인원을 고려한 공간이라는 점이다. 제한된 예산으로 많은 학생을 수용해야 했기에 학교는 개성을 잃었다. 운동장이 있고, 그 한쪽 끝에 일(ㅡ) 자 또는 기역(ㄱ) 자 모양의 네모난 건물이 세워져 있다. 건물 내부도 모두 똑같다. 네모난 교실에 앞쪽으로 칠판이 있고, 학생들은 칠판을 향해 앉아 있다.

교사들은 한 반 20~30명의 학생들을 가르친다. 최근에 만난 많은 선생님이 수업의 어려움을 토로했다.

"학생들 실력이 정말 천차만별입니다. 대부분 학원에 다니니까요. 어느 정도 수준으로 가르쳐야 할지 정말 난감합니다."

특히 고등학교 선생님들의 어려움이 피부에 와닿았다.

"문제를 쉽게 내면 큰일 납니다. 동점자가 너무 많아지면 1등급 학생이 우리 학교에 한 명도 없을 수도 있거든요. 동점자를 줄이기 위해 문제를 최대한 어렵게 냅니다."

다양한 요구를 가진 학생들을 한 공간에서 동시에 가르치는 일은 너무나 힘겨운 일이 되어버렸다.

자신의 속도로 학습하게 하자

수포자는 언제부터 생겨날까? 앞서 잠깐 언급했듯이, 초등학교 선생님 다수가 3학년 분수 단원을 수학의 첫 번째 고비로 꼽는다.○ 초등 1~2학년 수학은 주로 연산 중심이기에 아이들은 덧셈과 뺄셈, 곱셈을 배우며 큰 무리 없이 수학을 배워나간다. 그런데 3학년 분수 단원은 한 단계 높은 이해력이 있어야 한다. 그동안은 실생활에서 주로 사용하는 자연수에 대한 내용을 실사례를 통해 배웠다면, 분수

○ 〈한겨레〉, 김미영, 2023. 8. 7, "'수학은 어렵고 너무 싫어!'…내 아이 '수포자' 되지 않게 하려면", www.hani.co.kr/arti/society/schooling/1103327.html

에서부터 수학적인 개념이 등장한다. 1~2학년 때 수학 시험에서 늘 90~100점을 맞던 학생이 처음으로 60점, 70점이라는 점수를 받아 들게 되는 것이다.

아들이 초등학생이던 시절, 수학 문제집을 붙들고 끙끙거리는 모습을 자주 봤다. 역시 분수와 소수의 계산이었다.

"그 부분이 어렵니?"

"네, 아빠. 도형은 자신 있는데, 분수랑 소수 계산은 자꾸 헷갈려요."

"어쩔 수 없지. 조금 더 많은 문제를 차분하게 풀어보면 더 나아지겠지."

아들에게 해줄 수 있는 조언이 별로 없었다. 그저 계산이 익숙해지도록 더 많이 노력해보라고 말해줬을 뿐이다.

앞서 언급했던 자율속도형 교육을 다시 떠올려본다.

전통적 교실에서 수업을 받은 학생들의 성취도는 빠를수록 똑똑하다는 신념 기준으로 예상될 법한 딱 그 수준이었다. 지도 과정이 끝나갈 무렵에 이 그룹은 약 20%가 수업 내용을 완전히 이해한 수준이었으며 그와 비슷한 비율이 아주 형편없는 수준이고 그 나머지인 대다수 학생은 중간쯤의 수준이었다. 반면에 자율속도형 학생들은 90% 이상이 수업 내용을 완전히 이해한 수준이었다 블룸(시카고대 교수)이 증명해냈듯, 학습 속도에 약간의 유연성을 허용한 결과 대다수 학생이 아주 뛰어난 성취도를 나타냈다.

– 토드 로즈, 《평균의 종말》

우리의 공교육 시스템이 자율속도형 교육을 제공할 수 있는 시스

자율속도형 교육하에서는 모든 학생이 성취감을 느낄 수 있을 것이다.

템을 갖추고 있었다면 '열등생'으로 힘겨운 시간을 보내야 했던 많은 학생이 더 나은 성과를 거둘 수 있지 않았을까?

토드 로즈는 현시대가 그런 교육 개조를 감당할 만한 신기술을 이미 가지고 있다고 말한다. 우리는 이미 자율속도형 교육을 구현할 도구를 가지고 있다. 그것을 언제, 어떻게 활용하느냐의 문제가 남아 있을 뿐이다. 기술은 우리에게 시간의 유연성을 허락한다.

최근 대형 인터넷 강의 업체의 수업 방식을 보면 기술을 활용한 학습의 시간적 유연성을 확인할 수 있다. 학생들은 자신이 원하는 시간에 인터넷 강의를 듣는다. 강의를 듣다가 질문이 생기면 수업 게시판에 질문을 올린다. 그러면 해당 과목 담당 선생님이나 조교가 확인하고 답변을 달아준다. 인터넷 강의의 최대 약점인 질문과 답변이라는 문제를 수업 게시판을 통해 해결하면서 '시간적'으로 개인화된 학습 환경의 약점을 보완하는 것이다.

인터넷 강좌의 커다란 장점 중 하나는 반복학습 및 건너뛰기가 가능하다는 것이다. 언제든지 다시 돌려볼 수 있고, 이해가 가지 않는 부분은 집중적으로 반복학습을 할 수 있다. 자신이 잘 알고 있는 부분은 재생 속도를 높이거나 건너뛰는 형식으로 시간을 효과적으로 사용할 수도 있다.

기술을 활용하면 시간의 유연성을 확보할 수 있다. 교육의 동시성 때문에 감내해야만 했던 어려움들을 극복할 수 있다. 최근 들어 인공지능이 교육에 도입되면서 사용자의 수준을 고려한 문제를 내주는 교육용 애플리케이션들도 등장했다. 문제를 맞히면 점점 더 어려운 문제가 제시되고, 문제를 틀리면 더 쉬운 문제가 나와 자신의 수준에 맞는 학습을 할 수 있게 해준다. 학생들은 자신이 몰랐던 것을 빠르게 학습할 수 있고, 그만큼 학습 시간의 효율성을 높일 수 있다.

학교는 이제 장소가 아니라 시스템이 되어야 한다

우리나라 사람 중에 '강남 8학군'이라는 말을 모르는 사람은 아마 없을 것이다. 서초·강남 지역을 중심으로 이른바 명문 고등학교가 모여 있는 서울의 학군 중 하나인데, 강남에 살아야 8학군 내 학교에 배정받을 수 있다. 그래서 매년 2월이면 새 학년을 앞두고 좋은 학교 근처로 이사하려는 수요가 몰려 전셋값이 올라가기도 한다. 학교가 '움직이지 않는 장소'를 의미하기 때문이다. 좋은 학교 근처에 사는 것은 여러 가지로 유리하다. 중·고등학교 추첨에서 근처 학교로 배정될 가능성이 크다는 점이 특히 그렇다. 입학한 이후에도 통학 거리는 짧을수록 좋다. 적어도 학기 중에는 일주일에 다섯 번은 오가야 하니 말이다.

1976년 종로구 화동에서 강남구 삼성동으로 이전한 경기고등학교 전경 © lns9759

앞서 언급한 것처럼 그동안 학교는 '장소'를 의미했다. 교육을 받기 위해 그곳에 가야 했다. 최근 들어 그 의미가 약해지긴 했지만, 1980~1990년대에 초·중·고를 다닌 세대에게 12년 개근은 훈장과도 같았다. 비가 오나 눈이 오나, 감기에 걸려 열이 펄펄 끓어도 학교에 갔다. 학교에 가지 않으면 공부할 수 없었다.

기술을 사용하면 교육의 공간적 제약을 극복할 수 있다. 선생님이 교실에 있지 않아도, 학생이 교실에 있지 않아도 수업이 이뤄질 수 있다. 교사와 학생이 같은 공간에 있어야 수업을 할 수 있다는 생각은 이제 공교육에서도 적용되지 않는다.

코로나 기간에 선생님이 확진되거나 밀접 접촉자가 되어 자가 격리에 들어가는 일이 자주 발생했다. 대개는 대체 교사가 투입됐는데, 대체 교사를 구하지 못한 학교에서는 자가 격리 중인 선생님이 자신의 집에서 원격으로 수업을 진행했다. 교사와 학생이 반드시 같은 장소에 동시에 머물러야 한다는 수업의 대전제는 기술의 활용으로 달라지고 있다.

그동안 학교는 그 학교가 자리한 지역에 따라 한계를 가질 수밖에 없었다. 농촌 지역에 있는 학교의 학생들은 부모님이 주로 농업에 종사하시고, 어촌 지역 학생들은 어업에 종사하시는 부모님이 많았다. 특정 대기업이 있는 지방 도시에는 학생들의 부모님들이 같은 회사에 다니시기도 한다. 이런 환경에서는 학생들의 다양성이 낮아진다. 학교가 특정 지역의 교육기관이기 때문에 갖는 한계다. 학생들의 다양한 생각과 의견이 서로 어울리고 충돌하면서 서로에게 도움이 되

서울사대부초 학생들이 대구 하빈초 학생들이 그린 그림을 보고 있다.
* 출처: 하빈초 신민철 선생님 제공

는 수업을 진행하기가 어려울 수밖에 없다.

이런 지역적 한계를 기술로 극복한 수업 사례가 있다. 대구시 달성군 하빈초등학교의 수업이다. 하빈초에 초임 교사로 부임한 신민철 선생님은 기술을 통해 학생들이 겪고 있는 지역적 한계를 극복하고자 했다. 서울에 있는 서울대학교사범대학부설초등학교(서울사대부초) 선생님과 사전에 협조해 대구와 서울의 두 학교가 구글 클래스룸을 통해 동시에 참여하는 수업을 진행했다. 우리나라의 지도를 공부하고 각자의 상상력을 동원하여 지도를 그려서 공유하는 수업이었다. 하빈초 친구들의 결과물과 서울사대부초 친구들의 결과물이 공유되면서 다른 학교의 친구들은 어떻게 생각하는지, 자신들과는 어떻게 다른지 서로 배울 수 있는 시간을 가졌다.

수업에 참여했던 서울사대부초 한 학생의 소감문이 가슴에 와닿는다.

> 멀리 떨어져 있지만 하빈초 친구들이 가까이 있는 것처럼 느껴져요. 우리나라를 보여주는 다양한 그림에 감동했어요.

풍생고의 과학 시간 토론 모습, 다른 반 학생들을 구글미트로 연결하여 토론의 다양성을 높인다.
* 출처: 풍생고 표선경 선생님 제공

　성남 풍생고등학교의 과학 시간, 토론이 한창이다. 그런데 스크린에 또 다른 학생들의 모습이 비친다. 다른 반 학생들이다. 매번 같은 반 친구들끼리만 토론해야 하는 한계를 벗어나고자 구글 미트를 활용해 다른 반을 연결한 것이다. 이렇게 하면 토론에 참여하는 학생들이 더 많아지고 다양한 생각이 오가면서 토론이 풍성해지는 효과를 기대할 수 있다.

　학교가 '장소'임을 강력하게 의미하는 데서 오는 한계를 기술로 극복하는 학교들이 늘어나고 있다. 이렇게 기술을 활용하면 학교가 갖는 물리적 환경의 한계를 뛰어넘을 수 있고, 수업은 공간을 뛰어넘을 수 있다. 영어 수업을 호주에 있는 학교와 함께해보면 어떨까? 호주의 학생들을 화상으로 연결하여 자연스럽게 대화해보게 한다면, 왜 영어를 배워야 하는지 백 번 설명하는 것보다 더 확실한 동기부여가 되지 않을까?

이제 학교는 장소가 갖는 한계를 기술로 벗어나야 한다. 코로나 록다운이 해제되고 이제 학생들이 매일 등교하게 됐는데 왜 스마트 기기를 사용해야 하느냐고 묻는 교사들도 있다. 2016년 한국에 처음으로 크롬북을 출시하면서 꿈꾸었던 건 전염병 때문에 어쩔 수 없이 원격 수업에 스마트 기기를 사용하는 모습이 아니었다. 장소와 상관없이 다양한 형태의 수업에 활용되는 모습을 그렸다. 이제 학교는 상황에 따라 온·오프라인을 넘나드는 수업을 진행할 수 있어야 한다. 학교는 더는 '장소'가 아니라 학생들을 가르치고 성장시키는 '시스템'이 되어야 한다.

컴퓨터실에서 클라우드PC로 모둠 수업을 진행하고 있는 경기도 성남 불곡중학교 학생들

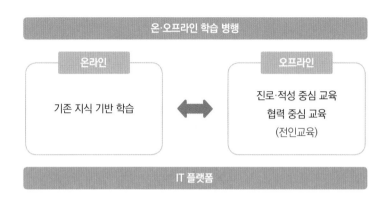

지식을 전달하는 수업은 온라인으로 충분히 전환할 수 있다. 다만 학생들을 직접 만나야만 이뤄질 수 있는 교육도 있다. 이른바 '전인 교육'이다. 협력, 인성 함양, 적성 파악, 진로 등과 관련된 수업은 오프라인 수업이 효과적이다. 그 나머지 부분에서는 기술을 충분히 활용함으로써 학교가 공간의 한계를 극복하고 새로운 교육 시스템으로 거듭나기를 기대해본다.

진화하는 콘텐츠가 지역적 교육 격차를 해소한다

부산은 원도심인 서부산과 해운대를 중심으로 하는 동부산권으로 나뉘어 지역 간 교육의 격차를 보인다. 2023년 부산교육청이 부산 내 지역 간 교육 격차를 조사했다. 조사 결과 원도심·서부산 학생들의 사교육 이용률이 동부산권보다 낮았고, 스스로 학습하는 시간도 짧은 것으로 나타났다.○ 이번 조사는 학부모와 학생 3,000명을 대상으로 실시됐다. 하루 3시간 이상 스스로 학습하는 학생의 비율은 중부산 47%, 동부산 29%인 데 비해 원도심과 서부산은 각각 9%와 10%에 머물렀다. 부산이라는 하나의 도시 내에서도 지역별로 교육의 격차가 크다는 것을 알 수 있다.

지역 간 교육 격차는 여러 가지 요인으로 발생한다. 대표적인 것이 지역 간 소득 차이에 따른 교육 격차다. 소득이 높은 가정에서는 자녀의 학습에 많은 자원을 투입한다. 사교육비를 제외하더라도 공부할 수 있는 공간과 분위기, 부모의 관심 역시 소득에 따라 큰 차이를 보일 수 있다. 이런 차이로 인해 지역 간 교육 격차는 앞으로 점점 더 확대될 가능성이 크다.

이런 격차를 해소할 수 있는 첫 번째 도구가 바로 기술이다. 전국 어디에서나 양질의 교육 콘텐츠에 접근할 수 있는 환경을 구축할 수 있다. 한국에서도 미국 스탠퍼드대학교나 MIT의 인공지능 수업을 들을 수 있는 시대다. 의지만 있다면 기술을 활용하여 접근 가능한 콘텐츠의 차이를 없앨 수 있다. 이를 시작으로 물리적 환경 개선 사업이 함께 전개된다면, 커지는 지역 간 교육 격차를 충분히 완화할 수 있을 것이다.

○ KNN, "'교육격차 첫 실태조사', 불균형 해소 본격 추진", 2023. 3. 28, news.knn.co.kr/news/article/137850

서울 대치동의 학원 강의를 듣기 위해 매주 KTX를 타고 서울로 오는 학생들이 있다. 지방에서 제공하지 못하는 교육 서비스를 이용하기 위해 엄청난 시간과 비용을 사용하는 것이다. 반면 교육 환경이 좋지 않은 곳에서도 EBS 인터넷 강의만으로 본인이 원하는 학습 결과를 얻어내는 학생들도 있다. 앞으로 원격 강의는 단순한 강의 녹화 방송 형태에서 벗어나 개인 맞춤형 콘텐츠와 학습 관리가 강화되는 방향으로 진화할 것이다. 원격 강의를 가능하게 하는 기술의 고도화가 지속적으로 이뤄지면서 지역 간 교육 격차의 한 축인 교육 콘텐츠의 격차는 점점 줄어들 것이다.

03

빠른 속도 구현

협업 기반 수업의 속도

중학교 과학 수업이 한창이다. 이번 수업은 생명의 다양성이 왜 중요한지 알아보는 시간이다. 선생님은 모둠을 나눠서 수업을 진행하려고 한다. 모둠별로 토론하고 결과를 정리한 다음, 한 모둠씩 나와서 발표할 계획이다. 먼저 생명의 다양성에 관한 10분짜리 동영상을 학생들에게 보여준다. 동영상 시청 후, 시간을 절약하기 위해 미리 나눠 놓은 모둠별로 학생들을 모이게 한다. 각자 모둠별로 모이느라 잠시 어수선하다.

자리가 정돈된 후, 모둠별로 토론을 시작한다. 토론 시간은 15분. 선생님은 교실을 돌아다니며 토론이 잘 이뤄지고 있는지 살펴본다. 토론이 지지부진한 모둠에는 잠깐 개입하여 실마리를 주기도 한다. 15분 후, 선생님은 이제 토론 내용을 정리하라고 이야기한다. 토론 내용을 정리하는데 모둠별로 진도가 제각각이다. 정리할 시간을 좀 더 달라고 하는 모둠도 있다. 발표까지 하려면 수업 시간이 얼마 남지 않았다. 겨우 모둠별 내용을 정리하고 한 모둠씩 나와서 발표하기 시작한다. 세 번째 모둠이 발표를 진행할 무렵 수업을 마치는 종이 울린다. 남은 모둠은 다음 시간에 발표하기로 한다.

초등학교 국어 수업 시간, 선생님은 공유를 통해 더 많은 것을 깨달을 수 있다는 걸 알려주려 한다. 미리 신문 기사 다섯 가지를 준비했다. 학생들은 자신이 원하는 기사를 선택하여 정독하고, 알게 된 내용을 정리한다. 이후 같은 기사를 선택한 학생들끼리 모여서 자신이 알게 된 내용을 공유한다. 학생들은 자신이 혼자 기사를 읽었을 때 알게 된 내용과 친구들과 공유를 통해 새롭게 알게 된 내용을 추가로 정

클라우드 기반 환경에서 수업하는 모습

클라우드 기반 문서 도구를 활용하면 선생님과 학생이 쉽고 빠르게 소통할 수 있다.

리하여 선생님께 제출한다. 그런데 이 수업에서는 새로운 도구가 등
장한다. 각자 스마트 기기를 활용하여 클라우드 기반 문서 도구와 서
로의 생각을 나누는 아이디어 보드 형태의 애플리케이션으로 수업을
진행한다.

　먼저 선생님이 미리 선정한 다섯 가지 기사의 링크를 학생들에게
공유한다. 학생들은 기사를 열어보고 자신이 원하는 기사를 선택하
여 정독한다. 클라우드 기반 스프레드시트를 열고 기사를 읽으면서
알게 된 내용을 하나씩 정리한다. 학생 각자의 스프레드시트는 선생

님과 공유돼 있다. 선생님은 자리에 앉아서 각 학생의 스프레드시트를 살펴보며, 진행 상황을 확인한다. 각자 선택한 기사에서 알게 된 내용을 정리한 후, 선생님이 미리 기사별로 만들어놓은 아이디어 게시판에 접속하여 자신이 알아낸 사실을 공유한다. 마치 포스트잇을 붙이는 것처럼 되어 있는 화면에 같은 기사를 선택한 친구들의 공유 내용도 속속 나타난다. 읽다가 궁금한 점이 생기면 채팅창에 질문을 올려 그 친구에게 물어본다. 다른 친구들의 의견을 확인한 후, 선생님과 공유한 스프레드시트에 친구들을 통해 새롭게 알아낸 내용을 추가로 정리한다. 선생님은 모든 학생의 정리가 끝났는지 자리에서 확인한 후 수업을 마친다.

단순 전달 중심의 수업에서 벗어나 모둠별 토론 수업, 프로젝트 기반 수업을 시도하는 교사들이 늘어나고 있다. 이런 수업을 진행하는 교사들이 자주 얘기하는 어려움 중의 하나가 시간 부족이다. 과제를 부여하고 모둠을 나누고, 토론하고, 정리하고, 한 모둠씩 발표하는 데 꽤 많은 시간이 걸린다. 더구나 학생들을 적절히 통제하면서 이런 수업을 진행하기란 여간 어려운 것이 아니다. 초등학교 40분, 중학교 45분, 고등학교 50분의 수업 시간으로는 빡빡하기만 하다.

"토론 수업이나 프로젝트 기반 수업을 더 많이 하고 싶지만 정해진 진도를 나가려면 시간이 부족합니다."

기술을 활용하면 협업과 토론에 필요한 시간을 줄일 수 있다. 앞서 두 가지 수업 사례를 살펴봤는데, 기술적 도구를 활용한 선생님은 미리 설계한 수업 내용을 시간 내에 모두 진행할 수 있었다.

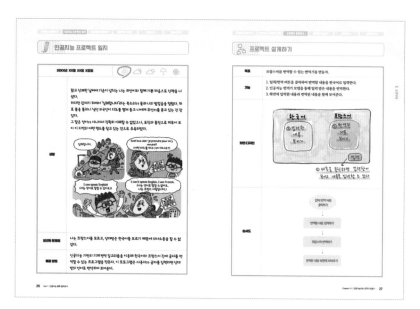

프로젝트 기반 수업 트렌드를 반영한 코딩 교재 《〈인공지능 쑥쑥〉》, 다산스마트에듀 출간(2024)

수업에 기술을 활용하는 사례를 많은 교사에게 전파하고 스마트 기기를 보급하면서, 한국에서도 미국에서와 같이 더 나은 수업이 가능할지 궁금했다. 두 나라의 환경적 차이가 있기에 한국에서는 어떤 상황이 발생할지 예측하기 어려웠다. 실제 스마트 기기를 도입하여 수업에 활용하고 있는 선생님들께 확인하는 방법밖에 없었다. 그분들이 공통으로 언급한 효과 중 하나가 바로 수업 속도의 변화였다. 학생들이 협업하는 데 소요되는 시간이 크게 줄었다고 응답해주신 선생님들이 많았다.

정해진 수업 시간을 어떻게 사용할 것인가? 예를 들어 새로운 개념을 설명하는 데에는 적절한 시간을 할애해야 한다. 수업의 가장 중요한 부분이기 때문이다. 새로운 개념을 기반으로 응용하고 확장하는 개인별 활동, 토론, 협업 등의 활동에는 기술적 도구를 활용하면 시간을 크게 절약할 수 있다. 더 빠른 속도로 진행될 수 있는 활동과 시간이 필요한 영역을 구분하여 그에 맞는 적절한 도구를 활용한다면 수업 시간에 쫓기는 일이 훨씬 줄어들 것이다.

평가 및 피드백의 속도

교육은 대상자의 성장을 목적으로 한다. 성장을 도우려면 현 상태를 정확히 파악하고 그에 맞는 해결책을 제공해야 한다. 학교에서는 학생들의 현재 상황을 파악하기 위해 '평가'를 실시한다. 평가를 통해 학생들이 배운 내용을 잘 이해했는지 측정했다면, 정확한 피드백을 주어 수정correction할 수 있게 해야 한다. 단원평가, 수행평가, 중간고사, 기말고사 등 학교에서 평가는 매우 중요한 위치를 차지한다. 평가의 공정성과 객관성을 확보하느라 교사들은 엄청난 노력을 기울인다. 고등학교로 가면 평가가 더욱 엄혹해져서 변별력까지 갖춰야 한다.

평가 이후 학생들은 '점수'로 1차 피드백을 받게 된다. 아쉬운 점은 직접적으로 드러나는 점수라는 피드백 이후, 부족한 점을 보완하기 위한 추가적인 피드백이 좀처럼 이뤄지지 않는다는 것이다. 시험이 끝나면 문항별로 정답률을 분석하여 학생들이 어떤 문제를 가장 많이 틀렸는지 확인한 후, 부족한 부분을 메우기 위해 노력하는 학교를 아직은 보지 못했다. 학생 개개인에게 피드백을 주는 건 더 어려운 문제다. 중간·기말고사와 같은 정규 시험은 물론이고, 수행평가에서도 개인별 피드백을 통해 학생의 성장을 돕는 학교는 드물다.

평가와 피드백이 적절한 균형을 이루지 못하는 원인은 무엇일까? 평가에는 강제성이 따르지만 피드백과 그에 따르는 수정에는 강제성이 없기 때문일까? 우선 두 가지 이유를 생각해볼 수 있다. 첫째, 평가는 집단적이지만 피드백과 수정은 개인적이라는 것이다. 피드백과 수정은 철저하게 개인적인 영역이다. 개별 학생의 응답을 확인하고 분석해야 피드백을 할 수 있다. 수정은 더욱 어렵다. 학생별로 부족하거나 잘못된 부분을 확인하고 어떻게 하면 더 나아질 수 있는지 계획을 세워야 한다.

둘째, 교사들의 절대적인 시간 부족이다. 가르치는 모든 학생을 대상으로 개별적인 피드백을 하려면 많은 시간이 소요된다. 특히 여러 반을 가르치는 과목 담당 교사라면, 과제별 피드백을 학생별로 제공하기란 여간 어려운 일이 아니다.

그렇다면 학교는 계속해서 평가를 중심으로 교육을 이어나가야 할까? 평가, 피드백, 수정이라는 과정에 기술을 활용하는 방법이 있다. 클라우드 기반 문서 도구에서는 단어별, 문장별로 검토자가 의견을 제시하는 기능을 제공한다. 이 기능을 활용하면 학생들이 제출한 과제물을 평가하면서 실시간으로 피드백을 줄 수 있다.

클라우드 기반 문서 도구의 실시간 피드백 기능

2) 평가 및 피드백의 속도

교육은 교육 대상자의 성장을 목적으로 한다. 성장이 이루어지려면 현 상태에대한 정확한 파악과 그에 맞는 해결책이 제공되어야 한다. 학교에서는 학생들의 현재 상황을 파악하기 위해 '평가'를 실시한다. 평가를 통해 학생들이 배운 내용을 잘 이해하였는지 측정한다. 성장이 이루어 지려면 평가 이후에 정확한 피드백을 통한 수정(Correction)이 이어져야 한다. 단원평가, 수행평가, 중간고사, 기말고사, 학교에서 평가는 매우 중요한 위치를 차지한다. 평가의 공정성과 객관성을 확보하느라 교사들은 엄청난 노력을 기울인다. 고등학교에서 평가는 더욱 엄혹하다. 평가의 공정성과 객관성에 추가로 변별력이 더해져야 한다.

평가 이후, 학생들은 직접적으로 나타난 점수로 1차 피드백을 받게 된다. 아쉬운 점은 점수로 드러나는 1차 피드백 이후, 드러난 부족한 점을 보완하기위한 추가적인 피드백이 좀처럼 이뤄지지 않는다는 것이다. 시험이 끝난 후, 문항별로 정답률을 분석하여 학생들이 어떤 문제를 가장 많이 틀렸는지 확인하고 부족한 부분을 메우기 위한 노력을 기울이는 학교는 아직은 보지 못했다. 학생 개별 피드백은 더욱 어려운 문제이다. 중간,

온라인 도구를 활용해 수행평가를 진행하는 학교도 있다. 교사가 온라인 시험 출제 도구를 활용하여 문제를 내고 수업 시간에 스마트 기기를 활용하여 시험을 실시한다. 학생들이 문제를 풀고 답안을 제출하면, 제출 완료와 동시에 자동으로 채점이 이뤄진다. 교사는 개별 학생의 성적을 즉시 확인할 수 있고, 50% 이하의 정답률을 보인 문항이 무엇인지도 알 수 있다. 개별 학생의 성적과 틀린 문제를 확인한 후, 의견을 추가하여 각 학생에게 돌려준다.

구글 클래스룸을 활용하는 학교에서는 과제 부과 시점에 채점 기준표를 함께 제시하여 학생들이 과제를 수행하는 과정에 참고하게 한다. 채점 기준표 기능은 교사가 과제를 내줄 때 채점 기준을 미리

공지하여 학생들이 더 좋은 성과를 얻을 수 있도록 돕는다. 예를 들어 독후감을 과제로 내준다면 과제의 분량, 문장의 정확성, 독창적 생각 등을 채점 기준으로 정할 수 있다. 이렇게 채점 기준표를 미리 제시하면 교사는 평가할 때도 각 기준에 따라 점수만 입력하여 좀 더 빠르고 용이하게 마칠 수 있으며 채점의 객관성도 확보할 수 있다.

평가와 피드백, 수정은 교육에 반드시 필요한 과정이다. 좋은 가르침과 정확한 평가가 이뤄지고, 개별화된 피드백과 수정이 뒤따를 때 교육을 구성하는 하나의 사이클이 완성된다. 기술은 단계별로 필요한 노력을 절감시키고, 정확성과 개별성을 향상시킬 수 있다.

04

재미 요소 도입

　나른한 오후, 정교사 1급 연수가 있었다. 점심을 먹은 직후라 졸음이 몰려오기 딱 좋은 시간이다. 나름대로 힘을 내어 즐거운 강의를 만들기 위해 노력해보지만, 눈꺼풀이 천근만근인 선생님들이 곳곳에서 보인다. 10분짜리 쉬는 시간으로는 몰려드는 피곤함을 씻기에 역부족인 것 같다. 준비해둔 비장의 카드를 꺼낸다. 카훗Kahoot이라는 퀴즈

앱을 사용하기로
한다. 쉬는 시간
전에 강의한 내
용을 퀴즈 형태
로 만들어뒀다.
선생님들이 꼭
기억했으면 하는
세 가지 내용이

카훗은 2012년 노르웨이에서 설립된 게임 기반 온라인 학습 플랫폼이다.

다. 퀴즈가 시작되니 참여한 모든 분이 약간 흥분 상태가 된다. 한 문제를 풀고 나자, 가장 먼저 정답을 맞힌 세 분의 닉네임이 화면에 떠오른다. 여기저기서 환호성이 터진다. 조금 전에 적막에 싸여 졸음과 싸우던 그 모습은 이제 어디에도 없다. 마지막 문제까지 풀고 나니 최종 1, 2, 3등이 가려진다. 모두의 얼굴에 웃음이 가득하다.

교사들도 학생의 위치가 되면 지루하고 졸리는 건 어쩔 수 없나 보다. 정교사 1급 연수나 신임 교감 연수 등 교사 대상 연수를 수없이 진행했는데, 내 강의 실력이 부족한 것인지는 몰라도 잠에 빠져드는 분들이 한둘은 늘 있었던 듯하다. '배운다'는 인간의 활동은 늘 지루하고 재미없는 것이어야 할까?

왜 공부는 재미가 없을까?

공부, 배움이라는 단어를 떠올리면 '싫다', '지루하다', '졸리다'와 같은 단어가 연관 검색어처럼 따라붙는다. 학원에 가기 싫다고 투덜대는 아들 녀석과 자주 실랑이를 벌인다.

"학원이 그렇게 가기 싫으면 그만두면 되잖아. 아빠가 언제 억지로 가라고 한 적 있어?"

"아빠는 내 마음 몰라! 그냥 힘내라고 격려해주면 안 돼? 공부하기 좋아서 하는 사람이 어딨어? 해야 하니까 참고 하는 거지!"

아들의 대답에 말문이 막힌다. 왜 '공부'가, '배움'이 억지로 해야

만 하는 지루한 활동이 되어버렸을까?

수업이 시작되면 학생들은 일시적으로 자유를 유보해야만 한다. 교실에 나만 있는 게 아니라 많은 학생과 함께 수업을 듣기 때문이다. 학교라는 단체에 참여하는 순간 규칙을 따라야 하고 정해진 것을 해내야만 한다. 많은 학생에게 학교는 선택이 아니다. '의무'에 더 가깝다. 대한민국에서 초등학교 6년과 중학교 3년은 법정 의무교육으로 정해져 있다. 신청을 통해 대안교육이나 홈스쿨링을 할 수도 있지만 대부분 학생은 대한민국 국민으로 살아가기 위해 9년의 의무교육을 마쳐야만 한다.

학교에 입학하면 교과목과 수업 일정이 빡빡하게 정해져 있다. 국가에서 정한 교육과정을 따라가야 한다. 초·중등 과정에서는 선택이 있을 수 없다. 주어진 과제를 하고, 시험을 치르고, 대학 입시를 향해 달려간다. 주어진 모든 것을 잘 해내고 한발 앞서 나갈 힘을 가진 학생은 극히 드물다. '공부는 스스로 하는 것'이라는 명제를 현실로 만들기란 여간 어려운 일이 아니다.

학생들은 책 읽기를 싫어한다. 왜 싫으냐고 물었을 때 돌아오는 대답은 한결같다.

"재미가 없으니까요."

왜 학생들에게 책은 재미가 없을까? 이 질문에 대한 답 또한 단순하다. 책에 담긴 내용이 자신의 관심사가 아니어서 그럴 수도 있겠으나, 대부분은 읽어도 잘 이해하지 못하기 때문이다. 2021년에 EBS에서 〈당신의 문해력〉이라는 다큐멘터리를 방송한 적이 있다. 방송을 통해 드러난 우리 학생들의 문해력은 충격적이었다. '사흘'이 왜 4일이 아니고 3일이냐고 따지는 건 차라리 귀여운 축에 속한다. 자기 학년 교과서에 쓰여 있는 글을 읽고 이해하지 못하는 학생들이 많았다. 글을 읽고 이해하지 못하면 그 책이 재미있을 수 없다. 작가가 의도한 바를 전혀 따라갈 수 없으니 어떻게 재미를 느낄 수 있겠는가.

공부도 마찬가지다. 수업 시간에 선생님이 하시는 말씀을 이해하지 못하면, 머리가 멍해지고 졸음이 몰려온다. 더구나 나에게 맞춰진 수업이 아니므로, 진행되는 수업과 나의 이해 수준의 괴리는 점점 심해진다. 그럴수록 공부는 더 재미없는 다른 세상 이야기가 되어버린다.

학생들은 게임을 좋아한다. 게임은 재미있다. 엄청난 몰입감을 선사한다. 게임은 즉각적이어서 사용자 행동 하나하나에 반응한다. 한

대영박물관 열람실 © Diliff

번의 게임이 끝나면 레벨이 올라간다. 빠른 보상이 주어지는 것이다. 나의 의지로 변화가 일어나는 공간이니 모두가 게임을 좋아한다. 그런데 공부는 게임과 너무나 다르다. 하루 동안 열심히 공부해도 아무런 변화가 일어나지 않는다. 한 달을 열심히 공부해도 큰 변화가 없다. 해야만 한다는 의무감으로 계속해서 집중한다는 것은 어른에게도 어려운 일이다.

능동적인 학생으로 이끌자

교사가 판서와 설명으로 진행하는 수업은 조용하다. 학생들은 선

생님께 집중하고, 노트 필기를 하며 내용을 이해하려고 노력한다. 반면 스마트 기기를 활용하여 수업이 이뤄지는 교실은 좀 시끌벅적하다. 학생들이 더는 수동적이지 않다.

지금까지 수업의 주도권은 전적으로 교사에게 있었다. 학생들은 교실 전면에 있는 칠판과 선생님을 마주 보고 앉아 있었다. 선생님의 말 한마디, 칠판에 쓰이는 한 줄 한 줄에 집중했다. 스마트 기기를 활용하는 수업에서도 주도권은 교사에게 있지만 학생들이 주인공이 되는 시간이 생겨난다. 교사는 학생들에게 과제를 계속 부여한다. 학생은 수업 시간을 스스로 만들고, 작성하고, 나누고, 발표하는 데 활용한다.

서울의 한 초등학교에서 스마트 기기를 활용한 수업을 진행한 후, 학생들에게 소감을 물었다.

- 더욱더 많이 쓰고, 많이 사용하고 싶다.
- 너무너무 재미있다.
- 재미있고 쉬웠다.
- 너무 좋아요. 꺄아아악!
- 정말 신기했고 즐거웠다.

설문에 응답한 22명의 학생 대부분이 스마트 기기를 활용한 수업이 재미있고, 즐거웠다고 답했다. 이런 반응은 비단 초등학교에만 그치지 않는다.

"스마트 기기를 활용하면서부터는 수업 시간에 자는 학생이 없어요."

어쩌면 당연한 결과다. 가만히 앉아서 듣기만 하던 학생들에게 수업의 주인공이 되는 시간을 만들어준 결과다. 수업 시간에 스마트 기기가 내 앞에 놓여 있다는 사실만으로도 이미 잠은 달아났을지 모른다. 학생들 스스로 수업을 만들어갈 수 있는 환경을 제공하자, 학생들은 즐거운 수업으로 반응했다.

재미 요소가 포함된 교육용 앱

스마트 기기를 활용한 수업에서 핵심이 되는 것은 기기 자체가 아니다. 바로 애플리케이션(이하 앱)이다. 우리가 '컴퓨터를 사용한다'라고 말할 때 하드웨어를 사용한다는 의미도 있지만 실제로는 앱을 사용하는 것이다. 교사 대상 스마트 기기 활용 연수에서 여러 번 강조하는 내용이 있다.

"선생님들께서 수업을 하실 때마다 과목별, 단원별로 좋은 앱을 찾아 활용하는 것이 기기 사용법을 익히는 것보다 훨씬 더 중요합니다."

하드웨어 사용법은 며칠이면 기본적인 내용을 모두 배울 수 있다. 정작 필요한 것은 나의 교육 목적에 부합하고 효과적인 앱을 찾아내서 활용하는 것이다. 좋은 앱을 찾고 활용하는 일은 끊임없이 이뤄져야 한다. 좋은 앱을 찾는 데는 교사들 간의 교류가 매우 중요하다. '내가 이런 앱을 사용해봤더니 참 좋았다'라는 경험이 활발히 공유돼야 한다.

선생님들께 자주 안내해드리는 앱 중에 구글 어스^{Google Earth}가 있다. 코로나로 고통받았던 지난 몇 년간 학생들은 원하는 곳에 갈 수 없었다. 학교에서 실시하던 체험학습이나 수련회는 자취를 감췄고, 가정에서도 여행을 갈 수 없었다. 이런 시기에 빛을 발한 앱이 바로 구글 어스다.

구글이 전 지구의 위성 이미지와 전 세계 수백 개 도시의 이미지로 지구를 인터넷 공간에 만들어놓았다. 코로나로 아무 데도 갈 수 없었던 그때도 구글 어스 덕에 전 세계를 마음대로 돌아다닐 수 있었다.

구글 어스를 활용하면 전 세계의 다양한 역사 및 문화와 관련된 유적지, 도시들을 가상의 지구를 통해 여행하면서 경험할 수 있다. 게임 메뉴로 들어가면 문제를 풀면서 여러 나라의 도시를 돌아다닐 수도 있다.

구글 어스 초기 화면

구글 어스로 백두산 천지를 찾아보고 반경을 측정하는 모습

    교육에 활용할 수 있는 좋은 앱들이 계속해서 등장하고 있다. 최근에는 인공지능을 적용하여 학생의 실력에 따라 다른 콘텐츠가 제시되는 반응형 앱이 많아졌다. 수학 시간에 교사의 개념 설명이 끝난 후, 인공지능이 적용된 앱을 활용하여 자신의 수준에 맞는 문제를 풀면서 수업을 진행할 수 있다. 제한적이긴 하지만, 공교육 안에서도 개별화된 수업을 할 수 있게 된 것이다.

    교육에서 기술을 활용할 때 '좋은 앱'은 정말로 중요한 요소다. 좋은 앱이 만들어지지 않으면 학교에 아무리 좋은 기술적 인프라를 갖추고 있더라도 결실을 볼 수 없다. 교육과 기술이 만나는 현실의 접촉점이 바로 좋은 앱이다. 통신망과 하드웨어를 포함하는 좋은 인프라를 갖추고 좋은 앱을 수업에 활용한다면, 책상에 엎드려 자는 학생을 보기는 힘들어질 것이다.

05

데이터 확보 및 활용

"이 학교에서는 학생들에 관해 어떤 기록들을 남기시나요?"

학교에서 연수를 진행할 때 잊지 않고 이 질문을 던진다. 선생님들은 난감한 표정을 짓는다. '어떤 기록이 있지?' 하고 잠시 떠올려보지만 생활기록부 외에는 생각나는 것이 없어서다.

초·중·고 12년간 학교생활을 하면서 학생들은 수많은 활동을 한다. 학업과 관련된 활동, 진로 활동, 창의적 체험 활동, 봉사 활동 등에서 수많은 과제를 수행하고 결과물을 만들어낸다. 그 과정에 친구들 또는 선생님과의 관계에서 갈등이 생기기도 하고, 즐거운 추억이 쌓이기도 한다. 우리나라 학교는 한 학생의 12년에 걸친 공교육의 역사를 생활기록부에 남긴다.

생활기록부는 충실한 기록일까? 학부모는 나이스National Education Information System, NEIS(교육행정정보시스템)를 통해 언제든지 자녀의 생활기록부를 열람할 수 있다. 나도 아들과 딸의 생활기록부를 조회해봤는데,

나이스 도입 초기인 2003년 서울 배문고등학교에서 윤덕홍 당시 교육부 총리가 학교 관계자로부터 나이스에 관한 설명을 듣고 있다. © 연합뉴스

특히 교과 학습 발달 상황과 행동 특성 및 종합의견을 집중해서 보게 된다. 학부모 입장에서는 우리 아이에게 특화된 개별적인 기록을 기대한다. 학교나 선생님에 따라 기록의 방향이 다르겠지만, 일반적인 내용이 적혀 있는 생활기록부라면 개인의 기록으로서는 큰 가치가 없다. 방학 시작과 함께 받아 든 생활통지표에서 행동 특성 및 종합의견을 가장 먼저 보게 되는 이유는 가장 개인화된, 우리 아이만을 위한 선생님의 의견을 볼 수 있기 때문이다. 그렇지만 아무리 여러 번 읽어봐도 아쉬움이 남는다. 한 학기 동안 우리 아이의 학교생활이 어떠했는지 알기에는 너무나 부족한 기록이다.

매년 3월이면 새 학년이 시작된다. 새롭게 반이 편성되고, 담임 선생님이 정해진다. 담임을 맡은 교사는 자기 반 학생들의 면면을 생활기록부를 통해 살펴볼 수 있다. 하지만 학생들을 지도하는 데 충분한 정보를 얻기란 불가능에 가깝다. 그런 터라 교사들 사이에선 비공식적인 정보가 전해진다.

- 김 선생님, ○○이는 프로그래밍 분야에 관심이 많아요.
- 이 선생님, ○○이 어머니는 학교 일에 상당히 적극적이세요.

학년이 바뀔 때나 진학을 하면서 새로운 학교에 입학할 때 좀 더 충실한 기록이 전달된다면, 교사와 학생이 새로운 환경에 훨씬 쉽게 적응할 수 있을 것이다. 무엇보다도 학생에 대한 내실 있는 기록은 교육의 연속성을 높이는 가장 중요한 요건이다.

이제는 기술을 활용하여 학생들의 기록, 데이터를 쌓아야 한다. 12년간 이뤄지는 수많은 활동에 관한 정보를 체계적으로 수집하고 정제하여, 의미 있는 데이터가 쌓이도록 시스템을 구축해야 한다. 미래 교육의 핵심 목표 중 하나인 개인화된 교육과정을 어떻게 구현할 것인가? 학생의 적성, 흥미, 능력 등에 관한 정보 없이 개인화된 교육과정을 설계할 순 없다. 앞으로 그 중요성이 더욱 커질 것으로 예상되는 진로지도 또한 학생에 대한 정확한 정보 없이는 효과를 기대하기 어렵다.

병원에서 진료를 받을 때 이전 병원의 검사, 처방 기록을 가져가기도 한다. 현 상황을 정확히 진단하기 위해 과거 병력이나 증상을 알릴 필요가 있기 때문이다. 그리고 환자에게 진료, 투약, 수술 등이 이뤄질 때마다 모든 것이 차트에 기록된다. 어떤 증상이 있었는지, 그 조치로 어떤 약을 처방했는지, 이후 효과는 어땠는지 등 자세한 기록이 남는다. 이후 병원을 다시 방문하여 진료를 받을 때 그 기록은 진단을 하는 데 매우 중요한 근거 자료가 된다. 한 사람의 건강, 때로는 생명과 직결되는 일이기에 환자의 기록은 매우 중요하다.

  학교도 다르지 않다. 병원이 진단과 치료를 통해 한 사람의 건강을 책임진다면, 학교는 교육을 통해 한 사람의 삶을 책임진다. 이제 학교에서도 더 정확하고 더 많은 데이터를 수집하고, 분석하여 교육에 활용해야 한다.

성남 서현중학교 학생들의 드림캐처 만들기 체험 활동 ⓒ 연합뉴스

기록되지 않아 잊히고 마는 소중한 순간들

　첫째 아이가 태어나고 얼마 지나지 않아 동영상을 촬영할 수 있는 카메라를 구입했다. 지금처럼 휴대전화 카메라의 성능이 좋지 않았던 시절인데 아이가 처음으로 눈을 맞추고, 목을 가누고, 웃고, 몸을 뒤집는 모든 성장의 순간을 남기고 싶었다. 아이가 커가는 하루하루가 기억 속으로 사라지는 것이 너무나 아쉬웠다. 아이가 처음으로 학교에 가던 날 덩달아 긴장되고 설레던 기억이 생생하다. 아이가 학교에 가 있는 동안 내내 궁금했다. 잘하고 있는지, 친구들과 잘 지내는지, 수업 시간에 딴짓은 하지 않는지. 아내가 담임 선생님과 상담하고 돌아온 날에는 아이가 들을까 봐 안방 문을 닫고 "그래서 선생님이

파주 산내초등학교 학생들의 독도 가상현실(VR) 체험 활동 ⓒ 연합뉴스

뭐라셔?" 두 눈을 동그랗게 뜨고 묻곤 했다.

우리나라 학교에서는 학생들의 너무나 많은 소중한 순간, 결과물이 잊히고 있다. 다양한 활동과 관련된 데이터가 수집되지 않고 있다. 이런 활동들로는 무엇이 있을까?

첫 번째, 과제와 피드백에 관한 내용이다. 학생들은 초등학교에 입학해서 고등학교를 졸업할 때까지 다양한 과목에서 수많은 과제를 수행한다. 감상문, 문제풀이, 그림, 발표 자료 등 많은 양의 결과물이 생겨난다. 이 모든 자료는 학생의 적성과 흥미를 파악하는 데 중요한 자료가 될 수 있다. 과학 시간 실험 후에 작성한 결과보고서, 책을 읽고 써낸 감상문, 친구들과 협업해서 작성한 발표 자료, 음악 시간에 부른 노래, 미술 시간에 그린 그림을 통해 학생이 무엇에 적극적이었는지, 어떤 재능을 드러냈는지 파악할 수 있다.

두 번째, 교내외에서 진행되는 체험 활동과 진로 활동에 관한 기록이다. 체험 활동, 진로 활동은 교과 수업 이외에 학생의 적성과 재능을 파악할 좋은 기회다. 많은 학교에서 다양한 활동을 진행하지만 아쉽게도 체험이나 활동에 관한 학생들의 반응을 기록하는 학교는 보기 드물다. 체험이나 활동이 개별화되지 못하고 학년별 또는 반별로 이뤄진다고 하더라도, 그에 대한 각 학생의 반응을 체크하고 기록하는 일은 꼭 필요하다.

세 번째, 학생의 생활에 관한 기록이다. 아침에 등교해서 수업을 준비하고, 수업 중에 친구들과 토론하고, 급식을 먹고, 운동을 하고 등의 일상적인 순간들에서 학생의 태도와 습관이 드러난다. 어쩌면 교사의 통제에서 살짝 벗어나 있을 때 본모습이 더 잘 드러날 수도 있다.

기록의 필요성을 부인하는 의견은 들어본 적이 없다. 문제는 어느 정도의 기록을, 어떻게 남길 수 있느냐다. 현실적으로 교사에게는 이런 다양한 기록을 남길 수 있는 시간이 부족하다. 그렇다면 어떻게 해야 할까?

데이터를 쌓아가는 교실

종이로 된 과제물을 교사가 채점하고 점수를 별도로 기록하고 다시 학생에게 돌려주는 과정은 디지털화된 파일 형태에 비해서 많은 노력이 소요된다. 우선 한 명도 빠짐없이 과제를 제출했는지를 확인해야 한다. 과제를 제출하는 시점도 같은 날짜로 정해야 관리가 용이하다. 제출된 과제를 모아 채점하고 점수를 기록하고 피드백을 작성한 후, 다시 학생에게 돌려주는 과정은 여간 번거로운 일이 아니다. 게다가 돌려준 후에는 그 과제를 교사가 다시 확인할 수 없다.

기록을 남기는 일은 많은 노력을 필요로 한다. 물리적 형태의 기록은 더욱 그렇다. 2008년 당시 정보통신부와 한국정보문화진흥원은 270억 원을 투입해《조선왕조실록》을 포함해 보존 및 이용 가치가 높은 지식정보자원 총 1,200만 건을 데이터베이스로 구축했다.○《조

○〈전자신문〉, 황지혜, 2008. 1. 10, "조선왕조실록 디지털로 보세요", www.etnews.com/200801090
213

서울대학교 규장각에 전시된 《조선왕조실록》 © 위키피디아

선왕조실록》이 디지털화되면서 언제 어디서든 원하는 부분을 검색하여 자유롭게 활용할 수 있게 됐다. 여기서 관심을 기울여야 할 부분은 '보존 및 이용 가치'라는 단어다. 문서 형태로 되어 있는 자료 중에 보존 및 이용 가치가 높은 것들을 디지털화하여 데이터베이스로 구축했다는 얘기다.

그렇다면, 학교에서 발생하는 학생 관련 정보 중에 '보존 및 이용 가치'가 높다고 볼 수 있는 것들은 무엇이 있을까?

중간·기말고사의 답안지, 주요 수행평가의 결과물 등은 평가의 핵심 자료들이므로 일정 기간 보존해야 한다. 학생들의 생각과 의견, 행동 특성, 적성, 흥미가 드러나는 자료들은 개별화 학습 설계, 진로지도 등에 이용 가치가 매우 높다. 이처럼 기록을 보존하고 이용하기 위해서는 디지털 형태로 변환해야 한다. 물리적 형태로 만들어진 기록을 디지털화할 수도 있으나, 결과물을 만드는 시점부터 디지털 형태가 되게 하는 것이 더 나은 방법이다. 특히 스마트 기기를 활용한 수업이나 수행평가에서는 결과물이 디지털 형태로 남으므로 보존하고 활용하기가 쉬워진다.

기술을 활용해 수업하면 교사의 시간도 크게 절약할 수 있다. 결과물의 생성·처리·보존 과정이 모두 디지털 형태로 진행되므로 변환 과정이 필요 없고, 자료의 보관·관리가 용이하다.

온라인 수업 관리 도구인 구글 클래스룸을 사용하는 수업을 살펴보자. 학생들이 읽거나 참고할 만한 자료는 게시 기능을 활용해 디지털 파일로 배포한다. 과제는 채점 기준표, 참고할 만한 자료들과 함께 제출 기한을 명시하여 부과한다. 학생들은 제출 기한 내에 자유롭게 과제를 제출할 수 있고, 교사는 과제를 완료한 학생을 실시간으로 확인할 수 있다. 과제의 결과물 역시 디지털 파일 형태로 제출되므로 채점하고 피드백을 주기가 용이하다. 학생들이 제출한 모든 과제는 클라우드에 저장되며, 채점을 완료하고 학생들에게 돌려준 후에도 언제든지 다시 확인할 수 있다. 한 학기 또는 1년에 걸쳐 진행된 수업과 관련된 모든 내용을 보관하여 영구 기록으로 남길 수 있다.

체험 활동, 진로 활동, 학생 생활에 관한 기록 등은 학생별로 별도의 파일을 생성하여 기록할 수 있다. 기록이 필요한 사항이 발생할 때마다 학생 스스로 기록을 남기게 하고, 관찰에 관한 기록은 담당 교사가 남길 수 있다. 이렇게 매년 남겨지는 디지털화된 기록은 한 명의

학생들과 관련된 데이터를 쌓는 일은 미래 교육에 필수적인 요소가 될 것이다.

학생을 위한 훌륭한 데이터베이스가 될 수 있다.

　인공지능을 발전시키는 가장 중요한 자원은 훌륭한 데이터다. 좋은 데이터가 있어야 좋은 인공지능이 만들어진다. 기업들은 양질의 데이터를 확보하는 일에 사활을 걸고 있다. 더 나은 교육을 위해 데이터를 쌓는 일이 더는 지체돼서는 안 된다. 그동안은 '맞춤형', '최적화', '개인별' 등의 단어가 교육에서 등장할 때마다 의구심을 품을 수밖에 없었다. '무엇을 근거로?'라는 생각이 들었기 때문이다. 하지만 이제 교육이 디지털로 전환되면 학생별로 더 풍부하고 정확한 정보를 구축하고 보존하고 활용할 수 있다.

학생 데이터를 구축하고 관리할 때 유의할 점

　금융회사의 회원 정보가 해킹당했다는 보도가 심심찮게 나온다. 회원 정보에는 아이디와 패스워드는 물론 주소, 전화번호, 주민등록번호 같은 개인정보도 포함돼 큰 파문을 일으킨다. 데이터는 모으고 저장하기도 까다로운 일이지만, 저장된 데이터를 잘 관리하는 것 또한 쉽지 않다. 특히 개인 관련 기록들은 유출될 경우 예상하지 못한 피해를 일으킬 수 있으므로 관리에 각별히 주의를 기울여야 한다. 환자에 관한 의료 데이터의 열람과 외부 유출이 엄격하게 통제되는 것도 매우 민감한 신상 정보이기 때문이다.

　학생에 관해 현재보다 더 방대하고 자세한 기록이 디지털화돼 기록된다면, 이를 활용하고 관리하는 데 대한 지침도 반드시 필요하다. 성적을 포함하는 각종 활동 기록과 교사의 관찰 기록은 한 사람의 성장에 관한 자세한 정보이므로, 외부로 유출됐을 때 의료 데이터 못지않게 큰 피해를 발생시킬 수 있다.

　우선 학생 데이터에 대한 보안 수준과 접근 권한을 검토해야 한다. 학교에 구축된 인터넷망의 보안 수준을 현재보다 더 강화하고, 데이터별로 접근할 수 있는 자격과 기간 등을 세밀히 설정해야 한다. 담임교사, 학생, 학부모의 데이터별 접근 권한 및 유효 기간은 각각 다를 수 있다.

　구축된 데이터를 활용할 때도 세심함이 요구된다. 특히 학생에 대한 부정적인 내용이 담긴 기록의 경우, 보는 이가 편견을 갖게 할 수 있다. 정확한 사실 전달과 더불어 부정적인 기록의 유효 기간, 삭제에 관한 합의 또한 필요하다. 인공지능을 데이터로 학습시킬 때 데이터 노이즈noise는 반드시 해결해야 하는 중요한 문제다. 품질이 나쁜 데이터 때문에 왜곡이 발생하는 것이다. 학생을 위한 데이터를 구축하고 활용할 때 잊지 말아야 할 것은 '학생의 성장을 위한' 데이터라는 점이다. 학생을 경계하거나 징계하기 위해 데이터가 구축되는 것이 아님을 기억해야 한다.

EBS 다큐멘터리 〈나는 꿈꾸고 싶다〉에서 덴마크 출신 여성 가수의 이야기를 본 적이 있다. 덴마크의 9년제 초등학교인 모슬린 초등학교를 졸업한 안나케이Annekei는 뉴욕에서 가수로 활동하고 있었다. 초등학교 시절 음악을 좋아했던 그녀는 선생님의 적극적인 지원으로 가수의 길을 걸을 수 있었다고 밝혔다.

> 꿈을 발전시키는 데 학교로부터 많은 도움을 받았어요. 선생님께서 어릴 때 제 재능을 발견하셨거든요. 그리고 학교에는 밴드가 있었어요. 학교에서 과제가 있을 때 항상 음악을 포함해서 했어요. 저는 항상 학교 선생님들로부터 음악에 대한 진로에 많은 도움을 받았어요.

제작진은 모슬린 초등학교를 방문해 안나케이의 담임이었던 에릭 바이Erik Bai 선생님을 만났다. 선생님은 안나케이가 졸업한 이후에도 그녀에 관한 기록을 보관하고 있었다. 안나케이에 대한 선생님의 자세한 관찰 기록이었다.

학생에 관한 데이터를 수집하고, 관리하고, 잘 활용하는 일은 미래 교육을 실현하는 데 반드시 필요하다. 특히 개별화된 교육과정의 설계, 진로지도, 생활지도는 개인화가 핵심적인 요소이므로 그 근거가 되는 학생 관련 데이터를 활용해야만 한다. 이제 기술을 적극적으로 활용해 데이터를 모으고 저장하고 관리하고 사용하는, 교육의 새로운 시대로 나아가야 한다.

협력 강화

 스위스 제네바와 프랑스의 국경지대에는 세계 최대 입자물리연구소인 유럽입자물리연구소^{CERN}가 있다. 기초 원자핵 관련 연구를 진행하는 이곳에는 23개국이 회원으로 참여하고 있으며, 전 세계 600여 개 연구소와 대학에서 이 연구소의 시설을 이용하고 있다. 전 세계

유럽입자물리연구소 전경 © 위키피디아

의 과학자들이 협력을 통해 연구를 진행하고 있는 것이다.

서울대학교 홍성욱 교수의 《홍성욱의 STS, 과학을 경청하다》에는 1960년대부터 이 책이 출판된 2016년 당시까지 과학 논문 저자 수의 변화를 보여주는 그래프가 나온다. 과학 논문 저자의 수는 지속적으로 증가하는 추세를 보여준다. 이는 공동 연구를 통해 성과를 만들어내는 경향이 점점 강화되고 있음을 시사한다.

과학 논문 1편당 저자 수의 변화

(단위: 명)

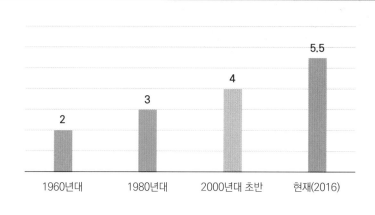

* 출처: 홍성욱, 《홍성욱의 STS, 과학을 경청하다》, 동아시아, 2016

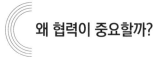

왜 협력이 중요할까?

시간이 지날수록 다른 사람, 다른 기업, 다른 조직과의 협력이 한

버크민스터 풀러는 멘사 회장을 역임했으며
건축가, 작가, 디자이너, 발명가, 시인 등 다방면에서
활약했다. ⓒ 위키피디아

층 더 중요해질 것이다. 협력을 통해 문제를 해결하고 목표를 달성하는 역량이 개인과 조직 모두에게 절대적으로 요구된다. 여기에는 몇 가지 이유가 있다.

첫 번째는 세상의 복잡성이 증가한다는 점이다. 레오나르도 다빈치 Leonardo da Vinci를 떠올려보자. 그를 어떤 직업을 가졌던 사람으로 소개해야 할까? 이탈리아 르네상스 시기의 화가, 천문학자, 기계공학자, 음악가 등 그의 재능은 모두 나열하기조차 힘들다. 1400년대 중·후반이던 당시에는 재능이 뛰어난 한 사람이 다방면에 걸쳐 눈부신 업적을 이룰 수 있었다.

다빈치의 시대 이후, 인류는 과학혁명을 거쳐 산업혁명을 일으켰다. 이후 과학기술이 급속히 발전했고 이전 어느 시대보다 많은 지식을 쏟아냈다. 미래학자 버크민스터 풀러 Buckminster Fuller는 지식의 2배 증가 곡선을 제시했다. 인류의 지식은 100년마다 2배씩 증가해왔는데, 1900년대부터는 2배가 되는 데 25년이 걸렸고 현시대는 13개월로 줄었으며 2030년에는 3일로 단축된다는 주장이다. 이 주장의 정확성은 차치하더라도 지식 증가의 속도가 폭발적으로 빨라지고 있음은 누구도 부인할 수 없다. 지식의 증가에 따라 세상은 더 복잡해져 간다. 지식이 쌓여가고 복잡성이 증가할수록 새로운 것을 발명하거나 새로운 이론을 제시하기는 더 어려워진다. 과학 논문의 저자 수가 증가하는 이유가 이것이다. 협력하지 않고 오직 한 개인의 능력으로 이룰 수 있는 것들이 점점 줄어들기 때문이다.

두 번째는 인간이 만들어낸 사회, 국가, 기업 등 우리 삶의 근간을 이루는 조직들이 협력을 기반으로 탄생했다는 점이다. 이미 인간은 홀로 존재하거나 홀로 삶을 영위할 수 없다. 어려서부터 협력하는 방법을 배우고, 협력하는 태도를 길러야 한다.

주변을 보면 혼자서 일사천리로 처리하는 방식을 선호하는 사람들이 종종 있다. 물론 혼자서 일하면 때로는 편하다. 다른 사람들의 간섭이 없고, 내 생각대로 할 수 있으며, 일도 더 빨리 해낼 수 있으니 말이다. 하지만 혼자서 할 수 있는 일의 한계는 명확하다. 회사라는 조직은 둘 이상의 사람이 모여 개인이 해낼 수 없는 크고 복잡한 일을 하기 위해서 만들어진 조직이다. 그런 조직에 소속돼 있으면서 혼자 일하기를 좋아한다는 것은 아이러니가 아닐 수 없다. 반면 여러 사람과 잘 어울리며, 다른 사람의 의견을 경청하고 자신의 의견을 제시하는 데도 거리낌이 없는 사람들이 있다. 이런 사람들은 원활한 협력을 통해 좋은 성과를 만들어낼 가능성이 크다.

더 즐겁고, 쉬운 협력

교사가 팀별 과제를 제시하면, 같은 팀이 된 학생들이 모여서 의논을 시작한다. 서로 역할을 나누고, 기한을 정한다. 학생들은 각자 맡은 부분을 수행한다. 팀의 리더 역할을 하는 학생이 정해져 팀원들의 진행 상황을 점검한다. 그런데 기한이 다 되도록 감감무소식인 팀원이 있다. 다른 팀원들의 불만이 쏟아진다. 할 수 없이 팀의 리더가 부족한 부분을 메운다. 발표도 팀 리더의 몫이다.

학교 팀별 과제에서 흔하게 볼 수 있는 모습이다. 팀별 과제를 부과할 때 선생님들은 이처럼 몇몇 학생이 떠맡게 되지는 않을까 우려하곤 한다. 각자 역할은 잘 나누었는지, 진행은 잘되고 있는지도 궁금하다. 이런 문제들은 클라우드 기반의 문서 도구나 화상회의 도구를 활용하면 깔끔히 해결할 수 있다.

클라우드 기반의 문서 도구를 활용하면 하나의 템플릿에 여러 팀원이 동시에 접속할 수 있다. 각자 맡은 부분을 표시하고 작성해나가면서 다른 팀원들의 진행 상황을 실시간으로 파악할 수 있고, 서로 조언도 해줄 수 있다. 교사 역시 팀별 발표 자료에 접속해서 진도를 확인하고 도움도 줄 수 있다. 학교에서 마무리하지 못한 팀별 논의나 자료 작성 부분이 있다면, 하교 후 각자의 집에서 화상회의 도구를 활용해 이어나갈 수 있다. 화상회의에 접속해서 팀원들이 만들고 있는 자료를 함께 검토할 수 있고, 서로 얼굴을 보고 토론하면서 자료를 수정할 수도 있다. 필요하면 선생님을 초대하여 함께 토론할 수도 있다.

교사는 팀별 자료에 접속하여 어떤 학생이 자료의 어떤 부분을 언제 작성했는지 확인할 수 있다. 클라우드 기반의 문서 도구가 제공하는 기능이다. 최종 제출된 결과물에서 학생별 기여도를 파악할 수 있고, 자료가 만들어지는 과정도 날짜별·시간별로 확인할 수 있다.

이와 같이 협력은 기술적 도구로 더 강화되고, 빨라질 수 있다. 협력의 기본은 원활한 의사소통이다. 기술은 시간이나 장소와 관계없이 의사소통을 가능하게 해준다. 다른 학생의 결과물에 댓글을 달아서 의견을 남기면, 그 학생이 자신의 결과물을 수정하거나 다시 댓글로 자세한 설명을 덧붙일 수 있다.

협력은 이제 시대적 명제가 됐다. 이 사회에는 혼자 열심히 공부해서 점수를 잘 받는 학생보다 여러 사람과 협력하여 결과물을 만들어내는 역량을 갖춘 사람이 필요하다. 학교는 이제 다른 사람과 협력할 준비가 된 사람을 길러내야 한다. 기술은 이런 협력을 원활하게 하고 촉진할 준비를 마쳤다.

팀별 과제 발표를 하는 초등학생들 ⓒ 위키피디아

07

교육 주체 간
소통 강화

　교육적 목표는 교사의 노력만으로 달성될 수 없다. 학생이나 학부모의 노력만으로 이뤄질 수도 없다. 교사와 학생, 학부모, 교육 당국이 모두 힘을 합쳐 한 방향으로 집중해야 한 사람을 훌륭하게 키워낼 수 있다. 그래서 교사와 학생 중심으로 이뤄졌던 교육 활동에 학부모의 참여가 늘어나고 있다. 학부모의 교육 참여는 불필요한 갈등을 일으키기도 한다. 교육 현장에 대한 이해가 부족해 자기 자녀만을 위한 무리한 요구를 하는 학부모도 종종 있다. 그렇지만 우리 앞에 놓인 미래 교육의 과제를 생각해볼 때, 가정을 포함하는 교육 주체 간의 원활한 의사소통은 매우 중요하다.

　교육 주체 간 원활한 의사소통이 중요해지면서 자연스레 다양한 '의사소통 수단'의 필요성이 대두됐다. 지금까지는 학생과의 면담, 학년 초나 학기 초에 이뤄지는 학부모 상담 등 오프라인 만남이 주요 의

사소통 수단이었다. 그런데 최근에는 대부분 학교에서 앱을 통해 가정 통신문을 학생과 학부모에게 함께 전달한다. 기술은 이런 교육 주체 간의 의사소통과 이해 증진을 위한 강력한 수단을 제공할 수 있다.

데이터 공유

'원활한 의사소통'의 범주에는 단순한 의견 교환뿐만 아니라 학생 관련 데이터의 공유 역시 포함된다. 현재까지 학교는 학생 관련 기록을 공유하는 데 소극적이었다. 일정 기간이 지난 후에야 학부모가 생활기록부를 열람할 수 있는 서비스 정도가 공식적인 기록 공유의 수단이었다. 학부모들은 자녀의 전반적인 학교생활이 궁금할 수밖에 없다. 이제 막 학교생활을 시작한 초등학교 저학년 자녀를 둔 학부모들은 학교에서 무슨 일이 일어나고 있는지 알고자 하는 욕구가 더 강하다.

기술을 활용하면 앞서 살펴본 바와 같이 학생 관련 데이터를 축적하고 관리하기가 쉬워지고, 다른 교육 주체와 공유하는 일도 매우 편리해진다. 학생이 전학을 가거나 학년이 바뀔 때도 데이터 공유가 필요하다. 새롭게 학생을 지도하게 된 선생님이 그 학생을 빠르게 파악하게 함으로써 실질적인 도움을 줄 수 있게 해준다.

특히 효과적인 진로지도를 위해서는 교육 주체 간 데이터 공유가 필수적이다. 지금까지 학교의 진로지도는 표준화되고 집단화된 형태로 제공돼왔다. 일테면 직업별 강사를 초청해 학생들이 특정 직업

진로체험 활동으로 소방관 체험을 하고 있는 초등학생들 ⓒ 연합뉴스

에 대한 이해도를 높이도록 도왔다. 학교 밖 체험 활동을 통해서는 학생들이 알지 못하는 세상의 단면을 소개했다. 여기까지가 학교의 진로지도였다. 직업특강을 듣고 학생이 어떤 반응을 보였는지, 체험 활동 후에는 생각이 어떻게 바뀌었는지 등을 추적하고 관찰하는 과정은 없었다. 진로지도는 다른 어떤 교육 활동보다 개인화가 절대적으로 필요하다. 학교에서 기획한 여러 활동(자극) 후에 학생이 어떤 반응을 보였는지 기록하고, 이를 바탕으로 다음 진로 활동을 설계해야 비로소 실질적인 효과를 발휘할 수 있다.

이런 구조는 가정에도 똑같이 적용된다. 학부모가 자녀에게 제공하는 '자극'에 자녀가 어떻게 반응하는지 관찰하고 기록해야 한다. 그

리고 학교와 가정이 각자의 기록을 공유해야 더욱 내실 있는 진로지
도가 이뤄진다.

정보 공유가 중심이 되는 학교 진로지도 모델

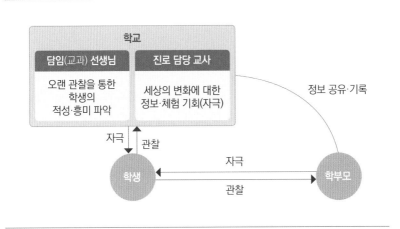

기술은 학교와 가정이 데이터를 공유하는 데 훌륭한 수단을 제공
한다. 공유된 클라우드 기반의 문서 도구를 활용하여 학교와 가정이
동시에 학생의 성장 과정을 기록할 수 있다. 공유된 클라우드 저장 공
간에 학교와 가정에서 만들어진 학생의 다양한 결과물(문서, 그림, 사진,
동영상 등)을 공유할 수 있다. 학교와 가정에서 각각 기록을 축적하고
공유함으로써 양쪽 모두가 학생을 더 깊이 이해하면, 진로지도 역시
더 큰 성과를 보일 수 있다.

수업 관리 도구인 구글 클래스룸에서는 '보호자 요약'이라는 기능
이 제공된다. 수업을 하는 교사가 보호자 요약 기능을 활성화하면, 사

전에 등록해둔 학부모 이메일로 자녀의 수업 관련 요약 정보를 받을 것인지 승인을 요청하는 메일이 전송된다. 학부모는 수업 요약 메일을 어느 정도의 주기로 받을 것인지 선택할 수 있다. 보호자 요약 메일에는 학생이 기한 내에 제출하지 않은 과제물, 마감이 임박한 과제물, 최근 교사가 게시한 공지 사항·과제·질문 등이 포함돼 있다. 자녀의 수업에 관련된 자세한 정보가 학부모에게 공유되는 것이다.

보호자 요약 기능을 소개하면 반감을 드러내는 교사들도 더러 있다. 학부모에게 정보를 너무 자세히 공유하면 불필요한 갈등이 빚어질 수도 있다고 생각하기 때문이다. 기술은 수단을 제공한다. 기술적 수단을 어떻게 사용할 것인가는 사용자의 몫이다. 교사가 주체적으로 판단하여 필요한 정보와 데이터를 공유하면 된다. 다만 무엇이 기술적으로 가능한지 아는 것은 주체적 선택권을 행사하는 교사에게 매우 중요하다. 알지 못하면 선택할 수 없다.

교사와 학생 간의 소통

학생, 교사, 학부모, 교육 당국 등 여러 교육 주체 간의 의사소통이 중요함을 이야기했다. 이 중에서도 교사와 학생 간의 의사소통이 가장 중요한데, 교육이 교사와 학생 간에 이뤄지는 일이기 때문이다. 다른 교육 주체들은 교사와 학생 간에 이뤄지는 교육 활동이 더욱 효과적이 되도록 도울 수 있을 뿐이다.

    교사와 학생은 매일의 일상에서 소통한다. 다만 교사 쪽에서 학생
으로 향하는 일방적인 소통이 더 많은 부분을 차지한다. 학생이 교사
에게 더 많은 질문을 하고, 자기 이야기를 더 많이 들려주는 반대 방
향의 소통은 어떻게 활발해질 수 있을까? 이 역시 인간이 인간을 대
하는 방법에 대한 것이므로 당연하게도 교사가 학생을 대하는 태도,
학생의 성격, 주변 환경 등 다양한 요소가 영향을 미친다. 여기서도
기술이 큰 역할을 할 수 있다.

    미국의 어느 학교 사례를 본 적이 있다. 성격이 소심한 흑인 소녀
의 이야기다. 수줍음이 많은 이 여학생은 손을 들고 질문을 하거나 선
생님께 다가가는 것이 어렵게만 느껴졌다. 용기를 내서 질문을 했다

교사와 학생 간 소통분 아니라 수업에도 다양한 교육용 앱이 활용되고 있다.

가 창피라도 당할까 봐 손을 들기가 힘들었다. 어느 날 이 여학생이 다니는 학교에서 수업에 스마트 기기를 도입했다. 여학생은 이때부터 달라졌다. 메신저를 통해, 게시판을 통해 선생님께 적극적으로 의사 표현을 하기 시작했다.

스마트 기기 도입 이후 달라진 것이 있는지 물었더니, 한 선생님이 이렇게 답하셨다.

"아이들과 의사소통을 더 활발히 하게 됐어요."

때론 게시판을 이상한 글로 도배하는 학생들이 있어 힘들기도 하지만, 학생들이 예전보다 더 적극적으로 자신의 생각이나 의견을 표현한다고 한다. 친구들과 채팅이나 메시지를 통해 대화하는 것이 당연시된 요즘, 학생들은 선생님과 의사소통을 할 때도 기술을 활용하는 방식을 더 자연스럽게 받아들인다.

지금까지 왜 교육에 기술을 사용해야 하는지를 살펴봤다. 교육의 안정성 확보, 시공간의 확대, 빠른 속도 구현, 재미 요소 도입, 데이터 확보 및 활용, 협력 강화, 교육 주체 간 소통의 강화를 그 이유로 제시했다. 이 외에도 기술을 교육에 활용해야 하는 이유는 얼마든지 있겠지만, 미래 교육 방향을 생각할 때 가장 시급하고 중요하다고 판단되는 것들을 정리해봤다.

엄청난 예산을 쏟아부어 학생 1인당 1기기 보급을 최대한 서둘러 완성하겠다고 선포한 교육청들이 있다. 그 이유를 물어보니 이렇게 답했다.

"교육에 기술을 도입하는 것은 거스를 수 없는 흐름이니까요."

이런 모호한 답변에는 동의할 수 없었다. 왜냐고, 왜 지금이냐고 물었다. 하지만 그동안 만난 교육청 관계자 누구로부터도 수긍할 만한 설명을 듣지 못했다. 그래서 지난 10여 년간 교육 일선에서 열정적으로 노력하시는 선생님들을 만났고, 그분들의 다양한 목소리를 통해 나름의 답을 구했다.

'왜 교육에 기술을 사용해야 하는가?'

이 질문에 답을 가지고 있지 않다면, 아무리 천문학적인 돈을 쓴다고 하더라도 수백 대의 스마트 기기가 텅 빈 교실 한쪽에 방치된 채 먼지만 쌓여가는 모습을 보게 될 것이다.

4장

교육에 적용되는 기술은
무엇보다
안정적이어야 하고,
적용 과정을 세심하게
설계해야 한다.

교육을 위한

기술의 개발과

적용 절차

교육에
적용되는 기술은
학습자에게
적합해야 한다.

교육에
적용되는
기술은
쉬워야 한다.

초기부터
완성도가
높아야 한다.

기술은 목적성을 갖는다. 해결해야 할 문제가 먼저 정의되고 그에 맞는 기술을 선택하여 적용한다. 사용자의 의도대로 문제를 정확하게 해결하기도 하지만, 때로는 예측하지 못한 부수적 효과를 낳기도 한다. 그런 부수적 효과는 긍정적일 수도 있고 부정적일 수도 있다. 의도하지 않은 효과로 인해 기술이 폭발적으로 발전하거나 빠르게 보급되기도 하고, 갑자기 그 기술이 세상에서 사라져버리기도 한다.

'기술적 파급효과technology spillover effect'라는 개념이 있다. 기술혁신의 성과가 그 기술을 개발한 주체의 의도와 상관없이 타 기업, 타 산업, 타 기술 분야에 영향을 미치는 것을 말한다. 교육에 기술을 적용했을 때도 파급효과가 발생할 수 있다. 교사나 학생의 의도와 관계없이 예상하지 못한 효과를 만들어낼 수 있다.

'트랜스휴머니즘transhumanism'이라는 단어를 들어본 적이 있는가? 과학기술을 이용해 현재의 인간보다 정신적·육체적으로 더 강화된 인간을 만들자는 주장이다. 즉 노화, 질병, 죽음을 우리 삶에서 불필요한 것으로 규정하고 극복해야 할 대상으로 바라본 것이다. 죽음이 없고, 지금보다 몇 배나 뛰어난 지적·신체적 능력을 갖춘다면 인간은 행복하게 살 수 있는 걸까? 인간에게 기술을 적용해 새로운 인류를 만들고자 하는 트랜스휴머니즘은 올바른 길일까?

최근 들어 폭발적인 관심을 받고 있는 생성형 AI는 인공지능 환각hallucination 문제를 안고 있다. 계속해서 데이터 학습을 통해 능력이 향상되고 있지만, 문맥이나 질문자의 의도를 제대로 파악하지 못하거나 잘못된 데이터에 기반한 답을 내놓을 수 있다. 사용할 때 장점이 많

다는 점은 분명하지만, 완성도 측면에서 보자면 교육적으로 활용하는
데는 의구심이 드는 수준이다.

이와 같이 기술은 완전하지 않으며, 완벽하게 통제하기도 어렵다. 이런 기술을 교육에 도입하려는 궁극적인 목적은 무엇일까? 기술을 교육에 도입하는 목적은 교육의 목적을 더 효과적으로 이루기 위해서다. 즉 세밀하게 설계된 개인화 학습 과정을 통해 뒤처지거나 낙오되는 학생 없이 모두 뛰어난 학업성취를 이루게 하려는 것이다. 기술을 교육에 도입한다고 해서 교육의 고유한 목적이 변해서는 안 된다. 교육의 목적이라는 분명한 지향점을 가지고 기술을 적용해야 꼬리가 몸통을 흔드는 상황을 막을 수 있다.

교육에 적용되는 기술은 그래서 더 좁아야 한다. 더 안정적이어야 한다. 형식적인 구호만이 아니라 돌다리도 두드려보는 심정으로 선택해야 하고, 적용하는 과정을 세심하게 설계해야 한다. 한 명의 학생이 학교에서 보낸 오늘이라는 시간은 다시 되돌릴 수 없고, 누구도 실험의 대상이 돼서는 안 되기 때문이다.

01

교육에 필요한 기술은 어떤 것일까

교육의 본질에 부합해야 한다

"아빠의 역할은 네가 세상을 스스로 살아가도록 준비시켜주는 거야. 때가 되면 독립해서 혼자 살아가야지."

맛있는 음식을 사주고, 원하는 선물을 사줄 때면 아이들은 언제나 오래오래 지금처럼 살고 싶다고 말한다. 그런 얘길 들을 때마다 나는 정색을 하고 "아빠는 네가 스스로 살아갈 수 있는 날이 하루빨리 오기를 기다린단다"라고 말해준다.

바로 교육이 그렇다. 교육의 본질적 목적은 한 사람이 이 세상을 살아갈 수 있도록 준비시키는 것이다. 한 생명이 태어나 육체적·정신적으로 세상을 홀로 살아갈 준비가 되도록 가정에서, 학교에서 교육이 이뤄진다.

요즘은 내비게이션의 도움 없이 운전을 하기가 힘들다. 낯선 곳을

갈 때는 길을 찾기 위해서, 자주 가는 곳은 더 빨리 가기 위해서 내비게이션을 이용한다. 그런데 가끔은 '어?' 하고 당황하기도 한다. 내비게이션이 안내하는 길이 아무리 생각해도 이상하기 때문이다. 이럴 때 보통은 어떻게 할까? 아마도 자기 판단대로 과감하게 운전대를 돌릴 수 있는 사람은 별로 없을 것이다. 화면에서 빨간 화살표를 깜빡거리며 상냥한 목소리로 가리키는 길을 외면하고 내 마음이 시키는 길로 나아가기란 생각만큼 쉽지 않다.

휴대전화기에 사람들의 전화번호를 저장한다. 가족들의 전화번호는 저장하면서 단축키를 설정한다. 이제 가족의 전화번호는 눈에 띄지 않는다. 1번부터 5번 중 하나의 키를 눌러 전화를 건다. 가족한테서 전화가 걸려 오면 '아내', '아들', '딸'이 화면에 뜬다. 그 아래 깨알같이 적힌 번호는 보여도 보이지 않는다. 어느 날 서류를 작성하다가 가족의 연락처를 적는 칸 앞에서 머릿속이 하얘졌다. 아무런 생각이 나지 않았다. 어쩔 수 없이 휴대전화를 꺼냈다. 휴대전화가 없었던 초등학생 시절, 그때 자주 전화했던 친구 집 전화번호는 수십 년이 지난 지금도 생각이 나는데 말이다.

몇 해 전 제주도 가족 여행을 준비하면서, 제주도의 관광지 정보를 찾아봤다. 아내와 딸, 아들을 생각하면서 어디로 가면 좋을지 몇 날 며칠을 고민했다. 아들은 활동적인 것을 좋아하니 미로탐험이나 카트레이싱이 좋겠고, 아내와 딸은 자연을 좋아하니 오름을 다녀오면 좋겠다고 생각했다. 도착 시간, 숙소의 위치, 이동 거리를 생각해야 했고 입맛에 따라 식당도 찾아야 했다. 그렇게 해서 세상 어디에도 없는 우리 가족 맞춤형 여행 계획을 세울 수 있었다. 그런데 이제는 그런 노력이 필요 없다. 생성형 AI에게 4인 가족 제주도 3박 4일 일정을 만들어달라고 요청하면 30초도 안 돼서 최소한 세 가지 답변을 얻을 수 있다.

어떤 기술 앞에서 인간은 작아지고 수동적으로 된다. 교육에 적용되는 기술은 교사와 학생을 수동적으로 만들어서는 안 된다. 주도적이고 창의적인 인간으로 성장하도록 돕는 기술이어야 한다. 트랜스휴머니즘과 같이 뇌를 조작하거나 약물을 통해 기억 능력을 향상시키는 기술은 필요하지 않다. 영어 단어를 즐겁게 공부하고, 더 오래 기억에 남도록 도와주는 기술이 필요하다. 다리에 모터를 삽입해서 높이 뛰도록 돕는 기술이 아니라 잘못된 점을 정확하게 알려주고, 꾸준히 효과적으로 훈련하도록 돕는 기술이 필요하다.

기업에서는 프로젝트 계획을 수립하고 일정을 관리하는 소프트웨어를 많이 사용한다. 목표한 업무를 세부적으로 나누어 생각해볼 수 있고, 세부 사항별로 어느 정도의 노력이 필요한지 미리 가늠해볼 수 있다. 규모가 큰 프로젝트일 때는 큰 목표를 이루기 위한 업무 분장, 각자가 맡은 업무의 추진 상황을 한눈에 볼 수 있다. 현재 시점에서 어떤 세부 사항에 대해 조치가 필요한지도 알 수 있다. 이런 관리 도구는 교육에도 적용될 수 있다. 여러 학생이 참여하는 장기간에 걸친 프로젝트를 만들어, 각자 할 일을 나누고 일정을 관리하는 것이다. 그럼으로써 많은 친구와의 협업을 효과적으로 관리하고 목표를 이뤄나가는 과정을 경험해볼 수 있다.

교육에서는 학생이 원하는 그림을 그려주는 인공지능이 아니라, 학생이 원하는 그림을 언제 어디서나 자유롭게 그릴 수 있게 해주는 소프트웨어가 필요하다. 늘 스케치북과 물감을 들고 다니지 않아도 하루에도 수십 장의 그림을 그릴 수 있게 해주는 소프트웨어가 있다. 음표를 몰라도 노래를 부르면 악보로 변환해주는 소프트웨어를 통해 작곡가의 꿈을 펼칠 수 있다. 창의성을 대체하는 기술이 아니라 창의성을 자극하는 기술이 교육에 필요한 것이다.

'적정 기술appropriate technology'이라는 개념이 있다. 그 기술이 사용되는 사회적 공동체의 정치적·문화적·환경적 조건을 고려하여 해당 지역에서 지속적인 생산과 소비가 가능하도록 만들어진 기술을 말한다.○ 적정 기술의 대표적인 예로 마실 물이 부족한 아프리카 지역에서 활용할 수 있는 라이프스트로Life Straw가 있다. 목걸이 타입의 빨대 모양 정수기로, 하천이나 계곡에서 깨끗한 물을 마실 수 있게 해준다.

라이프스트로(위, ⓒ 위키피디아)와 실제로 이를 활용해 물을 마시는 모습(아래, ⓒ Edyta Materka)

○ 과학기술정책지원서비스(K2Base), www.k2base.re.kr/k2bbs/pds25/view.do?recordCountPerPage=10&pageUnit=10&pageSize=10&pageIndex=2&nttId=13369&nttId2=173797&menuNo=&templnt=269&vStartP=371&schScale=&searchCont=

교육에도 적정 기술의 개념을 적용할 수 있다. 교육에는 가장 앞선, 가장 우수한 기술이 필요한 것이 아니다. 한 인간을 함께 살아가는 새로운 구성원으로 준비시키고, 나아가 자신의 꿈을 펼치며 살 수 있도록 돕는 교육의 본질에 적합한 기술이 필요하다. 우리에겐 최첨단 기술이 아니라 교육의 적정 기술이 필요하다.

윤리적이어야 한다

기술은 가치중립적이다. 기술 자체는 무언가를 선호하지도 않고, 특정한 방향을 추구하지도 않는다. 하지만 기술을 만들고 사용하는 인간은 그렇지 않다. 우리가 기술을 교육에 활용할 때 어떤 생각과 가치관으로 임하는가는 매우 중요하다. 교육에 적용되는 기술은 학생들에게 무비판적으로 받아들여지고 사용될 가능성이 크므로 더더욱 기술이 가지는 방향성을 잘 살펴봐야 한다.

유전자를 잘라내는 유전자 가위gene scissors라는 생명공학 기술이 있다. 크리스퍼Clustered Regularly Interspaced Short Palindromic Repeats, CRISPR라고도 불리는 이 기술을 활용하면 인간에게 각종 질병을 유발하는 유전자를 미리 제거할 수 있다. 문제는 유전자 가위가 단순 질병 예방 차원에 머물지 않고 더 광범위한 유전자 편집 기술로 발전할 수도 있다는 것이다. 원하는 유전자를 편집할 수 있다면 더 똑똑하고 더 강한 신체를 지닌 인간을 태어나게 할 수도 있다. 이런 가능성을 지닌 유전자 가위 기술의 윤리적 측면을 지금부터 면밀히 검토해야 한다는 의견이 대두되고 있다.

테이의 트위터 계정에 사용된 이미지 © Microsoft
* 출처: https://twitter.com/tayandyou

2016년 3월 23일, 마이크로소프트는 새로운 인공지능 채팅봇 '테이Tay'를 공개했다. 16세 미국인 소녀의 말투와 생각을 벤치마크해 만들어진 대화형 AI 챗봇으로, 학습한 내용을 바탕으로 사람들과 자연스러운 대화를 나눌 수 있었다. 테이는 사용자의 답변을 계속해서 학습해나갔다. 문제는 일부 사용자가 테이에게 부정적인 데이터를 주입하면서 발생했다. 테이는 인종차별, 성차별, 폭력 등에 관한 내용을 학습했고 그런 내용을 답변으로 내놓기 시작했다. 마이크로소프트는 문제점을 인정하고 공개 16시간 만에 테이의 운영을 중단했다.

과학기술이 잘못된 방향성을 설정했을 때 얼마나 큰 피해를 일으키는지는 제2차 세계대전 때 저질러진 만행인 유대인 학살을 통해 온 인류가 생생하게 목도했다. 그 시작은 찰스 다윈Charles Darwin의 사촌인 프랜시스 골턴Francis Galton이었다. 골턴은 인간의 지적 능력, 신체적 능력, 심리적 건강 등을 인위적으로 개선하려는 우생학Eugenics

의 창시자로 알려져 있다. 골턴의 우생학은 인종차별과 결합하면서 아리안족의 우수성을 보호하고, 열등한 인종을 청소하려는 나치 독일의 도구로 사용됐다. 나치 독일은 우생학을 내세워 장애인과 유대인을 무차별 학살했다. 나치의 학살로 유대인 600만 명이 목숨을 잃었다.

우생학을 주창한 프랜시스 골턴 ⓒ 위키피디아

　교육에 사용되는 기술은 윤리적으로 검증돼야 한다. 최근 들어 챗GPT^ChatGPT^, 바드^Bard^, 하이퍼클로바X^HyperClova X^ 등 거대언어모델^Large Language Model, LLM^을 기반으로 하는 생성형 AI가 선풍적인 관심을 끌고 있다. 교육계에서도 이런 생성형 AI에 대한 관심이 매우 뜨겁다. 인공지능을 당연히 교육에 활용해야 한다는 대전제를 정해놓고, 어떻게 하면 더 신속하게 이런 신기술을 적용할 것인지를 고민하는 모

챗GPT와 바드의 로고

양새다. 심히 우려스럽다. 교육에 인공지능을 적용하는 것은 선택의 문제다. 교육적 목적에 부합하는지를 먼저 검토하고 확인해야 한다. 생성형 AI는 편향된 데이터로 인한 인공지능 환각이라는 치명적인 문제점을 안고 있다. 그 답변이 인간의 보편타당한 가치관에 맞는지, 그리고 진실^{fact}인지 검증을 완료한 후에야 교육에 활용할 수 있다.

또한 교육에 사용되는 기술은 격차를 줄이는 역할을 해야 한다. 사교육은 오히려 격차를 만들어내기 위해 존재한다. '당신의 아이가 다른 아이보다 더 뛰어날 수 있도록 도와드립니다'라는 것이 사교육의 존재 이유다. 경쟁을 기반으로 참여자의 불안을 파고든다. 공교육은 격차가 아니라 다름을 추구해야 한다. 실력의 격차와 기회의 격차를 줄이고, 같은 것을 공유하되 저마다 다름을 향해 나가도록 도와야 한다. 교육에 사용되는 기술은 '다름'을 위한 기술이지 '우열'을 가르는 기술이어선 안 된다.

수업 관리 도구나 화상회의 도구 등을 사용해 다른 지역의 학생들과 함께 수업하면, 나와 다른 환경에 놓인 친구들을 이해하고 내 생각의 지경을 넓힐 수 있다. 협업 도구를 활용함으로써 함께 이루고, 더 많은 생각을 공유할 수 있다. 교육에 사용되는 기술은 윤리적이며 차별이 없는, 다름을 인정하며 함께 나아가기 위한 도구여야 한다.

학습자에게 적합해야 한다

한번은 유치원 선생님한테서 이런 질문을 받은 적이 있다.

"아이들에게 인공지능 스피커를 이용해서 동화책을 읽어주는 건 어떻게 생각하십니까?"

평소 생각해보지 못했던 갑작스러운 질문에 약간 당황스러웠다. 그저 떠오르는 대로 주먹구구식 답변을 드릴 수밖에 없었다. 집으로 돌아오는 길에 그 질문을 곰곰이 생각해봤다.

유치원 아이들에게 인공지능 스피커로 동화를 들려준다. 아이들은 귀엽게 생긴 스피커를 쳐다보며 집중해서 이야기를 듣는다. 아이들의 마음속에는 어떤 그림이 떠오를까? 이야기 속 다양한 인물과 사건들이 잘 떠오를까? 인공지능 스피커는 아마도 선생님이 책을 읽어줄 때보다 더 다양한 목소리로 이야기를 들려줄 것이다. 등장인물에 따라 다른 목소리를 내면서 더 실감 나게 해줄 것이다. 그러면 인공지능 스피커가 선생님보다 더 나은 동화 구연자일까?

아이가 태어나고 쑥쑥 자라나 책을 볼 수 있는 나이가 되자 책을 참 많이도 읽어줬다. 잠잘 시간이 되어 아이가 침대에 자리를 잡으면 여러 권의 동화책을 들고 가 아이 옆에 앉았다. 때로는 무릎에 앉히고, 때로는 나란히 누워서 정성껏 책을 읽어줬다. 똘망똘망한 눈빛으로 듣다가 스르륵 눈이 감기면 이불을 덮어주고 볼에 입을 맞췄다.

어린아이에게 책을 읽어주는 시간은 단순히 책의 줄거리를 알아가는 시간이 아니다. 아이는 읽는 사람의 목소리를 듣고, 눈빛을 보고,

표정을 본다. 정서적 교감이 생기는 것이다. 인공지능 스피커에는 사람의 따뜻함이 없다. 정서적 교감이 없다. 유치원에 다니는 연령의 아이들에게 동화책을 몇 권 읽었는지는 중요하지 않다. 동화책 읽는 시간을 통해 사람을 이해하고, 사람과 가까워진다. 질문을 주셨던 유치원 선생님께 다시 답변을 드리고 싶다.

"유치원에서 인공지능 스피커는 사용하지 않는 것이 좋겠습니다. 유치원생 정도의 아이들에게는 기술보다 사람이 필요하다고 생각합니다."

교육에 기술을 적용할 때는 학습자에게 적합한 기술인지 먼저 확인해야 한다. 학습자에게 적합하지 않은 기술을 적용하면 교육의 목적을 달성할 수 없을뿐더러 오히려 부작용을 일으킬 수 있기 때문이다.

그렇다면 학습자에게 특정 기술이 적합한지는 어떤 기준으로 확인해야 할까?

첫 번째, 기술이 제공하는 기능의 복잡성을 따져봐야 한다. 교사 대상 연수를 진행하면서 자주 받은 질문이 있다. 바로 교육용 소프트웨어 플랫폼 계정에 관한 질문이다.

- 아이들이 자기가 변경한 비밀번호를 잊어버립니다.
- 로그인을 잘 못해서 수업을 시작하기까지 시간이 오래 걸립니다.

초등학교 저학년을 대상으로 하는 수업에서는 교육용 소프트웨어 플랫폼을 사용하기가 쉽지 않다. 계정과 비밀번호를 입력하여 스마트 기기에 로그인하는 단계에서부터 문제가 발생한다. 학생들이 자신의 계정과 비밀번호를 기억하고 관리하기를 어려워하는 것이다. 이런 초등학생들에게는 많은 기능이 포함된 교육용 소프트웨어 플랫폼을 사용하지 않는 것이 오히려 수업에 도움이 된다. 학생들은 대개 배우는 속도가 빠른데, 어떤 앱이나 기기를 사용하는 데 어려움을 겪는다면 그런 기술은 해당 학생들에게 적합하지 않다고 판단할 수 있다.

두 번째, 기술의 인터페이스를 살펴봐야 한다. 스마트 기기나 앱은 사용자 인터페이스를 가지고 있다. 사용자는 터치, 키보드, 마우스, 음성과 같이 다양한 인터페이스를 통해 기술을 활용한다. 학습자의 연령이나 신체 조건에 따라 그에 맞는 인터페이스를 선택해야 한다. 보통 초등학교 고학년이 되면서 키보드 사용법을 익히게 된다. 키보드 사용이 익숙하지 않다면 터치나 음성인식을 사용하는 것이 좋다.

기술은 학습자에게 적합해야 한다.

특히 특수학교에서는 학생의 신체적 장애에 따라서 특별한 인터페이스가 필요하다. 대부분의 스마트 기기에는 '접근성' 기능이 내장돼 있다. 접근성 기능은 몸이 불편한 학생들도 문제없이 기술을 활용할 수 있도록 돕는다. 시력이 안 좋은 학생을 위한 돋보기 기능, 마우스가 있는 곳의 텍스트를 읽어주는 기능, 마우스 커서를 원하는 곳에 가져다 놓으면 자동으로 클릭해주는 기능 등이 있다.

세 번째, 주체적으로 사용할 수 있는 기술인지 확인해야 한다. 학년이 높아지고, 아는 것이 많아지고, 자아가 자라나면서 학생들은 비판적인 사고를 하기 시작한다. 기술을 수업에 활용할 때는 아이들이 비판적으로 수용할 수 있는 기술인지 확인해야 한다. 두 가지 예를 보자.

유치원 아이들에게 그림을 그릴 수 있는 앱을 알려준다. 조금 사용해보더니 아이가 말한다.

"선생님, 이거 잘 안돼요."

자신의 의도대로 앱이 작동하지 않자 불만을 표시한다.

중학교 수학 시간, 문제를 제시하고 풀이를 보여주는 앱을 사용한다. 몇몇 학생이 웅성거리기 시작한다.

"선생님, 이 앱이 보여주는 풀이가 이상합니다. 풀이가 틀린 것 같아요."

이렇게 사용자가 주체적이고 비판적인 태도를 유지할 수 있다면 그 기술은 사용자에게 적합하다고 말할 수 있다.

이런 측면에서 최근 뜨거운 이슈가 되고 있는 챗GPT, 바드, 하이퍼클로바X 등과 같은 생성형 AI는 어떨까? 기후변화에 대한 보고서를 작성한다고 가정해보자. 필요한 자료를 찾기 위해 인터넷을 검색하거나 도서관을 방문한다. 관련 자료들을 찾아서 읽어보고 비교한 후, 내용을 종합해서 보고서를 작성한다. 다양한 자료를 찾은 후에 내용을 확인하고, 비교하고, 검증하고, 종합하는 과정을 거치면서 나의 생각을 형성하게 된다. 그런데 생성형 AI는 이런 과정을 필요로 하지 않는다.

"현재 인류에게 닥친 기후변화 문제는 뭐가 있지?"

질문을 던지면 바로 답변을 만들어준다.

구글이 제공하는 생성형 AI 바드에게 질문해서 얻은 답변

화면에 떠오른 답을 확인한 다음이 바로 선택의 순간이다. 생성형 AI가 제시한 답을 어떻게 할 것인가? 어떤 학생은 그대로 복사해서

붙여넣기를 할 것이다. 반면, 검색을 통해 답변을 검증하려는 학생도 있을 것이다. 후자의 학생처럼, 생성형 AI가 제시한 답변을 비판적으로 수용할 수 있어야 한다. 생성형 AI가 내놓은 답변을 비판하거나 판단할 수 없다면 해당 주제에 대해서는 아직 사용할 준비가 되지 않은 것이다.

키보드 사용법을 먼저 익히면 손으로 글씨를 쓸 수 없다. 이와 마찬가지로, 생성형 AI를 활용하려면 책을 읽고 핵심을 정리하는 능력, 검색을 통해 다양한 정보를 빠르게 찾고 종합하는 능력을 먼저 길러야 한다. 손 글씨를 못 쓰면 어떠냐고, 생성형 AI는 점점 더 정확해질 테니 답을 빠르게 찾는 연습이 중요하지 않냐고 말하고 싶은 사람도 있을 것이다. 이와 관련해서, '인간이 기술에 어느 정도까지 의존적일 수 있는가'에 관한 철학적 문제를 생각해보자.

인간은 불을 사용하게 되면서 음식을 익혀 먹었고, 추운 날에는 따뜻하게 지낼 수 있었다. 불의 사용은 인간의 능력을 퇴화시키지 않았다. 말을 타고 이동할 수 있게 되면서 인간은 걷지 않아도 먼 곳까지 갈 수 있었다. 자동차와 철도가 등장하면서 시간과 공간의 개념이 바뀌었다. 이동을 위해 육체를 사용해야 하는 상황이 현저히 줄었다. 전기와 기계의 출현은 생활의 편리함을 극적으로 향상시켜줬고, 인간은 그만큼 육체적 노동에서 벗어날 수 있었다. 1970년대에 들어서자 개인용 컴퓨터가 보급돼 기업에서 컴퓨터를 활용하기 시작했다. 일을 하기 위해 필요한 인간의 육체적 활동뿐만이 아니라 들여야 하는 지적 노력도 점차 감소했다. 그리고 이제는 로봇과 인공지능의 시대가 다가오고 있다. 로봇이 인간의 뼈와 근육을, 인공지능이 인간의 뇌를 대신하려 한다. 육체적·지적 활동량이 계속해서 줄어든다면 인간은 어느 정도까지 인간으로 남을 수 있을까?

기술의 주체적 수용이란 인간다움을 잃지 않을 수 있는 상태, 기술에 종속되지 않으면서 기술을 사용하는 상태라고 말할 수 있다. 교육에서 기술을 선택하고 사용할 때는 사용자가 기술에 종속되지 않도록 특히 유의해야 한다. 인간을 올바로 세우는 것이 교육임을 생각하면 더더욱 그렇다.

쉬워야 한다

수업 시간에 사진을 편집하기 위해 어떤 소프트웨어를 사용하면 좋을까? 포토샵을 사용해서 사진을 편집하면 어떨까? 학생이 포토샵을 사용해서 사진을 편집하거나 보정할 수 있다면 아마도 최상의 결과를 얻을 수 있을 것이다. 문제는 포토샵을 제대로 사용하기 위해서는 많은 노력과 시간이 필요하다는 것이다. 포토샵은 활용 능력을 보증하는 자격증이 있을 만큼 기능이 복잡하다.

교육에 사용되는 기술은 쉬워야 한다. 배우기 쉽고, 사용하기 쉬워야 한다. 교사와 학생은 기술을 사용하여 자신이 하고자 하는 일을 효율적으로 하려는 것이지 기술을 배우는 것 자체가 목표는 아니다. 예전에는 컴퓨터를 구매하면 두꺼운 책 한 권이 딸려 왔다. 사용 설명서다. 설명서를 읽지 않으면 기능을 이해하거나 사용하기 어려운 부분이 많았기에, 사용 설명서를 책상 서랍에 넣어두고 필요할 때마다 꺼내 보곤 했다.

최근에 판매되는 전자 기기나 소프트웨어는 별도로 사용 설명서를 제공하지 않는다. 사용 중 문제가 생기면 언제든지 홈페이지를 방문해 검색해볼 수 있다. 더 중요한 변화는 애초에 사용 설명서가 필요치 않은 제품이 출시된다는 점이다. 기업들은 사용자가 기기나 소프트웨어를 처음 접하더라도 기능을 이해할 수 있도록 사용자 인터페이스를 직관적으로 설계한다.

텍스트보다는 그림을 포함하는 아이콘 중심으로 메뉴가 만들어지고, 마우스 커서를 아이콘 위에 놓으면 텍스트로 기능을 설명해주는

직관적 사용을 위해 개발자들은 다양한 측면을 고려해 인터페이스를 설계한다.

형태의 사용자 인터페이스가 늘어나면서 기기나 소프트웨어를 사용하기가 더 쉬워졌다.

쉬운 기술을 사용해야 하는 또 하나의 중요한 이유는 최초 사용 장벽을 낮추기 위해서다. 교사와 학생 모두 처음으로 사용하는 기술적 도구에 대해 심리적 부담감을 가질 수 있다. 대체로 교사에게 이런 장벽이 더 크게 느껴질 수 있다. 학교 현장에서 만난 많은 선생님이 새롭게 마주한 기술적 도구들을 실제보다 더 어렵게 느끼는 경향이 있었다. 교직 생활이 오래된 분일수록 기술 수용성technology adoption이 낮았다. 이런 교사들에게는 처음 마주하는 어려움을 잘 극복할 수 있도록 기술 자체가 쉬워야 한다.

엄격하게 제한된 시간에 많은 것이 이뤄지는 학교 수업에서는 교사나 학생이 기술의 사용법을 배울 시간과 여력이 부족하다. 익힘과 사용이 동시에 이뤄질 수 있을 만큼 '쉬운 기술'이 필요하다.

기술은 살아 있는 유기체와 같다. 경쟁력이 있는 기술은 스스로 살아남을 길을 찾아낸다. 기술이 교육에 사용될 길이 열리면서 앞으로는 지금보다 훨씬 더 다양한 기술이 학교로 들어올 것이다. 쉬운 기술이 중요하다는 건 이론의 여지가 없지만, 단지 편리하다는 이유로 또는 기능이 뛰어나다는 이유로 교육에 기술이 적용돼서는 안 된다. 철저하게 '교육의 목적'에 기여하는 기술이라야 한다.

몇 년 전, 회사에서 업무를 처리하고 있는데 갑자기 인터넷이 멈춰버렸다. 이메일도, 메신저도, 클라우드 기반의 문서도 모두 함께 멈췄다. 개인의 휴대전화는 작동했지만, 회사의 인터넷 전화는 먹통이 됐다. 회사 동료 대부분이 아무것도 할 수 없어 삼삼오오 커피를 마시러 나갔다. 인터넷이 복구되기까지 한두 시간 동안 회사는 그렇게 멈춰 버렸다.

'인터넷이 멈추면 아무것도 할 수 없는 학교가 되는 것이 과연 바람직한가?'

기업은 효율성과 생산성을 최고의 가치로 여긴다. 그래서 효율성과 생산성을 높이는 기술을 적극적으로 도입하고 받아들였다. 교육 현장은 이와 달라야 한다. 좀 더 고민하고 좀 더 선별하여 꼭 필요한 기술을 찾아내고 적용해야 한다. 효율성과 생산성이 아니라 '사람을 길러내는 일'에 사용되는 기술이기 때문이다.

02

기술의 적용 과정

2023년 6월, 4세대 교육행정정보시스템 NEIS가 개통됐다. 개발 비용 약 2,800억 원이 투입된 대규모 교육용 전산 시스템이다. 그런데 개통이 되자마자 여기저기에서 오류가 발생했다. 교사가 입력해 놓은 평가 자료가 사라지거나 학교일지가 열리지 않았고, 복무 시스템 접속이 원활하지 않아 교사들이 근태 관리에 어려움을 겪었다. 다행히 NEIS는 학교 수업에 직접 활용되는 소프트웨어가 아니어서 학교의 가장 기본적인 기능인 수업에 큰 영향을 주지는 않았다. 하지만 학교 운영의 근간이 되는 시스템이므로 전국의 학교가 큰 혼란을 겪었다.

새로운 기능을 가진 하드웨어나 소프트웨어를 만들 때는 잠재적 사용자를 먼저 가정한다. 잠재적 사용자가 어떤 환경에 놓여 있는지, 어떤 기능을 필요로 하는지 분석한다. 정의된 요구 기능에 따라 제품이나 서비스를 설계하고, 기능을 개발한다. 개발되는 제품이나 서비스는 개발 과정에 여러 단계의 검증을 거친다. 소프트웨어 서비스는 초기 개발 버전에 대한 시뮬레이션을 통해 충분한 검증을 거친 후, 시험 버전을 오픈하고 베타테스트를 진행한다. 베타테스트를 통해 서비스의 안정성을 한 번 더 검증하고, 부족한 부분을 보완하여 정식 서비스를 오픈한다. 이렇게 여러 단계의 검증 과정을 거친 후에도 대규모 사용자가 본격적으로 몰려들면 예상치 못한 오류가 발생하기도 한다.

이제 교육에도 NEIS와 같이 대규모 사용자를 대상으로 하는 소프트웨어부터 단위 학교에만 적용할 수 있는 학생 관리, 수업 관리 소프

4세대 나이스를 실시간으로 점검하는 관계자들 © 연합뉴스

트웨어까지 다양한 IT 서비스가 만들어지고 적용되고 있다. 각 시·도 교육청에서도 자체적인 교육 플랫폼을 개발하여 관할 학교에 적용하기 시작했다. 앞으로는 교육 현장의 더 다양한 기술적 요구를 수용하는 제품과 서비스가 만들어질 것이다. IT 제품이나 서비스를 개발하는 기업들은 자체적인 방법론을 가지고 있다. 오랜 시간 많은 프로젝트를 진행하면서 노하우를 축적하여 기업별로 나름의 개발 및 적용 과정을 만들어왔다. 하지만 아쉽게도 이런 방법론들은 기업 환경에 맞춰져 있는 경우가 대부분이다. 교육 현장에 적용되는 제품이나 서비스를 만들고 적용하는 과정은 교육의 특수성을 고려하여 정의돼야 한다.

지금까지 학교에 적용돼온 IT 서비스는 학교의 행정 업무를 위한 것이었다. NEIS를 '교육행정정보시스템'이라고 부르는 것도 이 때문이다. 교육의 핵심인 가르치고 배우는 활동을 '지원'하는 시스템인 것이다. 이 책에서 얘기하는 기술의 도입과 적용은 가르치고 배우는 핵심적인 활동과 직접적으로 관련된다.

학교에 적용된 대표적인 핵심 서비스로 디지털 교과서가 있다. 현재 추진되고 있는 AI 교과서보다 앞서 진행된 사업이다. 디지털 교과서 선도학교 지정, 선도교원 연수 등 많은 노력을 기울였으나 교사들의 활용도는 낮았다. 여러 가지 이유를 찾을 수 있겠으나, 도입 초기 설치형 서비스로 개발돼 이를 사용하려면 학교에 보급된 스마트 기기에 일일이 다운로드해야 했다. 파일 사이즈도 매우 커서 하나의 단원이 3~4GB에 달하는 경우가 많았다. 학교에 와이파이망조차 모두 설치되지 않았고, 스마트 기기의 보급도 본격적으로 이뤄지기 전이었다.

왜 이런 일이 벌어졌을까? 수백억의 예산을 투입하여 개발하고, 이를 확산시키기 위해 많은 사람이 노력한 디지털 교과서는 왜 교육 현장에서 잘 받아들여지지 않았을까?

기업이 기술을 개발하고 적용하는 과정

대기업에 근무하던 시절, 같은 팀의 동료가 태스크포스Task Force, TF

팀으로 6개월 정도 이동하게 됐다. 기업에서는 특별한 목적을 효과적으로 달성하기 위해 TF팀을 구성하여 단기적으로 운영하는 사례가 많다. 동료가 파견된 TF팀의 목표는 전사에 적용될 IT 시스템을 개발하는 것이었다. 이런 사내 IT 시스템 개발 프로젝트가 시작되면 외부 개발 업체가 선정되고 TF팀이 꾸려진다. TF팀은 목적별로 다르지만 개발 목적과 관련된 현업 부서에서 어느 정도의 업무 경력을 가진 인원이 차출된다. 대체로 업무 경력이 5년 이상인 고참 대리나 과장급에서 차출되는데, 현업 부서의 요구 사항을 정확하게 반영하기 위해서다.

TF팀이 꾸려지고 나면 먼저 개발 업체의 컨설팅팀이 투입된다. 보통 SI_{System Integration} 업체라고 불리는 대형 IT 개발사들은 석사급 이상 정예 인원으로 구성된 컨설팅팀을 유지한다. 금융, 제조, 공공 등 분야별로 별개의 팀이 운영되며 각 분야의 전문성을 갖추고 있다. 프로젝트 초기에는 이런 컨설팅팀의 역할이 매우 중요하다. 프로젝트 개발 방향을 결정하고 세부 요구 사항을 정의하기 때문이다. 물론 개발이 진행되는 동안에도 전반적으로 프로젝트를 관리하며 일정, 기능의 완성도, 서비스 오픈 절차 등을 점검한다. 개발 초기, 컨설팅팀에서 수요자가 원하는 정확한 요구 사항을 파악하여 프로젝트의 방향성을 제대로 설정하지 못하면 개발이 잘못된 방향으로 흘러가고, 결국 프로젝트가 완료돼 서비스를 오픈했을 때 사용자들이 만족하지 못하는 상황이 벌어진다.

컨설팅팀과 TF팀에 파견된 현업 관계자들이 협업을 통해 세부 요구 사항을 정의하고 나면 본격적인 개발이 시작된다. 개발이 이뤄지는 중에도 세부 기능은 계속해서 변경된다. 초기 버전 개발이 완료되면 시범 적용 과정을 설계한다. 시범 적용 대상은 개발된 기능 전반을 점검할 수 있으면서도 오류 발생 시 현업에 지장을 초래하지 않는 범위에서 정해진다.

시범 서비스가 오픈되면 기능의 정상 작동 여부와 오류 발생을 점검하고, 미처 고려하지 못한 현업의 환경이 있는지 확인한다. 이렇게 시범 적용을 통해 개선점이 파악되면 이를 보완한 후, 1차로 서비스를 오픈한다. '1차 서비스' 오픈은 시범 적용과 유사한 개념으로 전사에 확대 적용될 정식 버전을 일부 부서에 우선 오픈하여 다시 한번 점검하는 과정을 말한다. 1차 서비스 오픈 이후 치명적인 결함이나 오류가 발견되지 않으면 전사 서비스 오픈을 진행한다.

전사 서비스 오픈이 이뤄진 후에도 초기 몇 달간은 오류나 개선점이 발견될 가능성이 크므로, 헬프데스크 등을 운영하여 상시 지원 체계를 유지한다. 이후에는 현업 부서의 의견을 주기적으로 취합해 점진적으로 개선해나간다.

최근에는 단계적으로 진행되는 고전적인 개발 방법론이 아니라 결과물을 좀 더 빠르게 만들어내 수정과 보완 개발을 반복하는 형태의 방법론도 많이 사용되고 있다. 이런 개발 방법이 효과적이려면 결과물에 대한 검토, 적용, 피드백이 여러 번 반복돼야 한다. 특히 적용과 피드백이 빠르고 정확하게 이뤄져야 한다. 다만 이런 개발 방법은 교육에는 어울리지 않는다. 학교는 완성도가 높지 않은 결과물을 현장

기업의 새로운 기술 적용 과정

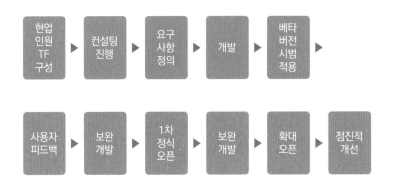

에 적용하고 피드백을 받아 다시 보완 개발을 거치는 과정을 여러 번 진행하기는 어려운 환경이기 때문이다.

교육용 기술을 개발하고 적용하는 과정

가르치고 배우는 핵심적인 교육 활동에 사용되는 기술을 개발할 때, 기업의 방법론을 그대로 적용해도 문제가 없을까? 교육을 위한 기술을 개발하고 적용할 때 유의해야 할 사항을 하나씩 살펴보자.

단기 목적보다는 방향성

기업에서 IT 시스템을 개발할 때는 명확한 목적성이 존재한다. 무엇이, 왜 필요한지를 사전에 명확히 규정한다. 예컨대 급여 관리 시스템을 만든다면, 개인별 급여를 1원의 오차도 없이 정확하게 계산하여 정확한 날짜에 지급하는 것이 목적이 된다. 그런 목적을 달성하기 위해 필요한 정보를 규정하고, 현업 부서에서 벌어질 수 있는 다양한 예외 사례를 최대한 고려하여 시스템을 설계하고 개발을 진행한다.

교육을 위해 개발되고 적용되는 기술 역시 무엇보다 현재 교육이 지향하는 방향을 명확하게 인식해야 한다. 기술을 교육의 도구로 사용하는 것이므로 교육의 궁극적인 방향성에 기여하는 것을 첫 번째 목적으로 삼아야 한다. 기술적 도구가 무엇이든, 독립적으로 존재해서는 안 된다.

우리나라 미래 교육이 지향하는 목적지가 '개인별 맞춤형 교육'이라고 한다면, 지금부터 학교 현장에 도입되는 모든 기술적 도구는 개인별 맞춤형 교육을 실현하기 위한 도구로서 충실한 기능을 갖춰야 한다. 그런 기능들을 한 번에 모두 제공할 수 없다면 단계별로 개발 계획을 세우되, 방향성은 개인별 맞춤형 교육이라는 목적지에서 벗어나선 안 된다.

예를 들어 교사와 학생을 위한 수업 관리 도구를 개발한다고 가정해보자. 개발의 첫 번째 목표는 미래 교육이 지향하는 방향과 일치하도록 '개인별 맞춤형 수업 지원'이 되어야 한다. 이런 큰 방향성하에서 현재 교육 환경, 개발에 투입할 수 있는 자원, 개발 일정 등을 고려하여 하위 기능들을 설계해야 한다. 학생 개인별 학습 자료 배포, 학생 개인별 과제 부과, 학생 개인별 평가와 피드백 등 다양한 개인별 맞춤형 수업 지원을 위한 기능을 펼쳐놓고 시기별로 개발하여 제공한다는 계획을 세울 수 있다.

교육에 적용할 기술의 개발: 장기적 방향성하에 세부 목표 설정

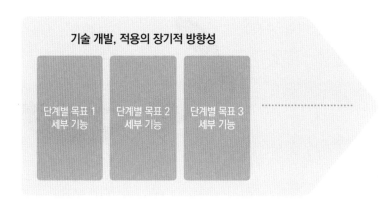

단계별 목표를 정할 때는 학교 현장의 환경을 면밀히 검토해야 한다. 해당 기술을 실현할 수 있는 환경이 갖춰져 있는지 확인하고, 그에 맞춰 계획을 세워야 한다. 디지털 교과서를 보급하려면 하나의 교실에서 30명 정도의 학생이 동시에 접속한다는 가정이 필요하고, 학교 전체를 생각할 때 최대 동시 접속 인원을 고려한 인터넷 환경을 갖춰야 한다. 또한 학생들이 개별적으로 사용할 수 있는 스마트 기기도 보급을 완료해야 한다. 이런 학교 환경의 개선과 함께 장기적 방향성

을 더 구체적으로 실현할 수 있는 세부 기능이 지속적으로 개발·적용되는 형태가 학교를 위한 기술을 개발하고 적용하는 이상적인 목표 수립의 예라고 할 수 있다.

누가 요구 사항을 정의하는가?

2013년, 구글이 구글 글래스 Google Glass를 야심 차게 발표했다. 안경 형태의 제품으로 눈앞에 다양한 정보를 표시해줬고, 사용자 주변을 촬영할 수 있었다. 개발자 및 얼리어답터들을 대상으로 약 1,500 달러에 판매됐다. 하지만 발

야심 차게 출시했으나 결국 단종된 구글 글래스

표 당시 엄청난 화제를 모았던 것이 무색하게 결국 의미 있는 판매량을 올리지 못했고, 2015년 단종되고 말았다. 구글 글래스의 실패 원인으로는 배터리 시간과 발열 등 기술적 한계, 몰래 촬영할 수 있는 카메라가 부착됐다는 점에서 사생활 침해 논란 등이 거론된다.

기술적 한계, 사생활 침해 논란과 더불어 구글 글래스가 단종된 가장 중요한 이유는 사용자 기능 정의의 실패였다. 사용자에게 어필한 기능이 충분히 매력적이지 못했던 것이다. 날씨, 길찾기 등 정보 표시 기능, 영상 통화 기능, 음성명령 기능 등을 제공했으나 개발자가

아닌 일반 사용자는 1,500달러가 넘는 안경을 써야 할 특별한 이유를 찾지 못했다.

교육을 위한 기술을 개발하고 적용할 때, 방향성 정립이 끝난 후에는 단계별 세부 기능을 정의해야 한다. 세부 기능 정의는 사용자들의 필요를 채워줄 수 있는 직접적인 기능을 정하는 과정으로, 기술 개발 과정의 핵심이다. 세부 기능 정의가 잘못되면 이후 개발 과정이 아무리 잘 진행된다고 해도 사용자의 선택을 받지 못한다. 구글 글래스의 예처럼, 최첨단 기술을 적용한 혁신적인 제품이라도 사용자가 매력을 느끼고 기꺼이 낯선 제품이나 서비스를 사용하도록 유인책을 제공하지 못하면 그 기술은 실패할 수밖에 없다. 교육에 사용될 제품이나 서비스의 세부 기능을 정의하기 위해서는 기업의 기술 적용 과정처럼 양질의 컨설팅이 필요하다. 교육 현장의 환경을 잘 파악하고 있으며, 미래 교육의 방향성 또한 잘 이해하고 있는 인력으로 컨설팅팀이 꾸려져야 한다.

우리나라에서는 그동안 교육에 필요한 기술을 개발하고 적용하는 일을 한국교육학술정보원KERIS에서 주도해왔다. 학교 현장에서 사용할 기술적 도구를 개발할 때는 업계 관계자, 관련 학과 교수 및 교사 등이 자문단에 참여하여 기능을 정의하는 것으로 알려져 있다. 그렇다면 누구의 의견이 가장 중요할까? 당연하게도 자문단에 참여하는 모든 사람의 의견에 귀를 기울이고 하나하나 면밀히 검토해야 하지만, 그중에서도 현장 교사의 의견을 가장 비중 있게 반영해야 한다.

세부 기능을 정의할 때 필수 참여자와 각각의 비중

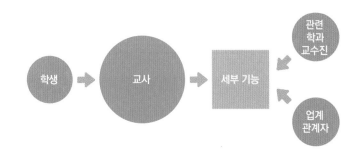

교육에 적용되는 기술적 도구를 개발할 때는 무엇보다 수업이 이뤄지는 교실 현장의 상황을 최대한 반영할 수 있어야 한다. 수업은 교사와 학생의 상호작용으로 이뤄진다. 사람이 다른 사람을 가르치고 긍정적인 변화를 유도하는 과정을 수업이라고 한다면, 그 복잡하고 미묘한 상호작용은 당사자가 아니면 이해하기 어렵다.

수업의 주체 중 하나인 학생들의 의견을 반영하는 것도 매우 중요하다. 학생 입장에서 새롭게 개발되고 적용되는 도구를 바라보고 기능을 정의하는 부분이 반드시 필요하다. 다만 현실적으로 학생들이 직접 자문단에 참여하기는 쉽지 않다. 학생의 의견을 듣거나, 학생의 수업 행태에서 드러나는 특징을 관찰하여 세부 기능 정의에 반영하는 것이 바람직하다. 이런 역할도 교사가 가장 잘 수행할 수 있다. 또한 학생들이 의견을 제시했을 때 그 의견을 그대로 수용하기보다는 교육적 방향성이라는 틀로 한 번 걸러서 개발에 반영해야 한다.

수업에 사용되는 기술적 도구가 현장에 성공적으로 안착하기 위해서는 누구보다 교사와 학생의 지지가 필요하다. 주 사용자들의 필요를 채울 수 있어야 한다. 그간 교육 현장에 적용된 기술적 도구들은 개발 과정에서 교사의 목소리가 충분히 반영되지 못했다. 세부 기능을 정의하는 과정에 누구보다 주요한 사용자가 될 교사의 많은 참여가 보장돼야 한다. 교육을 위한 어떤 기술적 도구도 교사와 학생의 호응을 얻지 못하면 교실에서 사용되지 않는다. 단지 몇 개 학교에 보급됐다는 통계적 숫자가 아니라 실제 수업에서 활용되고 교육에 도움이 되려면, 교사와 학생의 의견이 충실하게 반영돼야 한다.

초기 버전의 완성도

기업의 기술 개발 및 적용 과정에서 봤듯이 세부 기능 정의가 끝나고 1차로 개발이 완료되면, 시범 적용 대상을 정하고 베타 버전의 시범 적용을 시작한다. 개념적으로만 정의했던 기능들이 실제 현실에서 잘 적용되는지 구현에는 문제가 없는지 살피는 단계다. 실제 적용해보면 미처 고려하지 못했던 부분이 드러나기도 하고, 개발 오류가 발견되기도 한다. 기업에서 이런 베타 버전 적용 대상은 문제 발생 시 현업의 부담이 가장 적으면서도 다양한 기능을 테스트할 수 있는 부서를 선정한다. 때로는 해당 프로젝트를 위해 다양한 부서에서 모인 TF팀을 대상으로 먼저 오픈하여 테스트를 진행하기도 한다. TF팀을 통해 기능 테스트를 하면 현업 부서의 업무에 지장을 주지 않을 수 있으므로 초기 버전의 완성도를 높이는 데 유리하다.

학교는 어떨까? 수업 관리 시스템이 만들어져서 베타 버전이 오픈된다면 어떻게 기능을 테스트할 수 있을까? 학교와 기업의 차이가 여기에서 발생한다. 기업은 테스트베드를 만들어서라도 기능을 점검할 수 있지만 학교에서는 불가능하다. 시범학교, 선도학교 등으로 선정되는 학교에서 진행되는 수업이라고 하더라도 그 역시 교사나 학생들에게 다시 돌아오지 않을 중요한 순간들이기 때문이다. 실제로 학교에, 수업에 적용되는 순간 베타 버전이 아닌 것이다.

따라서 교육에 적용되는 모든 기술적 도구는 초기 버전, 베타 버전이 없는 것이나 마찬가지다. 학교에 적용되는 그 순간부터 높은 완성도를 보장해야 한다. 에듀테크로 불리는 사업 분야에 참여하는 모든 기업도 유념해야 하는 부분이다. 수업에 적용되는 도구들이 오류나 고장을 일으키면 곧바로 수업에 지장을 초래하므로, 교육적 목적을 달성하도록 지원하는 조력자가 아니라 걸림돌로 전락하게 된다. 다시 한번 강조하지만, 교육에 사용되는 모든 기술적 도구는 학교에 적용되는 순간부터 높은 완성도를 보장해야 한다.

하드웨어 제품들은 공장에서 출하되는 시점에 출하 검사를 통해 불량품을 걸러낸다. 교육에 활용되는 하드웨어는 DOA Dead On Arrival라고 불리는 초기 불량률이 1% 미만이어야 정상이라고 볼 수 있다. 즉, 제품을 박스에서 꺼낼 때 확인되는 불량 제품이 100대당 1대를 넘으면 초기 불량률이 높다고 할 수 있다. 대부분 1년을 제공하는 제품 보증 기간에는 사용자의 과실이 아닌 자연적인 사용에 따른 고장 발생률이 3% 이내로 억제돼야 교육적 사용성에 적합한 제품이라고 할 수

있다.°

그렇다면 어떻게 해야 소프트웨어의 초기 완성도를 높일 수 있을까? 시뮬레이터, 디지털트윈을 활용하여 실제 학교 수업 현장과 최대한 유사한 가상 환경을 구축하여 지속적인 테스트를 진행하는 방법이 있다. 시뮬레이션 시나리오를 작성할 때도 교사의 역할이 중요하다. 현실의 교실 수업 환경과 얼마나 똑같이 만들 수 있느냐가 핵심이기 때문이다.

가상 환경을 활용한 테스트가 완료되면 실제 물리적 환경에 시험적용을 해야 한다. 실제 학교 수업 환경과 유사하면서 교육의 주체가되는 교사들의 피드백을 받을 수 있는 곳은 어디일까? 각 시·도 교육청이 운영하는 교육 연수원을 들 수 있다. 교사들을 대상으로 1년 내내 온라인, 오프라인으로 다양한 연수가 진행된다. 반별 교육과정이진행되는 경우가 대부분이고 조별 과제 등 교사가 학생의 위치에서연수를 받기 때문에 교사가 학생의 관점에서 사용성을 검증해볼 수있다. 교육 연수원 강사는 대부분 현직 교사이므로 교사의 관점에서도 직접 사용해보고 피드백을 얻을 수 있다. 오류가 발생하더라도 교사들을 대상으로 하는 수업이므로 빠르게 대처할 수 있다. 교육용 기술에 이보다 더 좋은 테스트베드가 있을까?

○ 지난 10년간 크롬북 학교 A/S 신청 통계를 바탕으로 제시한 숫자이며, 제품에 따라 약간의 차이를 보일 수 있음.

교육용 기술적 도구의 초기 완성도를 높이기 위한 프로세스

초기버전 개발완료· 보완개발 → 시뮬레이션 (디지털 트윈) → 1차 물리적 환경 적용 (교육연수원) → 시범학교 적용 → 확대 적용

가상 환경에서의 시뮬레이션으로 완성도를 최대한 높이고, 1차로 교육 연수원을 통해 교사들을 대상으로 서비스를 오픈해보고, 시범 학교를 선정하여 최종 점검을 마친 후 확대 적용하는 방식이 바람직하다. 이 과정을 따른다면 새로운 기술적 도구를 학교 현장에 적용하는 데서 오는 혼란을 최소화할 수 있을 것이다. 교육에 새로운 기술적 도구를 적용하는 이유는 교육을 돕기 위해서다. 새로운 도구를 적용하는 것 자체가 목적이 아니다. 그러므로 새로운 도구를 적용하는 과정에서 오는 교육 현장의 혼란을 최소화해야 한다. 먼저 가는 것보다 바른길로 가는 것이 중요하다. 교육에 적용되는 기술적 도구의 완성도가 높아야 하는 이유다.

시범 적용 대상 선정과 운영

SW 교육 선도학교, 디지털 교과서 선도학교, 온라인 콘텐츠 활용 교과서 선도학교 등 새로운 기술적 도구가 교육 현장에 도입될 때마다 많은 선도학교가 탄생했다. 선도학교를 만들고 선도교원을 양성함으로써 새로운 도구가 넓게 퍼져 나가기를 의도했다. 하지만 지금까지 다양한 선도학교 사업을 살펴보면 명목상의 선도학교, 선도교원으로 그치고만 사례가 많은 듯하다. 선도학교 선정 후 새로운 기술적 도구가 학교에 완전히 자리 잡지 못하고, 결과 보고서 작성으로 끝나버린 경우를 자주 목격했다. 교육을 위한 새로운 기술적 도구가 학교에 안착하려면 선도학교와 같

2023년 6월 개최된 AI 디지털교과서 적용 시연 회견. 한국교육학술정보원 관계자가 'AI 똑똑수학탐험대'를 시연하고 있다. ⓒ연합뉴스

은 시범 적용 대상 학교에 성공적으로 안착시키는 것이 매우 중요하다. 초기 도입 학교에서 긍정적인 반응을 끌어냄과 함께 보완할 사항을 효과적으로 알아내야 장기적으로 그 도구가 전국의 학교에서 활용될 수 있다.

시범 적용 대상 학교는 시범 적용의 목적을 살릴 수 있도록 선정돼야 한다. 어떤 기술적 도구를 위한 시범 적용이냐에 따라 달라질 수 있겠으나, 일반적으로 시범학교는 향후 확대 적용이 예정된 학교

들을 대표할 수 있어야 한다. 초·중·고 학교급별, 사립·공립 유형별로 적절한 수가 선정돼야 하며, 그중에서도 고등학교는 일반고·자율형사립고·특목고·특성화고 등 형태가 고려돼야 한다. 물론 지역별로도 고르게 분포되도록 유도하는 것이 바람직하다. 전체 학교의 표본이 되는 시범 적용 학교들이 충분한 대표성을 가지고 있어야 시범 적용을 통해 새롭게 개발된 기능을 확인할 수 있고, 향후 확산의 거점이 될 수 있다.

시범 적용 학교가 선정됐으면 선정된 학교를 대상으로 실제적인 지원이 이뤄져야 한다. 지금까지 진행돼온 선도학교 사업은 예산 지원, 선도교사 연수 지원이 주를 이뤘다. 여기에 더해 반드시 포함돼야 하는 지원이 있다. 바로 전 교사 대상 연수다. 학교당 한두 명의 선도교사만 연수를 받아서는 해당 학교에 새로운 기술이 안착되기 어렵다. 선도교사가 연수를 받은 후 학교로 돌아가 전파 연수를 함으로써 자기 학교의 활용도를 끌어올리리라고 기대하기는 힘들다. 선도교사가 새로운 기술적 도구를 능숙하게 받아들일 시간이 필요하기도 하지만, 동료 교사를 설득하는 책임까지 맡기에는 현실의 벽이 너무 높다.

2016년 크롬북이라는 새로운 기술적 도구를 국내에 출시하고 학교에 소개하기 시작했다. 도입 초기에 가장 심혈을 기울인 것은 교사를 대상으로 하는 연수였다. 단순히 학교에 보급만 하고 끝나는 것이 아니라 교사들이 제대로 사용하고 그에 대한 긍정적인 피드백이 있어야 확산될 수 있다고 굳게 믿었다. 크롬북이 도입된 학교에 직접 찾아가 처음 로그인부터 앱 활용, 학생 통제, 수업 활용 등 학교에서 활용할 수 있는 전반적인 기능을 설명하고 함께 사용해보면서 실습을 진행했다. 교사 연수 이후에도 헬프데스크를 운영해 교사가 수업에 활용하는 과정을 실시간으로 지원할 수 있도록 만전을 기했다.

그런 일들을 하는 동안, 학교 내에서 기술이 어떻게 퍼져 나가는지를 알게 됐다. 전 교사 대상 연수를 진행하고 나면 열정을 가지고 본인 수업에 적용하시는 선생님들이 등장했다. 그분들의 초기 적용 과정이 매우 중요했다. 누가 시키지 않았지만 열정을 가지고 노력하시는 분들을 잘 도울 수 있어야 했다. 그분들이 실패하면 그 학교에서는 희망이 사라지는 것이다. 초기 몇몇 선생님이 잘 활용하면 교내에 전파되는 시기로 넘어간다. 초기 선도교사의 수업 사례가 전파되면서 관심이 없던 다른 교사들의 호기심과 사용 동기를 자극할 수 있어야 한다. 이때는 학교 관리자의 역할도 중요하다. 교내 전파 연수 등을 통해 새로운 기술적 도구의 도입과 사용을 적극 장려하는 노력이 필요하다. 학교 관리자의 관심과 노력의 차이가 새로운 기술이 해당 학교에서 얼마나 안정적으로 자리를 잡느냐를 결정한다.

그렇다고 시범 적용 학교의 선도교사들에게 너무 많은 짐을 지워선 안 된다. 선도교사단이 아니라 대부분 교사가 새로운 도구를 사용하는 진정한 선도학교를 하나씩 늘려가는 데 중점을 두어야 한다. 현재처럼 선도교사를 중심으로 하는 전파 전략은 언뜻 선도학교 중심의 전략보다 확산에 걸리는 시간이 절약될 것처럼 보이지만, 실제로는 그렇지 않다. 하나의 학교가 제대로 서지 못하면 새로운 기술적 도구는 온전히 검증될 수 없고, 따라서 전파되지도 않는다. 교육계에서

변화 관리 툴 중 하나인 PDCA 사이클

가장 강력한 단위 조직인 학교 단위로 전파가 일어나도록 전략을 수정할 필요가 있다.

학교 단위로 기술이 원활히 적용되게 하려면 시범학교(선도학교) 신청 시점부터 내부 구성원들의 합의가 필요하다. 단지 추가적인 예산이나 물리적 지원을 받기 위해서가 아니라 해당 사업을 통해 학교에 적용하고자 하는 새로운 기술적 도구를 이해하고, 이를 통해 수업을 개선하고자 하는 공통된 의지가 있어야 한다. 교육 당국은 시범 적용 대상 학교에 인센티브를 제공함으로써 교사들이 초기 현장 적용의 어려움을 감수할 수 있도록 도와야 한다.

기업에서는 새로운 IT 시스템을 오픈하거나 일하는 방식이 변경되면 '변화 관리' 프로젝트를 가동한다. 새로운 기술적 요소를 빠르게 조직 내로 전파하고, 그 기술을 활용함으로써 일하는 문화를 새롭게 만들어나가는 과정을 치밀하게 설계한다. 오래전 SK텔레콤 모바일 오피스 개발 및 적용 프로젝트에 참여했다. 스마트폰의 본격적인 보급과 함께 스마트폰에서 업무를 처리할 수 있는 앱이 개발됐고, 이를 SK텔레콤 전 직원이 받아들이고 사용할 수 있도록 변화 관리가 시작됐다. 가장 먼저 직원들에게 '어디 한번 써볼까?' 하는 마음이 들도록 동기를 유발해야 했다. 새로 개발된 모바일 오피스의 기능을 재미있는 웹툰으로 제작해 매주 직원들에게 공개했다. 웹툰의 조회수는 빠르게 올라갔고, 모바일 오피스가 알려지고 정착하는 데 첨병 역할을 했다. 이후에도 기능 문의, 장애 처리를 위한 헬프데스크 운영 등 새로운 도구를 사용하는 데 불편함이 없도록 다양한 지원책을 준비했다.

학교의 변화는 기업의 변화보다 더 어렵다. 기업은 생존과 성장이라는 절체절명의 대전제를 안고 항상 변화를 추구한다. 반면 학교는 변화와 성장보다 안정과 공정이라는 가치를 더 중요하게 여겨왔다. 지난 100여 년간 유지됐던 가르치고 배우는 방식이 이제 기술을 통해 변화하려는 시작점에 서 있다. 좋은 기술적 도구를 만드는 것 못지 않게 교육의 변화, 학교의 변화를 세밀하게 계획하고 시행하지 않으면 오랫동안 굳어 있었던 변화의 근육이 풀리기는 어렵다. 조직적 위계에 의한 압력이나 지시보다는 각 교육 주체가 이해하고 서로 협력해야 새로운 기술이 교육에 정착될 수 있다. 특히 수업의 주체가 되는 교사들의 자발적이고 적극적인 참여를 끌어내는 교육 당국의 지혜가 요구된다.

평가와 개선

선도학교(시범학교)에 새로운 기술적 도구를 적용하는 목적은 명확하다. 오류·문제점·개선점을 파악하는 것이 첫 번째이고, 확산 거점을 확보하는 것이 두 번째다. 시범학교가 선정되고 적용이 시작된 이후에는 평가와 개선이 함께 이뤄져야 한다. 선도학교 결과보고서만으로는 시범 적용 중에 학교에서 발생하는 다양한 상황을 모두 이해하기 어렵고, 개선 방향도 빠르게 도출할 수 없다.

시범 적용의 목적을 달성하기 위해, 교사들이 참여하는 커뮤니티를 조직하는 것이 바람직하다. 선도교사 전체 연수를 진행할 때 지역별로 오프라인 모임을 열 수 있는 커뮤니티를 조직하고, 정기적으로 교류가 이뤄지도록 독려해야 한다. 지역별 커뮤니티를 통해 새로운 기술적 도구를 처음 적용하는 과정에서 발생하는 어려움을 공유하고, 해결책을 함께 고민해볼 수 있다. 함께 논의하는 과정에서 발전적인 개선책이 도출될 가능성도 커진다.

2019년 서울시교육청은 혁신학교를 대상으로 미래형 환경 구축 사업을 실시했다. 총 82개의 혁신학교를 대상으로 이뤄진 무선 와이파이, 스마트단말기, 충전함 등을 보급하는 사업이었다. 이때 사업을 담당했던 장학사가 온라인 모임을 만들어 각 학교 담당 선생님들을 초대했다. 그 모임에서 선생님들의 다양한 의견이 나왔다. 선생님들의 의견을 참고하여 스마트 기기를 공급하는 업체별로 장단점을 파악할 수 있는 설명회가 진행됐다. 이후에도 온라인상에서는 사업 진행을 위한 선생님들의 질문과 답변이 이어졌다. 스마트 기기나 무선 와이파이 등에 해박한 지식을 가졌거나, 경험이 많은 선생님이 정보 공유와 답변에 적극적으로 참여했다.

새로운 기술적 도구는 평가와 개선에도 이런 교사들의 커뮤니티 조직과 운영이 큰 역할을 할 것으로 기대된다. 교사들은 업무의 동질성이 높고, 전근이나 집합 연수 등을 통해 학교 간 교류도 활발한 편이므로 커뮤니티 운영이 더욱 효과적일 수 있다.

　새로운 기술적 도구를 교사와 학생이 실제로 수업에서 사용하면서 평가를 진행해야 한다. 이때 어떤 측면을 중점적으로 확인해야 할까?

　첫 번째, 교사와 학생이 해당 도구를 사용하는 데 들어가는 노력과 시간이다. 처음으로 새로운 기술적 도구를 수업에 활용하려면 준비가 필요하다. 먼저 교사가 사용법을 알아야 한다. 선도교사 연수 등을 통해 사용법을 익혔더라도 막상 자신의 수업에서 사용하려면 미리 연습해봐야 한다. 그다음에는 학생들과 사용할 수 있는 환경이 구축됐는지 확인해야 한다. 스마트 기기라면 학생들이 사용할 아이디, 로그인 계정, 제품 충전 상태 등을 꼽을 수 있다. 소프트웨어라면 학생들이 사용할 스마트 기기에서 어떻게 사용할 수 있는지 체크해야 한다. 설치형인지 웹에 접속하는 형태인지 파악한 후, 설치형이라면 소프트웨어 관리 도구를 통해 학생들 기기에 미리 일괄 설치해두어야 한다. 이렇게 사용 준비가 되면 수업 진행 시나리오를 확인한다. 학생들에게는 별도로 사용 방법을 교육할 시간이 없으므로 수업을 진행하면서 사용법을 알려주게 되는데, 이때 특별한 어려움이 발생하지는 않는지도 확인해야 한다.

　적용 과정에 드는 시간과 노력을 교사와 학생이 감당할 수 있어야 교실에서 사용될 수 있다. 초기 적용 과정 자체가 복잡하고 어렵다면

설치형 플랫폼 '클라우드스쿨' 화면

그런 도구는 꾸준히 사용되기 힘들다.

두 번째, 실제 수업이 원활하게 진행되는가 하는 점이다. 수업은 시간 제약이 명확하고, 일관된 흐름이 중요하므로 교사와 학생이 사용하는 기능 수행 속도가 일정 수준 이상이 되어야 한다. 초기 버전의 완성도가 높고 기능의 오류가 치명적이지 않다는 전제하에 모든 기능이 쉽고 빠르게 동작돼야 한다. 도구의 사용이 오히려 수업의 진행을 늦추거나 방해한다면 사용할 이유가 없지 않겠는가.

세 번째, 해당 도구가 수업에 더해주는 가치가 명확한가 하는 점이다. 새로운 수업 관리 도구를 사용한다면 교사가 수업 관리에 들어가는 노력이 이전보다 줄어야 하고 학생들의 새로운 데이터가 쌓여야 한다. 예컨대 맞춤형 수학 문제 앱을 사용한다면, 이전에는 할 수 없었던 학생 개인별 수준에 맞는 문제를 제공할 수 있어야 한다. 측정의 잣대로 가장 많이 언급되는 것이 학생들의 실력 향상이다. 학생들의 실력 향상은 결국 시험 점수로 드러날 수밖에 없는데, 이는 장기간에 걸쳐 관찰돼야 하는 지표이며 배타적으로 특정 원인을 지목하기 힘들다. 따라서 기술적 도구의 시범 적용이 주는 가치로 학생들의 실력 변화를 언급하는 것은 적절치 않다. 단기적으로도 교사와 학생이 피부로 느낄 수 있는 명확한 장점이 존재해야 한다. 그래야 생소함을 극복하고 지속적으로 사용할 수 있다.

이런 세 가지 관점에서 평가가 이뤄지고, 교사와 학생들의 개선에 관한 의견이 활발하게 제기돼야 시범 적용이 효과적이라고 할 수 있다. 선도학교 사업이 끝나고 교육청에 제출된 선생님들의 결과보고서를 본 적이 있다. 보고서를 한 장 한 장 넘기면서 무척 놀랐다. 많은 내용을 담고 있었고, 한눈에 봐도 엄청난 시간과 노력이 들어간 보고서였다. 그렇지만 아쉽게도 선도학교 사업의 성패는 선생님들의 결과보고서로 드러나지 않는다. 새로운 기술적 도구에 대한 최종적인 평가는 다음의 두 가지 질문에 대한 답으로 측정된다.

- 앞으로 계속해서 사용할 것인가?
- 동료 교사에게 추천할 것인가?

교육 당국에서도 새로운 기술적 도구를 학교에 시범 적용할 때는 좀 더 열린 마음을 가져야 한다. 학교 현장의 혼란을 최소화하기 위해 기능 자체의 오류를 최소화함과 동시에 기능 개선에 대해서는 시범 적용 학교 교사들의 피드백을 적극 수용하겠다는 자세가 필요하다. 전국 학교에 적용해야 한다는 일정에 쫓겨 시범학교, 선도학교를 형식적으로 운영해서는 안 된다.

확대 적용

앞서도 잠깐 언급했듯이, LG전자 이동통신연구소에서 연구원으로 직장 생활을 시작했다. 이동통신 시스템에 들어가는 소프트웨어를 개발하는 조직이었다. 휴대전화는 항상 근처의 기지국과 연결돼 있고, 기지국을 포함한 이동통신 시스템은 전국망으로 연결돼 있다. 이동통신 시스템은 일분일초도 예외 없이 늘 안정적으로 동작해야 한다. 그래서 새로운 소프트웨어를 적용할 때는 안정성을 충분히 검증한 후, 사용자가 적은 지역부터 시범적으로 적용한다. 기능 오류나 이상한 점이 조금이라도 발견되면 소프트웨어는 이전 버전으로 바로 복원된다. 시험 적용에서 문제가 발견되지 않으면, 적용 지역을 순차적으로 확대한다. 이런 과정을 거치기에 전국 이동통신 시스템에 새로운 소프트웨어가 적용되는 데는 적지 않은 시간이 소요된다. 기능 이상을 처리하는 긴급 소프트웨어 패치가 아닌 이상 충분한 시간을 두고 순차적 적용을 통해 안정성을 확보한다.

시범학교나 선도학교에 우선 적용해 새로운 기술적 도구의 기능과 오류를 검증하고 피드백을 통한 개선 작업이 끝나면 확대 적용이 시작된다. 확대 적용을 실시한다는 의미는 학교 현장에서 새로운 기술적 도구의 효용성과 운용의 편리성이 검증됐음을 뜻한다. 그렇지 않은 상태에서 확대 적용이 시작되면 오히려 현장의 반발과 부정적인 의견이 형성돼 확산에 결정적인 걸림돌이 되고 만다.

확대 적용 시에도 한 번에 전국의 모든 학교를 대상으로 오픈하는 것보다는 순차적인 적용이 이뤄지도록 세밀하게 계획을 세우는 것이 좋다. 2차, 3차 시범 적용의 개념으로 학교를 늘려가면서 학교별로 성공적으로 정착되도록 지속적인 지원이 이뤄져야 한다. 앞서 언급한 학교 단위 전 교사 연수 지원, 헬프데스크 운영이 더 강화돼야 한다.

확대 적용이 이뤄지는 시점에서는 정책적 지원과 홍보가 중요해진다. 변화 관리가 필요하다는 뜻이다. 교사가 새로운 기술적 도구를 사용하는 노력을 기꺼이 감수하고 거부감을 지울 수 있도록 교육 당국이 지원해야 한다. 이 시점에는 1차 시범 적용 이후 만들어진 결과물을 적극적으로 활용해야 한다. 교사와 학생들에게 나타난 긍정적인 영향, 구체적이고 실제적인 수업 사례 등을 자료집으로 만들어 배포하는 것도 좋은 방법이다.

새로운 기술적 도구를 전국적으로 확대해나가는 과정은 '일사불란', '동시 적용', '기한 내에' 같은 표현과 거리가 멀어야 한다. 교육의 안정성을 유지하기 위해서 순차적이고, 점진적인 확대가 바람직하다. 교육은 이동통신 시스템보다 더 중요한 국가의 근간이다. 안정성, 신뢰성, 효용성, 운영의 편리함이 충분히 검증된 후에 확산 적용이 이뤄져야 한다.

민간 기업에서 만들어진 기술적 도구의 적용

지금까지 교육 당국이 중심이 되어 학교 현장에 필요한 기술적 도구를 개발하고 적용하는 절차를 살펴봤다. 교육부나 교육청 등이 주도하여 개발·보급하는 기술적 도구들은 수업 관리 도구나 교과서와 같이 수업의 기본이 되고 근간을 이루는 것들이 대부분이다.

교육 당국 주도의 인프라 성격을 가지는 도구들과 별개로, 지금까지와는 비교할 수 없을 정도로 많은 기술적 도구가 만들어져 교육 시장 진입을 시도할 것이다. 민간 기업이 주도할 버티컬 앱Vertical App이나 스마트 기기, 전자칠판, 프로젝터, 3D 프린터 등이 그 예다. 1970년대부터 기업의 IT 시장이 열린 것처럼 교육 시장은 관련 기업들에 미래를 약속하는 새로운 시장으로 떠오르고 있다. 기업들은 미래 세대인 학생들의 지지를 받을 때 브랜드 이미지 제고 및 장기적 고객 확보가 가능하다고 판단한다.

앞으로 민간 기업에서 쏟아져 나올 교육을 위한 기술적 도구는 학교에 어떻게 적용될까?

어떤 기업에서 영어 독해 지문을 학생 수준별로 제시하고 새로운 단어를 외우게 하는 기능까지 탑재한 앱을 개발한다고 가정해보자. 개발부터 교실에 적용하기까지 대략 다음과 같은 단계를 거친다. 우선 기능 정의, 검증, 개선 등 모든 절차를 기업이 자체적으로 수행하여 개발을 진행한다. 개발이 완료되면 기업은 교육청, 교사들을 대상

○ 특정 니즈를 가진 고객들을 대상으로 하는 앱. 범용적인 '수평적 앱'에 대비되는 개념이다.

으로 홍보하고 영업을 진행한다. 일부 교사에게 무료 사용 권한을 부여하고 사용법에 관한 연수를 제공한다. 초기에 사용해본 교사들을 중심으로 긍정적인 반응이 나온다. 지역별 영어 교사 모임을 중심으로 입소문을 타기 시작한다. 교육청 담당자에게도 이야기가 전해지고, 교육청 예산을 투입하여 더 많은 학교에 해당 앱 사용권을 배포할 것인지 논의가 시작된다.

지금까지는 교육에 적용되는 앱이나 도구의 종류가 많지 않았고, 선택지도 다양하지 않았으므로 이런 접근이 가능했다. 그런데 1인 1기기 보급이 완성되고, 교육의 디지털 전환이 본격적으로 진행되면 학교는 수많은 민간 기업의 영업 대상이 될 가능성이 매우 크다. 그런데 시범 사업이나 선도학교 사업을 담당했던 많은 선생님을 만나면서 그분들이 무척 피하고 싶어 하는 일 중 하나가 영업 전화를 받거나 홍보 우편물을 받는 일임을 알게 됐다. 선택지에 대한 세부적인 정보가 필요하긴 하지만, 그것은 어디까지나 본인이 원하는 시점에 얻을 수 있으면 된다.

민간 기업이 개발한 기술적 도구들은 시범학교, 선도학교 등의 현장 검증 과정을 별도로 거치기 어렵다. 기업이 스스로 정한 절차에 따라 검증 작업이 이뤄지므로 기업 역량에 따라 품질의 편차가 크다. 그렇기에 학교는 더욱 신중히 선택해야 한다. 교사들이 필요해서 기업의 담당자와 미팅을 하고 기능 설명을 듣고 확인하는 과정은 얼마든지 허용돼야 하고 장려돼야 한다. 다만 그 선택권은 교사들에게 있어야 한다. 학교가 기업 영업의 현장이 되어선 안 된다. 앞으로 쏟아져 나올 민간 기업의 교육을 위한 기술적 도구들을 학교에 효과적으로 소개하고 선택을 돕는 데 교육 당국이 일정 부분 역할을 담당해야 한다.

먼저 교육용 앱을 모아놓은 앱 장터를 생각해볼 수 있다. 앱의 안정성, 유해성, 사후지원 조건 등 수업에 사용하기 위한 기본 조건을 충족한 앱들을 인증하고 등록할 수 있도록 허용한다. 이때 중요한 것은 앱의 등록을 자동화하는 것이다. 사람의 개입을 최소화해야 공정성을 확보하고 소요 시간을 단축할 수 있다. 안정성·유해성·사후지원 등 수업 적용 전에 반드시 검증돼야 하는 필수 요건을 최소한으로 규정하고, 인공지능 소프트웨어를 활용하여 일관되고 빠르게 심사가 이뤄지도록 해야 한다. 또한 교육용 앱 장터에 등록된 앱만 학교가 구매할 수 있는 정책이 실시돼서는 안 된다. 교육용 앱 장터를 통한 앱 구매와 학교가 자율적으로 구매할 방법을 모두 허용해야 학교의 자율성을 보장하면서 앱 선택에 드는 노력을 줄일 수 있다.

두 번째로 교육부, 각 시·도 교육청이 버티컬 앱을 포함하는 기술적 도구를 잘 활용한 수업 사례를 지속적으로 발굴하여 전파해야 한다. 다른 누구보다 동료 교사의 경험과 추천 정보가 새로운 기술적 도구 선택에 큰 영향을 미칠 수 있다. 전국 교사들이 수업 사례를 공유할 수 있는 온라인 공간을 만들고 교사들이 자신의 수업 사례를 자발적으로 공유하도록 유도한다면, 전국 학교에서 사용되는 다양한 기술적 도구들에 관한 정보도 함께 공유될 수 있을 것이다.

교육을 위한 기술적 도구는 사용 환경이 제한적이면서 목적이 명확하다. 생각하기에 따라서는 개발 주체가 모든 요구 사항을 알고 있으리라고 잘못 판단할 수도 있다. 그런 영향 때문인지 지금까지 교육을 위한 기술적 도구를 개발하는 데 사용 주체인 교사의 역할이 크지 않았다. 학생들의 의견도 반영되지 못했다. 교육 당국이든 기업이든, 교육을 위한 새로운 기술적 도구를 만들 때는 보편적인 활용을 기대한다. 사용이 편리하고 효과가 뛰어난 도구는 자연스럽게 확산된다. 그런 기술적 도구를 만들기 위해 가장 먼저 해야 할 일은 사용자의 필요를 정확히 파악하는 것이다. 교사의 의견, 교사의 관찰을 통해 드러나는 학생들의 필요, 교육 당국의 방향성이 조화롭게 녹아들어야 좋은 기술적 도구를 만들 수 있다.

앞서 언급했듯이, 1970년대 후반 출시된 애플Ⅱ 컴퓨터는 비지캘크라는 최초의 스프레드시트 프로그램 덕에 날개를 달게 됐다. 다시 말해, 개인용 컴퓨터의 대중화를 이끈 애플Ⅱ는 비지캘크라는 킬러 앱이 있었기에 쓰임새를 제대로 보여줄 수 있었다. 교육의 디지털 전환이 화두가 될 때마다 안타까운 생각이 든다. 교육의 디지털 전환은 누군가의 의지로 되는 일이 아니다. 억지로 밀어붙여서 되는 일도 아니다. 교육에 도움이 되는 좋은 도구들이 등장하면서 자연스럽게 디지털로 이행할 것이다. 우리가 의도하는 교육의 방향성을 명확히 하고, 그 방향에 맞춰 디지털 전환이 자연스럽게 이뤄지도록 모든 과정을 세밀하게 관리해야 한다. 그래야 '도구'를 주체적으로 사용할 수 있다.

5장

교육에는
여러 주체가 있지만,
기술 선택의
주도권은 교사에게
있어야 한다.

기술의

선택

이제, 기술은
우리 삶의
모든 곳에
존재한다.

교육에 적용할
기술은
신중히 선택해야 한다.

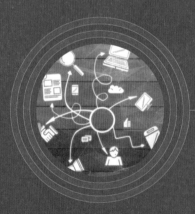

학교의
다양한 사용 환경을
고려해야 한다.

기술 홍수의 시대다. 매년 삼성, 애플 등 휴대전화 제조사들은 경쟁적으로 신제품을 개발하여 발표한다. 신제품 발표 이벤트가 끝나기 무섭게 광고가 쏟아져 나온다. 소비자들의 선택을 받기 위한 노력이 치열하다. 소비자들은 자신이 사용하고 있는 휴대전화와 새롭게 발표된 제품의 차이점을 열심히 비교해본다. 요즘에는 신제품이 발표되자마자 유튜버들이 제품의 특장점을 요모조모 비교해서 잽싸게 영상을 올린다. 유튜브 영상만 잘 살펴봐도 이번 제품을 구매해야 할지 말아야 할지 결정하는 데 많은 도움을 얻을 수 있다. 어쨌든, 선택지가 다양해지면서 성능과 가격을 꼼꼼하게 비교하고 자신에게 맞는 제품을 고르는 것이 꽤 피곤한 일이 되어버렸다.

자동차를 예로 보자면, 보통은 평생에 서너 번 정도 구매하게 된다. 고가의 제품이고, 가족의 안전과도 직결되며, 한번 구매하면 최소 몇 년은 사용하게 되므로 최대한 신중히 결정할 수밖에 없다. 자동차를 구매하기로 마음을 먹으면 일단 어떤 자동차가 자신에게 맞는지 고민을 시작한다. 먼저 이번 자동차 구매에 사용할 수 있는 예산을 정한다. 예산을 정하고 난 후에는 세단과 SUV 중에 어떤 차량이 자신과 가족에게 적합한지 결정한다. 그 후에 선호하는 제조사를 확인한다. 매장에 찾아가서 시승도 해보고 각종 옵션을 선택한다. 우리나라 소비자들은 선호하는 차량이 결정되면 해당 자동차 동호회에 가입하기도 한다. 같은 차량을 이미 운행하고 있는 사람들의 이야기도 들어보고, 혹시라도 치명적인 결함은 없는지 확인한다. 이처럼 자동차를 구매할 때는 계약서에 도장을 찍기까지 수많은 정보를 확인하고 직접 체험해보는 등 고민에 고민을 거듭하는 과정이 이어진다.

교육에 사용되는 기술도 빠른 속도로 선택지가 늘어나고 있다. 학교에는 어느 정도의 속도를 보장하는 인터넷이 들어와야 하는지, 교실에 설치되는 와이파이 공유기는 동시 접속을 몇 명까지 고려해야 하는지, 스마트 기기는 교사용과 학생용이 같아야 하는지 달라야 하는지, 스마트 기기의 운영체제는 어떤 것이 좋은지 등 결정해야 하는 사항이 너무나도 많다.

각 시·도 교육청이 물품 구매 발주 시 요구하는 교육용 스마트 기기의 내구연한은 5~6년이다. 한번 구매하면 5~6년간 사용해야 한다는 뜻이다. 교육용 소프트웨어 플랫폼은 또 어떤가. 애플의 스쿨매니저 School Manager, 구글의 워크스페이스 포 에듀케이션, 마이크로소프트의 팀즈, 우리나라 기업인 네이버의 웨일스페이스까지 다양한 선택지가 있다. 교육용 소프트웨어 플랫폼은 한번 선택하면 교사와 학생이 사용법을 익히고 적응하는 데 일정 정도의 시간이 필요하다. 다시 말해 일단 도입하면 다른 플랫폼으로 변경하기가 쉽지 않다는 뜻이다.

누가 얼마나 치열하게 고민하여 교육에 사용될 기술들을 선택하는가? 교육에 투입되는 예산은 국민의 세금으로, 우리의 다음 세대를 길러내는 데 사용된다. 국가의 어떤 예산과 비교해도 우선순위와 중요성에서 뒤지지 않는다. 또한 한 명의 학생에게 학교에서 보내는 오늘이라는 시간은 다시 돌아오지 않는, 미래를 준비하는 소중한 시간이다. 이런 예산을 사용하고, 이런 시간을 위해 사용되는 기술을 선택하는 데 개인이 자동차를 구매할 때보다 더 신중하고 치열하게 고민하지 않는다면 부끄러운 일이 아닐 수 없다.

01

누가 선택하는가

스마트 기기 보급, 교육청 일괄 구매로 바뀐 속사정

- 우리 학교에서는 김 선생님이 IT를 잘 아시니, 그분이 결정하실 겁니다.
- 아마 교장 선생님이 결정하셔서 말씀해주실 거예요.
- 업체에서 비교 자료를 만들어주면 그대로 진행하면 되죠.

학교에 IT 관련 기자재 구매 예산이 배정되면 물품선정위원회를 열고, 회의에서 제품 규격·경쟁 제품·구매 방식 등을 정하거나 최종 구매 제품을 선정하게 된다. 다만 아쉽게도 물품선정위원회가 실효성 있게 잘 운영되고 있다는 얘기는 거의 들어보지 못했다. 특정 선생님에게 제품 선정을 일임하고, 물품선징위원회를 형식적으로 개최하는 학교들이 흔하다. 일반적으로 교사들은 IT에 대한 지식이나 정보가 부족하다. 여기에 물품선정위원회와 같이 기술을 선택하는 과정을 추가적인 행정 업무로 인식해 기피하기도 한다.

이렇게 물품선정위원회가 형식적으로 흘러가면서 학교와 학생을 위한 최적의 제품이 선정되지 못하는 예가 허다하다. 이와 관련된 잡음도 끊이지 않는다. 학교의 행정실은 최고의 제품을 가장 저렴한 가격으로 구매하는 것에는 큰 관심이 없는 듯하다. 선생님들이 제품을 선정한 후에도 행정실의 비협조로 고생하는 경우를 여러 번 봤다.

"행정실은 주어진 예산을 잡음 없이 잘 사용하는 데만 관심이 있습니다. 나중에 감사 등에서 지적받지 않는 것을 최우선으로 생각하죠."

코로나 이후, 각 시·도 교육청에서 스마트 기기 보급에 대규모 예산을 투입하면서 일어난 변화가 있다. 더 이상 학교로 스마트 기기 구매 예산을 배부하지 않고, 교육청이 대규모로 구매하여 학교에 나눠주는 형태로 전환한 것이다. 이런 대규모 구매가 2022년 후반기부터 전국적으로 시행됐다.

2022년 전반기까지는 여러 가지 사업이 전개되면서 사업별로 선정된 학교에 예산이 배부되는 경우도 많이 있었다. 예산을 받은 학교들은 물품선정위원회를 거쳐 예산을 집행했다. 그러던 것이 2022년 하반기부터는 교육청이 대규모 구매 사업을 통해 사업자를 선정하고 구매된 제품을 학교에 나눠주는 형태가 주를 이루게 됐다. 사업이 이렇게 진행되면, 먼저 각 교육청은 학교에 제품 수요 조사를 위한 공문을 발송한다. 가장 사업 규모가 큰 스마트 기기 보급 사업을 예로 들면, 교육청이 학교로 보내는 공문에는 학교가 선택할 수 있는 기기별 스펙이 제시돼 있다. 대부분 윈도, 안드로이드, 크롬, 웨일, 애플의 아이패드가 선택지로 주어진다. 공문을 받은 학교들은 내부 회의를 거쳐 어떤 운영체제의 기기를 받을 것인지 결정하여 교육청에 회신한다.

서울 도선고등학교 컴퓨터실에 크롬북이 놓여 있다. ⓒ 연합뉴스

이런 대규모 사업 방식은 장단점이 명확하다. 먼저 장점을 보자면, 입찰을 통해 제품을 대규모로 구매하므로 구매 단가가 낮아지는 효과가 있다. 다만, 대규모 입찰에 참여할 수 있는 업체가 한정돼 있으므로 교육지원청별로 조달청을 통해 진행하는 입찰 대비 오히려 구매 단가가 높아질 수도 있다. 학교의 행정 업무가 줄어든다는 것도 또 하나의 명확한 장점이다. 교육청이 모든 과정을 진행하므로 일선 학교는 예산을 배부받아 진행하는 모든 구매 절차를 하지 않아도 된다.

단점도 몇 가지 있다. 첫 번째, 교육청의 선정위원회가 수백억 이상의 사업을 결정할 수 있을 만큼 전문성을 갖추지 못했다는 점이다. 교육청에서는 학교에 수요 조사를 위한 공문을 보내기 전에 운영체제별로 규격을 결정한다. 수백억, 많게는 1,000억 원이 넘는 거액을 집행하는 사업인데도 규격이 불투명하게 선정되는 경우를 여러 번 봤다. 심지어 다른 교육청의 규격을 그대로 복사하여 공문을 만드는 경우도 있었다. 전국 교육청의 스마트 기기를 한국정보화진흥원NIA(현 한국지능정보사회진흥원)에서 위탁받아 일괄 구매하던 시절, 크롬북이 처음으로 후보 기기에 편입돼 규격 작업에 참여한 적이 있다. 그때 정해진 크롬북 중앙처리장치CPU의 규격이 그 후 4년이 넘도록 전국 시·도 교육청에서 한 글자도 변경 없이 그대로 사용됐다.

두 번째, 학교가 원하는 기기를 받을 수 없다는 점이다. 수요 조사를 할 때 운영체제별로 스펙만 결정돼 학교에 통보되고, 학교는 특정 모델을 선택하는 것이 아니라 선호하는 운영체제를 선택하여 교육청으로 회신한다. 교육청에서는 입찰을 통해 공고한 스펙에 맞는 제품을 구매하는데, 이때 어떤 제조사의 어떤 제품이 낙찰돼 학교에 보급될지는 전혀 예상할 수 없다. 최근 진행되는 수백억 단위의 교육청 사업은 운영체제별 제품을 각각 입찰하여 구매하지 않고 통합 입찰로 한 번에 진행한다. 이런 대규모 사업에는 주로 통신사업자들이 규격에 맞게 제안서를 작성하여 입찰에 참여한다. 그런데 아이러니하게도 이때 운영체제별로 어떤 제조사의 어떤 제품을 선택할지 결정하는 주체는 교사도, 학교도, 교육청도 아닌 사업을 제안하는 통신사업자들이 된다. 이들은 교육을 모른다. 학생을 생각하지 않는다. 학교에서 가장 효과적으로 사용될 수 있는 기기를 제안하지 않고, 자신들이 입찰에서 이길 수 있는 기기를 선택한다.

교육청이 정한 규격에 맞는 제품이면 어떤 것이든 상관이 없지 않냐고 생각하는 사람도 있을 것이다. 하지만 그럴 수 있으려면, 교육청이 정하는 규격이 치밀하고 교육 현장의 요구 사항을 제대로 반영한 것이어야 한다. 다음은 2023년 주요 교육청의 스마트 기기 보급 사업 공고에서 밝힌 사업 예산이다.

전북교육청 882억, 대구교육청 299억, 대전교육청 295억, 전남교육청 219억, 서울교육청 546억, 경기도교육청 2,923억.
– 조달청 사업공고 참고

엄청난 금액이 스마트 기기 보급에 사용되고 있다. 어떤 기술을 선택할 것인지를 누가, 어떻게 결정하는가? 금액의 크고 작음과 상관없이, 우리 학생들을 위한 기술을 선택하는 일인 만큼 더 큰 관심과 노력을 기울여야 하지 않을까?

교육을 주도하는 주체는 교사여야 한다

각 시·도 교육청의 스마트 기기 보급 사업이 한창이던 2022년 여름, 교육청 담당자들과 미팅을 하면서 뜻밖의 이야기를 들었다.
"기기 구매 예산을 각 학교로 보내면 민원이 들어옵니다."
왜 교육청에서 일괄 구매를 진행하는지에 대한 답변이었다. 학교로 예산을 배부하여 스마트 기기 구매를 진행하려고 했더니 교사들의 민원이 들어와서 그렇게 하지 못했다고 했다. 순간 '아…!' 하는 탄식이 절로 나왔다. 선생님들의 입장이 충분히 이해되면서도 안타까웠기 때문이다.

현재 우리나라 학교에는 기술을 전담하는 별도의 인원이 없다. 주로 '젊은 남자 김 선생님'들이 학교 IT 관련 업무를 맡고 있다. 정보부장의 역할을 맡거나 정보부에 소속돼 학교 IT 관련 각종 업무를 전담하는 것이다. 이런 상황에서 억 단위의 예산이 학교에 배부되면 물품선정위원회를 개최해야 하고, 입찰을 진행해야 하며, 추후 공정성 시비에 휘말릴 가능성까지 있으니 어느 교사가 예산 배부를 반기겠는가.

그럼에도 만나는 선생님들께는 현실의 어려움을 극복할 방법을 계속해서 찾아가면서 예산집행의 권한을, 기술 선택의 권한을 꼭 행사하시라고 말씀드린다. 우리 학교에, 내 수업에 어떤 기술적 요소들이 필요한지 고민하는 그 지점부터 교육과 기술이 만나야 하기 때문이다.

학생, 교사, 학부모, 교육 당국 등 여러 교육 주체 가운데 가장 중요한 주체가 누구냐고 묻는다면 답하기가 망설여진다. 각 주체가 나름의 역할을 제대로 감당해야 좋은 교육이 이뤄질 수 있기 때문이다. 하지만 앞서도 언급했듯이, 교육을 주도하는 주체가 누구여야 하느냐고 묻는다면 망설임 없이 교사라고 대답할 것이다. '선생先生', 먼저 된 자가 나중 된 자를 이 세상에서 잘 살아갈 수 있도록 가르치는 것. 이것이 교육의 본질이라고 한다면, 교육은 언제나 교사가 주도해야 하는 것이다. 가르칠 내용과 방법은 교사가 정해야 한다.

교사는 자신의 수업에 사용할 기술을 스스로 선택할 수 있어야 한다.

3장에서 교육에 왜 기술이 필요한지 살펴봤다. 교육에 기술이 필요하다는 데 동의할 수 있어야 자신의 수업에 기술을 활용할 것이다. 또한 가지, 기술을 수업에 활용할 때 중요한 조건이 있다. 바로 자신이 선택한 기술이어야 자신의 수업에 활용할 가능성이 크다는 것이다. 누군가가 손에 쥐여주고 사용을 강제하는 기술은 수업에 녹아들기 힘들다. 수업의 주도자인 교사의 마음에 받아들여지지 않았기 때문이다.

기업에서는 조직의 변화가 필요할 때, 비전이나 목표를 새롭게 정하고 조직 내에 공유하면서 힘찬 새 출발을 독려한다. 새로운 비전이나 목표를 받아들이는 사람들의 마음은 제각각이라 '나랑 무슨 상관이야?'라고 여기는 이들도 있다. 아무리 좋은 구호나 비전도 실행하는 사람들의 마음을 움직이지 못하면 소용이 없다. 교육부나 교육청에서 미래 교육 전담 조직을 앞다투어 신설하고 있다. 미래 교육을 위한 방향을 모색하고, 실현 방안도 연구한다. 그러나 결국 미래 교육을 실현하는 일선에는 교사가 있다. 교육부와 교육청의 방향이나 목표가 아무리 훌륭해도 교실에서 교사가 해석해 학생들에게 전달하지 못하면 아무런 소용이 없다.

기술을 선택하는 문제도 마찬가지다. 교사가 먼저 자신의 수업이 나아갈 방향, 변화의 목표를 스스로 정해야 한다. 그리고 그 목표를 이룰 수단으로서의 기술을 주도적으로 선택해야 한다. '나의 수업은 개인화를 어떻게 실현할 것인가?'라는 고민의 결과로 특정 앱이나 하드웨어의 필요성이 생겨나는 것이다. 그때 교사는 필요한 기술적 요소를 지원해달라고 학교와 교육청에 요청해야 한다.

- 학생들이 작성한 자료를 앞쪽 화면에 바로바로 띄울 수 있으면 좋겠습니다.
- 소심한 학생들이 쉽게 발표할 수 있도록 손을 드는 기능 같은 걸 넣으면 어떨까요?
- 수학 관련 다양한 자료를 만들어서 학생들에게 배포하고 싶은데, 수학식을 좀 더 쉽게 편집할 수 있는 앱은 없나요?

이런 질문을 선생님들한테 받을 때마다 나도 모르게 미소가 지어진다. 스마트 기기를 활용한 수업을 하면서, 또는 학생들과 더 나은 수업을 하기 위한 방법을 고민하면서 새로운 기술적 요소의 필요를 느끼고 해결책을 찾는 것이기 때문이다. 기술 선택의 주도권은 교사에게 있어야 한다. 교사가 자신이 설계하고 디자인한 수업의 실현 도구로 기술을 필요로 해야 한다.

기술을 선택하는 주체가 되기 위해서는 기술 관련 지식을 쌓아야 한다. 알아야 선택할 수 있다. 최근에는 스마트 기기 제조사나 네이버, 구글, 마이크로소프트, 애플과 같은 교육용 플랫폼 기업에서 교사 연수에 많은 투자를 하고 있다. 이런 연수 기회를 최대한 활용하고, 교내 연구 모임 등을 통해 기술 관련 역량을 길러야 한다. 바퀴는 처음 굴릴 때는 많은 힘이 필요하지만, 한번 구르기 시작하면 적은 힘으로 더 빠르게 굴릴 수 있다. 시작이 중요하다. 장기적으로 미국이나 유럽처럼 학교에 IT 전담 매니저를 두어 교사의 부담을 줄여주는 방법도 고민해야 한다. 미래에도 변하지 않을 분명한 사실은 교사가 수업을 진행한다는 것이다.

학생과 학부모의 의견도 필요하다

물품선정위원회에 학생과 학부모를 참여시키는 학교가 늘고 있다. 매우 바람직한 소식이다. 학생은 선택된 기술을 사용하게 될 당사자이고, 학생의 교육에 누구보다 큰 관심을 가지고 있는 이들이 학부모이기 때문이다. 특히 학생들은 다양한 기술적 요소에 관해 교사나 학부모보다 더 많은 경험과 지식을 가지고 있을 수도 있다.

학생과 학부모가 기술의 선택 과정에 참여할 때 유의해야 할 사항이 있다. 바로 교육적 목적을 달성하고자 하는 관점에서 의견이 제시되는가 하는 점이다. 물품을 선정하는 데 학생들이 유의미한 영향력을 행사하는 학교에서 애플의 아이패드가 선정됐다는 얘기를 들었다. 왜 아이패드가 선정됐을까? 학생들의 선호도가 크게 반영된 결과였다. 그렇다면 학생들은 왜 아이패드를 선호하는지 생각해봐야 한다. 젊은 세대를 중심으로 애플의 제품들은 상당한 인기를 얻고 있다. 고가의 제품인데도 압도적인 인기다.

아이폰을 사달라고 조르는 딸에게 왜 아이폰이 좋으냐고 물었더니 돌아오는 답이 허망했다.

"그냥 좋아요. 예쁘잖아요. 주변 친구들이 다 아이폰 써요."

학생들에게 애플은 이미 선망의 대상이다. 물론 아이패드의 교육적 활용성이 떨어진다고 말하려는 것은 아니다. 학생뿐 아니라 교사들도 수업에 아이패드가 적합하다고 판단한다면 아무런 문제가 없다. 다만 학생이나 학부모의 의견을 참고하여 학교에서 활용할 기기를 선택할 때는 그것이 교사가 추구하는 교육적 목적에도 부합하는지 반드시 따져봐야 한다는 얘기다.

스마트 기기 보급을 위한 예산이 학교에 배부됐을 때 공동구매를 요청하며 예산을 교육청에 반납하는 학교들이 있다는 이야기를 들고 무척 안타까웠다. 학교가 선택권을 얻었는데도, 자발적으로 포기한 것이다. 기기 구매를 위해 많은 행정 업무를 처리해야 하고, 그것이 큰 부담이 된다는 건 잘 안다. 그러니 장기적인 해결 방안이 나와야 할 것이다. 당장은 더 많은 교사가 조금씩 짐을 나눠 지더라도, 학교와 교사가 기술에 대한 선택권을 주도적으로 행사해야 한다. 학교마다 교사들이 원하는 방향으로 기술이 도입되고 활용돼야 기술이 교육을 만나는 모습의 획일화도 피할 수 있다. 그래야 교사들의 기술 관련 역량도 계속해서 성장할 수 있다. 기술을 선택하기 위해 고민하는 과정에서 기술과 관련한 다양한 지식도 쌓을 수 있다. 이는 다음번 선택을 위한 훌륭한 밑거름이 된다. 기술을 교육에 활용하는 첫걸음은 교사들이 필요하다고 생각하는 기술적 도구를 스스로 선택하고, 스스로 선택한 도구를 적극적으로 활용하는 것이다. 그 과정에서 교사들은 새로운 필요를 계속해서 발견하고, 또 다른 선택을 계속해서 이어나가게 될 것이다.

02

무엇을 어떻게
선택할 것인가

"이제야 뭔가 좀 환해지는 느낌입니다."

몇 년 전 경기도의 한 초등학교 선생님한테 지원 요청을 받았다. 디지털 콘텐츠 활용 교과서 선도학교로 지정된 학교였다. 선생님은 적지 않은 예산을 받고 나서 부담을 느껴온 것 같았다. 선생님을 만나 다양한 플랫폼의 장단점과 기기 선택 시 고려해야 할 기준을 설명해드렸더니 대번에 얼굴이 밝아졌다. 물품선정위원회에 참여하는 다른 선생님들도 함께 미팅에 참여하셔서 짐이 한결 가벼워졌다며 좋아하셨다.

- 스마트 기기 구매 예산을 받았는데, 뭘 구매해야 할지 잘 모르겠습니다.
- 전자칠판을 구매했는데 A/S가 원활하지 않아 문제가 많습니다.

예산과 완전한 자율권을 부여하고 원하는 대로 학교를 만들어보라고 한다면, 어떤 학교를 만들어야 할까? 기술적으로 완벽한 학교를 만들고자 한다면, 어떤 요소들을 어떤 기준에 따라 도입해야 할까? 학생 1인당 1대의 컴퓨터를 구매한다면 어떤 컴퓨터를 구매해야 할까? 교사의 컴퓨터는 학생의 컴퓨터와 같아야 할까, 달라야 할까?

학교를 기술적으로 준비시키려고 할 때 선택해야 하는 기술적 요소들은 한두 가지가 아니다. 그 하나하나를 결정할 때마다 교사는 혼란스럽다.

"나중에 다른 선생님들이 뭐라고 하실까 봐 사실 불안합니다."

예전에 사용해보지 않은 새로운 스마트 기기를 학교에 도입하고자 노력했던 선생님의 고백이다. 그냥 하던 대로 하면 마음도 편하고 좋지만, 학생들을 생각하니 그럴 수 없었다고 한다. 새로운 기기 도입을 추진하면서 여러 선생님한테 한마디씩 들었다며 마음이 힘들다고 말씀하셨다.

그래서 명확한 기준이 매우 중요하다. 함께 결정하는 것도 필요하다. 객관적인 기준을 바탕으로 함께 합의하여 결정해야 더 나은 선택이 되도록 모두가 계속해서 노력할 수 있다.

학교의 IT 인프라를 이해하자

학교의 IT 인프라를 구성하는 요소를 생각해보자. 먼저 가장 기본이 되는 '통신망'이 있다. 이제는 무선 인터넷망이 설치되지 않은 학교가 거의 없을 정도로 보급이 확산됐다. 학교 무선 인터넷망은 학교의 교육 활동을 반영하여 충분한 용량을 갖추는 것이 첫 번째로 고려돼야 한다.

대부분 학교의 인터넷망은 교육청과 연결돼 있다. 교육청에서 학교로 들어온 인터넷망이 각종 장비(스위치, 라우터)를 통해 학교 구석구석에 설치된 허브Hub나 무선공유기에 연결된 구조다. 이런 장비들의 기능과 스펙을 이해하기 위해서는 전문적인 지식이 필요하다. 물론 교사나 사용자가 인터넷망에 사용되는 장치를 이해하고, 스펙을 정해야 하는 경우는 없다. 그렇지만 학교의 인터넷망이 어떻게 구성돼 있으며, 왜 느린지 또는 왜 빠른지 이해하는 것은 학교에서 기술적 도구를 활용하는 데 도움이 된다.

우선 교육청에서 학교로 들어오는 인터넷 회선의 속도가 매우 중요하다. 교실에서는 적게는 20명, 많게는 30명의 학생이 동시에 공유기에 접속한다. 동영상을 시청하기도 하고, 파일을 다운로드하기도 한다. 30명이 동시에 동영상을 보거나, 발표를 위해 자신의 스마트 기기에서 무선 와이파이를 통해 영상을 업로드할 수도 있다. 이런 경우 인터넷망은 최대 부하를 감당해야 한다.

"수업 시간에 스마트 기기가 자주 느려집니다."

스마트 기기를 활용한 수업을 하기 위해 공들여 설계하고 학생들과 야심 차게 시작한 수업. 학생들에게 개념 이해를 위해 준비한 동영상을 보여주려고 유튜브 콘텐츠를 열었으나 여기저기에서 동영상이 재생되지 않는 현상이 발생한다. 교사는 당황하고, 스마트 기기를 활용한 수업은 엉망이 되고 만다.

교내 인터넷망은 기술을 활용한 수업을 하는 데 근간이 된다. 스마트 기기에서 동작이 느려졌다면, 그 원인은 매우 다양하다. 기기 자체의 프로세서 성능이 좋지 않아 처리가 늦어질 수도 있고, 학생들의 동시 접속으로 인터넷 속도가 저하돼서일 수도 있다.

학교 IT 구성의 예

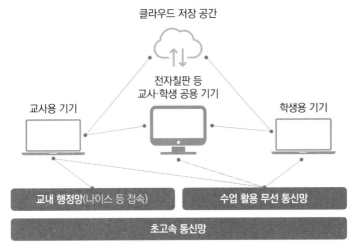

인터넷 속도가 느려지는 가장 중요한 원인으로는 교육청에서 학교로 들어오는 메인 인터넷 회선의 용량 자체가 낮은 경우를 꼽을 수 있다. 교사와 학생의 수, 동시 사용자 수 등을 고려하여 충분한 회선 용량이 확보돼야 한다. 이 외에도 스마트 기기를 활용하는 교실에서 교

사와 학생이 빠른 속도를 체감하기 위해서는 백본망에서부터 스마트 기기까지 이어지는 모든 통로, 즉 엔드-투-엔드end to end에 배치된 기기들의 용량과 처리 속도가 충분해야 한다. 물이 흘러가는 경로 중 어느 한 곳만 좁아져도 이후로는 적은 물만 흐르게 되는 것과 같은 이치다.

학교 내의 인터넷망은 보안상의 이유로 망분리가 적용돼 있다. 교사들이 행정 업무와 학생들의 성적 등 민감한 정보를 처리하는 인터넷망과 학생들이 접속하여 교육 활동에 사용하는 인터넷망이 별도로 존재한다. 교사와 학생들이 교육적 목적을 위해 인터넷망을 자유롭게 사용하는 한편 NEIS 등 보안이 필요한 시스템을 보호하는 것이 망분리의 목적이다.

인터넷망이나 소프트웨어를 제외한 교실의 기술적 요소로는 공유의 중심이 되는 대형 스크린, 개인용 기기 이외에 공용 기기가 있다. 많은 교실에서 그동안 대형 TV가 콘텐츠를 공유하는 역할을 해왔다. 대형 TV는 작동시키기 편리하고 화질이 좋다는 등의 장점이 있으나 '연결'의 다양성을 지원하지 못하는 단점이 있다. 대부분의 TV에 개인용 기기를 연결하려면 HDMI 등 유선 연결을 하거나 별도의 무선 연결을 위한 도구를 활용해야 한다. 학생들이 팀별 발표를 할 때 자신의 기기에서 직접 TV로 화면을 보내기가 힘들어 이미 연결돼 있는 교사의 기기를 통해야 하는 경우가 많다. 최근 들어 교실에 전자칠판이 도입되면서 인터넷을 통해 자료를 공유하거나 개인용 기기를 직접 전자칠판에 무선으로 연결하여 활용할 수 있게 하는 도구가 늘어나고 있다.

개인용 기기 간 콘텐츠 공유도 원활한 수업을 위해서 반드시 필요하다. 교사와 학생, 학생과 학생의 기기 간에 콘텐츠를 자유롭게 공유할 수 있어야 한다. 여기에는 클라우드 공용 저장 공간을 활용하는 방법과 기기 간 직접 통신을 통하는 방법이 있다. 최근에는 각 하드웨어 제조사에서 자사의 고유 기술을 적용해 기기 간 콘텐츠 공유를 지원하고 있다.

교내에 도입하는 기술적 요소들이 많아지면서 가장 중요하게 고려해야 하는 것은 호환성과 연결성이다. 학생용 기기에서 생성한 자료를 교사용 기기에서 열어볼 수 없다거나, 교사용 기기에서 작성한 결과물을 전자칠판에 띄우기가 어렵다면 각 기술적 요소를 유기적으로 연계하여 활용할 수 없다. 그동안 학교에는 기술이 파편화돼 간헐적으로 보급됐다. 그 때문에 연결성, 호환성을 담보할 수 없었다. 수업의 결과물을 만들어내고 그런 결과물들이 기술을 타고 자유롭게 흘러 다닐 수 있는 환경을 구축해야 한다. 학교 IT 인프라 전반을 이해하고 디자인하여 실행하는 역량이 어느 때보다 필요한 시점이다.

소프트웨어 플랫폼: 기술 도입의 첫 단추

"선생님들, 전원을 켜시고 어제 알려드린 계정과 비밀번호로 로그인해주세요!"

정보부장 선생님의 목소리에 다급함과 간절함이 묻어 있다. 교사 연수를 위해 급하게 만들어 동료 선생님들께 나눠준 계정과 비번을 확인하느라 분위기가 어수선하다. 기기에 익숙한 선생님들이 먼저 로그인을 끝내고 여유로운 표정을 짓는 것과 반대로, 일부 선생님은 당황스러운 표정으로 주위를 두리번거린다. 먼저 끝낸 동료 선생님이 슬쩍 다가가서 로그인을 도와준다. 연수에 참석한 모든 선생님의 로그인이 끝나자 연수가 시작된다.

"로그인하시느라 수고하셨습니다. 그런데 지금 로그인한 계정과 비번이 무엇을 위한 것인지 아시나요?"

선생님들의 얼굴에 어색한 미소가 스쳐 지나간다.

교육에 기술을 도입한다고 했을 때 가장 먼저 떠오르는 것이 바로 소프트웨어 플랫폼과 스마트 기기다. 둘 중에서는 소프트웨어 플랫폼 선택이 먼저라고 말할 수 있다. 학교에서 어떤 소프트웨어 플랫폼을 사용할 것인지 정하면 그에 따라 스마트 기기도 가장 적합한 제품을 고를 수 있다. 그만큼 소프트웨어 플랫폼은 학교에 기술을 도입하는 순서에서 가장 앞자리에 있다.

기술을 사용한다고 했을 때 사용자가 직접 만지며 사용하는 도구는 하드웨어지만, 그 하드웨어를 통해서 우리는 소프트웨어(앱)를 사용한다. 사용자와 가장 가까이에서 직접적으로 사용 목적을 달성할 수 있게 해주는 도구는 소프트웨어인 것이다.

학교에서 사용하는 소프트웨어를 떠올려보자. 먼저 문서 도구가 있다. 교사와 학생은 다양한 형태의 문서를 만들어내고 공유한다. 문서를 쉽게 작성하도록 도와주는 문서 도구는 학교에서 사용하는 가장 핵심적인 앱이다.

교육용 소프트웨어 플랫폼

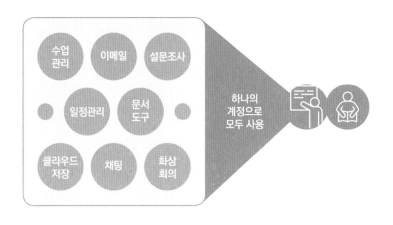

그다음으로 수업 관리 도구를 떠올릴 수 있다. 오프라인으로만 관리하던 수업을 온라인으로 관리하게 해주는 수업 관리 도구는 최근 들어 많은 교사의 지지를 받고 있다. 수업 관리 도구를 활용하면 학생과의 소통, 과제 부과 및 채점, 수행평가 등 수업과 관련된 다양한 활동을 온라인상에서 진행할 수 있고 모두 기록으로 남길 수 있다.

코로나 시대에 존재감을 톡톡히 드러낸 화상회의 도구는 이제 모든 교사의 필수 도구가 됐다. 이 외에도 일정 관리, 설문조사 도구 등 수업에 활용되는 소프트웨어는 계속해서 늘어나고 있다. 이런 소프트웨어들 간에 통합적인 연동이 이뤄진다면 교육에 더욱 편리하게 활용할 수 있다.

이렇게 교육적으로 활용할 수 있는 다양한 소프트웨어를 묶어서 학교에 하나의 패키지 형태로 제공하는 것을 소프트웨어 플랫폼이라고 부를 수 있다. 한번 선택하면 수업에 가장 많이 사용되고, 다른 응용 소프트웨어는 물론 스마트 기기 선정에도 영향을 미치므로 말 그대로 '플랫폼'인 셈이다.

서로 데이터를 공유하고 연동할 수 있도록 기능이 디자인돼야 하므로 교육용 소프트웨어 플랫폼은 기업별로 자신들의 패키지를 제공한다. 국내에서 활용도가 높은 구글은 '워크스페이스 포 에듀케이션'이라는 이름으로 서비스를 제공한다. 그리고 마이크로소프트는 '오피스 365 에듀케이션Office 365 Education', 애플은 '스쿨매니저'라는 이름으로 서비스를 제공한다. 여기에 최근 국내 기업인 네이버가 '웨일스페이스'라는 이름을 걸고 학교 사용자를 확보하기 위해 노력을 기울이고 있다.

지금은 대부분 학교에서 앞서 언급한 여러 기업이 제공하는 소프트웨어 플랫폼 중 하나를 사용하지만, 불과 몇 년 전만 해도 수십 대의 태블릿에서 교사 계정 하나로 로그인하여 사용하는 학교가 많았다. 당시 소프트웨어 플랫폼을 도입하기 위해 수고해주신 선생님들을 뵐 때마다 감사한 마음이 들었다. 어떤 플랫폼을 왜 도입했느냐에 앞서 학교에 소프트웨어 플랫폼을 도입했다는 사실만으로도 그 일을 하신 선생님의 노력과 열정에 박수를 보내고 싶었다. 하지 않아도 누구도 뭐라 하지 않는 일을 더 나은 교육 환경을 위해 해주신 고마운 분들이다.

이미 교육용 소프트웨어 플랫폼을 학교에 도입하여 사용하고 계신 선생님들께 자주 물어보게 된다.

"선생님, 왜 그 플랫폼을 선택하셨습니까?"

명쾌한 답변을 듣기가 쉽지 않다. 주변 학교의 사례를 참고하거나 세미나 참석 등을 계기로 선택하셨다는 선생님들이 많았다.

학교의 교육용 소프트웨어 플랫폼을 정하는 일은 물품선정위원회를 열어 수억 원의 제품 구매 결정을 내리는 것보다 더 중요하다. 소프트웨어 플랫폼이 결정되면 그에 적합한 스마트 기기를 도입하게 될 가능성이 매우 크기 때문이다. 구글의 워크스페이스 포 에듀케이션의 모든 기능은 크롬북에서 100% 활용할 수 있다. 구글의 모든 도구는 웹 기반으로 만들어져서 운영체제에 따른 사용 제약은 거의 없으나 학교를 위한 중요한 기능인 앱 관리, 학생 통제 등은 크롬북에서만 사용할 수 있다. 마이크로소프트의 오피스365 에듀케이션은 당연히 윈도를 탑재한 컴퓨터에서 가장 잘 활용할 수 있다. 애플의 스쿨매니저는 말할 것도 없이 애플의 운영체제인 iOS, iPad OS, Mac OS에서 원활하게 동작된다. 네이버의 웨일스페이스 또한 웹 기반이기는 하나 학생 스크린 모니터링 등 핵심적인 기능은 웨일북에서 동작한다. 이와 같이 자사의 교육용 소프트웨어 플랫폼을 제공하는 기업은 그에 최적화된 스마트 기기를 함께 공급하고 있다. 앞으로도 교육용 소프트웨어 플랫폼과 스마트 기기의 호환성을 자사에 유리한 방향으로 높여갈 가능성이 크다. 결국 학교에서 소프트웨어 플랫폼을 결정하면 사용할 수 있는 스마트 기기가 동시에 정해지는 효과가 발생한다는 뜻이다.

학교에 도입된 소프트웨어 플랫폼을 잘 사용하려면 교사와 학생 모두에게 적응 시간이 필요하다. 교사들이 사용법 연수를 통해 개념을 이해하고 기본 기능을 익히는 데 비해, 학생들은 대부분 교사보다 짧은 시간에 스스로 사용법을 터득한다. 이렇게 교사와 학생이 특정 소프트웨어 플랫폼의 사용법을 익히고 적응하고 나면 플랫폼을 변경하기가 매우 어려워진다. 여기에 특정 스마트 기기까지 더해지면, 소프트웨어와 하드웨어 모두를 변경하기란 훨씬 더 어려워진다. 교육용 소프트웨어 플랫폼을 처음 선택할 때 신중하게 검토해야 하는 이유다. 한번 도입하면 변경하기가 어렵고, 오랫동안 교사와 학생 모두에게 큰 영향을 미치기 때문이다. 특히 공립학교는 교사의 전근이라는 커다란 변수가 있으므로 플랫폼을 선정할 때 한 개인에게 기댈 것이 아니라 학교 차원에서 논의하고 신중하게 결정해야 한다.

교육용 소프트웨어 플랫폼은 문서 도구, 이메일, 수업 관리 도구 등 교육 활동에 기본이 되는 앱들을 포함하고 있다. 이런 기본적인 앱을 어느 정도 활용할 수 있게 됐다면 응용 소프트웨어를 활용하는 단계로 나아갈 수 있다. 담당 과목이나 이번 주에 수업할 단원에 따라 개념 설명과 익히기에 적합한 앱을 찾고, 이미 갖춰져 있는 소프트웨어 플랫폼과 연계하여 활용하면 된다.

이처럼 교육용 소프트웨어 플랫폼은 기술을 학교에 도입하는 안내자의 역할을 한다. 자신에게 맞는 좋은 안내자를 만나야 헤매지 않고 원하는 목적지에 도달할 수 있다.

하드웨어 선택: 운영체제, 폼 팩터, 스펙

- 교육에 기술을 적용한다.
- 학교에 기술을 도입한다.

이런 구호가 등장할 때마다 가장 먼저 떠오르는 단어는 컴퓨터였다. 학교에 컴퓨터실이라는 곳이 생기고 뽀얀 데스크톱 컴퓨터와 모니터가 설치됐지만, 그곳은 항상 잠겨 있었다. 복도 창문을 통해 우아하게 놓여 있는 모니터를 보면서 '저걸로 뭐 하는 거지?' 생각했다. 컴퓨터실에 한 번도 들어가 보지 못하고 졸업한 세대지만, 그때 본 컴퓨터는 뭔가 새로운 걸 보여줄 것만 같은 호기심을 자극했다.

한동안 '컴퓨터실'로 대변되는 컴퓨터 보급 물결이 지나간 후, 태블릿이 학교에 또 한 번의 물결을 일으켰다. 터치를 지원하는 태블릿 컴퓨터의 교육적 활용이 강조되면서, 일부 학교를 대상으로 보급 사업이 진행됐다. 지금은 대부분의 교육청에서 '스마트 기기° 보급 사업'이라는 명칭을 사용하지만 불과 몇 년 전까지만 해도 '태블릿 보급 사업'이란 명칭이 일반적이었다. 그 정도로 학교에서 사용되는 개인용 컴퓨터는 '태블릿'으로 한정돼 있었다.

그러다가 태블릿의 형태적 한계, 즉 생산적인 작업에 적합하지 않다는 점이 드러나면서 노트북 형태의 컴퓨터가 보급되기 시작했고,

○ 본문에서는 '컴퓨터'라는 단어 대신 교육계에서 사용하는 '스마트 기기'로 표기함.

비로소 다양한 기기를 선택할 수 있는 '스마트 기기 보급 사업'이 주를 이루게 됐다.

학교에 스마트 기기가 보급될 때는 일반적으로 다섯 종류의 선택지가 주어진다. 안드로이드 태블릿, 윈도 노트북, 크롬북, 아이패드, 웨일북이다. 앞으로 특별한 컴퓨터 운영체제가 등장하지 않는 한 이 선택지가 유지될 가능성이 크다. 이런 스마트 기기들은 대부분 운영체제와 그 특성을 살리기 위한 기기의 주된 형태가 연계돼 있다. 예컨대 안드로이드 운영체제를 사용하는 기기는 콘텐츠 소비가 주요한 사용 목적이다. 터치 중심의 인터페이스를 통해 동작하며, 슬레이트slate라고 부르는 네모난 판 형태를 띠고 있다.

학교에서 스마트 기기를 선택할 때는 기기의 운영체제와 형태, 스펙 등이 현재 추구하는 교육적 목적에 부합하는지 종합적으로 고려해야 한다.

스마트 기기를 선택할 때 고려해야 할 주요 스펙

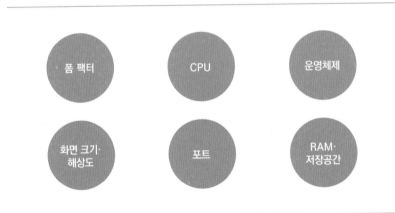

폼 팩터 · CPU · 운영체제 · 화면 크기·해상도 · 포트 · RAM·저장공간

선생님들한테 종종 교사용 기기와 학생용 기기에 관한 질문을 받는다.

- 교사용 기기와 학생용 기기가 같아야 하나요?
- 학생들이 사용하는 기기를 교사도 같이 사용해야 하는 거 아닌가요?

교사용 기기가 학생용 기기의 수퍼셋Superset이 될 수 있다면, 교사용 기기와 학생용 기기가 달라도 문제가 없다. 수퍼셋이 된다는 의미는 학생용 기기에서 동작하는 앱이 교사용 기기에서도 모두 문제없이 동작되며, 교사용 기기에서는 학생용 기기에서 할 수 없는 추가적인 기능을 동작시킬 수 있다는 의미다. 예를 들어 크롬북을 학생용 기기로 사용하는 학교의 경우, 교사는 윈도 노트북을 사용하더라도 수업을 진행하는 데 아무런 문제가 없다. 앞으로 윈도에서 안드로이드 앱 지원 기능을 제공할 것으로 예상되므로, 윈도 노트북은 크롬북의 수퍼셋이 될 수 있다. 수업 준비, 행정 업무 등 직접적인 수업 활동 외에 교사가 필요로 하는 기능을 활용하면서 학생들과 수업을 진행할 수 있다. 다만 교사와 학생이 서로 다른 기기를 사용하더라도 교사는 학생용 기기의 사용법을 알고 있어야 하며, 특히 통제와 관련된 기능은 숙지할 필요가 있다.

교사용 기기와 학생용 기기의 기능 포함 관계

운영체제

이제 학생용 스마트 기기를 학교에서 어떻게 선택할 것인지 살펴 보자. 가장 먼저 운영체제를 결정해야 한다. 앞서 언급한 바와 같이 교육청에서 보급하는 운영체제는 안드로이드, 윈도, 크롬, iOS^{iPad} ^{OS}, 웨일 등 다섯 가지다. 이 중 iPad OS는 특정 기기 전용 운영체제 이므로 운영체제와 하드웨어를 한 번에 선택하게 된다.

윈도는 잘 알다시피 생산적인 작업을 위해서 가장 보편적으로 사 용되는 컴퓨터 운영체제다. 일반적으로 '컴퓨터'라고 하면 대부분 사 람은 윈도가 탑재된 컴퓨터를 떠올린다. 그만큼 주변 기기, 지원되는 앱 등 강력한 생태계가 구축돼 있다.

스마트폰과 함께 혜성처럼 등장한 안드로이드 운영체제는 모바일 기기용 운영체제로 만들어져 스마트폰과 태블릿에서 주로 활용된다. 터치를 기반으로 하며 구글 플레이 스토어를 통해 앱을 설치해 활용할 수 있다.

iPad OS는 애플의 폐쇄적 생태계 안에 놓여 있다. 전체적인 연동성이 모두 애플 생태계에 맞춰져 있으므로 애플 생태계를 이미 활용하고 있는 사용자에게 적합하다.

크롬과 웨일은 쌍둥이와 같은 관계다. 두 운영체제 모두 클라우드 기반으로 앞의 세 가지 운영체제와 구별된다. 윈도, 안드로이드, iPad OS가 앱을 설치해서 사용하는 것을 기본으로 한다면 크롬과 웨일은 접속해서 앱을 사용하는 것을 기본으로 한다. 크롬 운영체제에서 안드로이드 앱 사용을 지원하기는 하나, 접속해서 사용하는 앱의 보조적인 수단으로 볼 수 있다. 크롬과 웨일은 클라우드 기반의 운영체제이므로 사용자 데이터도 기본적으로 모두 클라우드에 저장된다.

어떤 운영체제를 선택할 것인지 결정했다면, 이제 운영체제별로 제공되는 실제 제품을 살펴볼 차례다. 바로 스마트 기기의 형태와 스펙이다.

폼 팩터

학교에서 스마트 기기를 선택할 때 운영체제를 결정했다면, 다음으로 기기 형태를 고민해봐야 한다. 스마트 기기 형태를 전문적으로는 폼 팩터form factor라고 부른다. 기기 형태는 일반적으로 노트북 형태인 클램셸clamshell, 태블릿 형태인 슬레이트, 360도 힌지를 가지고 있는 컨버터블convertible, 디스플레이와 키보드가 완전히 분리되는 2-in-1('디태처블detachable'이라고도 함)으로 나누어 볼 수 있다.

스마트 기기의 다양한 형태

| 클램셸 | 슬레이트 | 컨버터블 | 2-in-1 |

먼저 클램셸은 노트북으로 불려온, 키보드와 디스플레이가 하나로 연결된 형태다. 풀 사이즈^{full size} 키보드가 장착돼 있으므로 생산적인 작업을 하기에 적합하고, 휴대가 용이하다. 특히 접으면 디스플레이가 노출되지 않으므로 내구성 측면에서도 우수하다. 대부분의 클램셸 기기는 양쪽으로 다양한 연결 포트^{port}를 지원하므로 확장성도 뛰어나다.

슬레이트는 태블릿 보급이 확대되면서 친숙한 형태가 됐다. 터치를 지원하며 무게가 가볍다는 것이 장점이다. 다만 키보드가 없으므로 생산적인 작업에는 부적합하다. 안드로이드 태블릿을 구매한 후, 생산성을 보강하기 위해 블루투스 키보드를 추가로 구매하여 운영하는 학교들도 있다. 태생적으로 블루투스는 여러 명이 같은 공간에서 사용하면 혼선 등 문제를 일으킬 수 있으므로 교육용 기기로 블루투스 키보드는 권장하지 않는다. 또한 디스플레이가 노출된 형태이므로 별도의 커버 등 내구성을 보강해줄 액세서리가 필요하다. 콘텐츠 소비를 중심으로 하거나 터치 기반 앱 사용이 중심이 되는 유치원, 초등학교 저학년 학생에게 적합하다고 할 수 있다. 최근 들어 각 제조사에서 태블릿의 생산성을 높이기 위해 노력하고 있으나, 형태적 한계 탓에 클램셸의 생산성을 대체하기에는 아직 역부족이다.

클램셸과 태블릿의 장점을 모두 원하는 사용자를 위해서 만들어진 형태가 바로 컨버터블이다. 키보드를 통한 생산성을 확보하면서도 필기, 사진 촬영 등 태블릿의 특성을 함께 지니고 있다. 컨버터블 형태의 기기는 터치를 지원하며 대부분 펜도 함께 지원한다. 다만 360도로 돌아가는 힌지 구조로 되어 있어서 상대적으로 무겁고, 가격이 비싸다는 단점이 있다.

마지막으로 2-in-1은 컨버터블과 같이 클램셸과 슬레이트의 장점을 모두 포함하면서, 태블릿 사용 시의 단점을 보완하는 형태다. 컨버터블은 완전히 반대로 접어서 필기하거나 사진을 찍거나 촬영할 때 두껍고 무거워서 태블릿보다는 불편한데, 2-in-1은 키보드를 분리하여 완전히 태블릿처럼 사용할 수 있다. 분리가 가능하다는 점은 학교에서는 일반적으로 단점이 될 수 있다. 유지·관리에 어려움이 따르기 때문이다. 분리할 수 있는 힌지 구조여서 상대적으로 무겁고, 가격 또한 높은 편이다.

컨버터블과 2-in-1의 사용성이 가장 우수하나 무겁고 비싼 편이어서 학교에 도입하기 어려운 경우도 있다. 이를 보완하기 위해 최근에는 슬레이트 폼팩터에 블루투스가 아닌 포고핀pogo pin을 활용하여 물리적으로 키보드 커버와 연결하는 기기도 등장했다. 대표적으

다양한 형태의 포고핀 © 위키피디아

마이크로소프트사의 서피스 프로 2017년 버전
© 위키피디아

로 마이크로소프트의 서피스Surface 시리즈가 있다. 무게가 상대적으로 가볍고 키보드와의 안정적인 연결을 지원하는 등 장점이 많으나, 북커버 형태의 키보드이므로 눌리는 깊이travel length가 낮아 키감이 좋지 않고 북커버 스탠드를 사용하므로 화면의 각도가 제한적이라는 단점이 있다.

초·중·고별로 필요한 사용성이 다르므로 수업 시나리오를 먼저 확인하고, 학생들이 휴대할 수 있는 무게와 예산 등을 고려하여 기기 형태를 결정해야 한다.

스펙

스마트 기기의 운영체제와 형태를 결정했다면 다음으로 세부적인 규격(제품의 스펙)을 정해야 한다. 규격을 평가하고 확정하기 위해서는 기술적인 지식이 필요하다. 가장 최신의, 가장 좋은 성능을 가진 기기를 구매할 수 있다면 굳이 제품 규격을 살펴보지 않아도 된다. 하지만 모든 교육청과 학교는 주어진 예산 내에서 가장 좋은 기기를 구매해야 하는 상황이므로 꼼꼼히 비교해봐야 한다.

스마트 기기를 고를 때 학교에서 고려해야 하는 주요 규격으로는 화면의 크기와 해상도, CPU, 메모리^{RAM}, 스토리지^{storage}(저장 공간), 터치와 펜, 주변 기기 연결을 위한 포트 등이 있다.

흔히 디스플레이라고 부르는 화면은 학생들에게 체감상으로 가장 큰 영향을 준다. 화면의 규격은 크기와 해상도를 가리키는데, 크기는 화면 대각선의 길이로 표시한다. 그리고 해상도는 화면이 얼마나 선명한가를 나타내는 규격으로, 화면의 가로세로에 몇 개의 화소⊙가 들어가는지로 나타낸다. 학교에 보급되는 기기들의 화면 크기는 10인치에서 14인치가 주를 이룬다. 안드로이드 태블릿과 아이패드가 가장 작은 10~11인치의 디스플레이를 제공한다. 윈도 노트북, 크롬북, 웨일북 등 클램셸 형태의 기기들은 11.6~14인치의 제품이 주를 이룬다. 해상도는 HD$^{High\ Definition}$(1366×768), FHD$^{Full\ HD}$(1920×1080), QHD$^{Quad\ HD}$(2560×1440) 등으로 표시한다.

화면은 사용자 경험에 가장 큰 영향을 주는 요소로, 특히 장시간 스마트 기기를 사용할 때는 눈의 피로도와도 관련이 있다. 학교에서 화면의 크기를 결정할 때는 여러 개의 창을 열어놓고 수업을 하는 경

⊙ pixel, 화면에서 빛을 내는 최소 단위. red, green, blue의 세 가지 색을 조합하여 원하는 빛을 만들어낸다.

우나 학생들의 연령에 따른 휴대성을 고려해야 한다. 해상도는 그동안 태블릿은 FHD 이상, 클램셸 형태는 HD가 가장 많이 사용됐다. 특히 클램셸 형태의 기기들은 교육 시장의 예산 제약 탓에 11.6인치에 HD 해상도를 지원하는 기기가 많았으나 최근 들어 교육청 기기당 예산이 증가하면서 화면이 커지고, FHD 해상도를 지원하는 기기가 늘어났다. 기기의 무게와 두께는 점점 줄어들고 있으므로, 클램셸 형태라면 예산이 허락하는 한 12인치 이상의 크기, FHD 이상의 해상도를 지원하는 기기를 선택하는 것이 좋다.

2006년에 출시된 인텔 8세대 x86 아키텍처 마이크로 프로세서 인텔 코어 2 ⓒ 위키피디아

스마트 기기의 CPU는 인간의 두뇌에 해당한다. 보통 스마트 기기의 규격을 논할 때는 CPU가 가장 앞자리를 차지한다. 학교에서 사용되는 기기의 CPU는 크게 두 가지로 나뉜다. 안드로이드 태블릿과 아이패드에 사용되는 ARM 계열의 CPU, 윈도·크롬·웨일북 등에 주로 사용되는 x86 계열의 CPU다. 간단하게 말해서 ARM

AMD의 초기 5x86 CPU ⓒ 위키피디아

계열의 CPU는 모바일 기기를 위한 CPU로, 고성능보다는 낮은 전력 소모를 특징으로 시작됐다. 학교에 공급되는 안드로이드 태블릿에는 주로 퀄컴, 엔비디아, 미디어텍, 삼성 등이 개발한 CPU가 탑재돼 있다. x86 계열의 CPU는 컴퓨터에 탑재돼 왔던 CPU로, 저전력보다는 고

삼성 제품에 들어간 ARM 계열의 CPU
© 위키피디아

성능을 목표로 만들어졌다. 인텔이 대표적인 제조사이며, 최근에는 AMD가 인텔을 바짝 추격하고 있다.

CPU는 계속해서 전력 소모를 낮추고 성능을 높이는 방향으로 발전해왔다. ARM 계열 CPU 제조사들은 저전력 특성을 유지하면서 성능 개선을 추구해왔고, x86 계열 CPU 제조사들은 고성능을 유지하면서 전력 소모를 낮추기 위해 노력해왔다. 그 결과 최근에 발표된 CPU들은 특정 영역에서 서로 구분이 무의미할 정도로 고성능과 저전력 특성을 보여준다. 특히 학생용 기기에 탑재되는 CPU에서는 ARM과 x86의 차이가 거의 없다. 다만 x86 계열의 CPU에서도 안드로이드 앱 구동을 지원하긴 하지만 ARM 계열 CPU에는 미치지 못하므로, 안드로이드 앱 사용이 중심이라면 ARM 계열 CPU가 탑재된 기기를 선택하는 것이 유리하다.

아이패드는 애플이 자체적으로 개발한 CPU를 탑재하고 있다. 애

플의 CPU는 ARM 계열로 A 시리즈를 지나 M1, M2로 발전해왔다. 애플은 매년 또는 1년 6개월 주기로 아이패드 개량형을 발표한다. 학교에서 아이패드를 구매할 때는 반드시 몇 세대 제품인지 확인해야 하며, 언제 발표된 CPU를 탑재하고 있는지 확인해야 한다.

안드로이드 태블릿은 학교에서 구매할 수 있는 제품이 매우 다양하다. 2023년 9월 기준 조달청 나라장터에는 9개의 업체가 90개의 태블릿 제품을 등록해놓았다. 탑재된 CPU의 종류도 매우 다양하다. 안드로이드 태블릿에 탑재된 CPU는 대부분 듀얼코어2core, 쿼드코어4core, 옥타코어8core 등 멀티코어multi-core를 가지고 있다. 한 가지 알아야 할 사실은 코어의 숫자가 높다고 해서 고성능 CPU인 것은 아니라는 점이다. 코어의 수는 동시에 처리할 수 있는 두뇌의 개수일 뿐 하나하나의 두뇌가 얼마나 강력한 성능을 가졌는지와는 상관이 없다. 이는 x86 계열의 CPU에도 동일하게 적용된다. ARM 계열 CPU는 제조사별로 플래그십 CPU, 보급형 CPU로 등급이 나뉘어 있다. 제품 스펙에 나타낸 CPU 모델명을 확인하여 인터넷에서 검색하면 정보를 쉽게 얻을 수 있다.

인텔과 AMD에서 공급하는 x86 계열의 CPU는 인텔 CPU 등급에 따라 성능을 가늠할 수 있다. 인텔은 보급형 제품에 사용되는 셀러론Celeron을 비롯하여 그 위로 Core i3, i5, i7, i9을 시장에 공급하고 있다. AMD는 라이젠Ryzen 시리즈를 개발하여 인텔에 대응하고 있는데, AMD CPU의 성능은 인텔의 어느 정도 급에 해당하는지로 가늠하는 경우가 많다.

학교에서 주로 사용되는 그롬북, 웨일북에는 인텔 셀러론급의 CPU가 탑재돼 있다. 크롬북과 웨일북은 클라우드 기반의 운영체제이므로 셀러론급의 CPU로도 학교가 요구하는 성능을 무리 없이 만족시킬 수 있다.

2023년 8월 입찰 공고가 게시된 지방 모 교육청의 크롬북 CPU 스펙을 보면 '듀얼코어 1.5GHz 이상, 쿼드코어 1.1GHz 이상'으로만 표기되어 있다. CPU 코어의 숫자와 주파수만을 규정한 것으로, 이는 잘못된 표현이다. 이런 표현으로는 원하는 CPU 성능을 규정하지 못한다. 셀러론인지 코어급인지에 대한 표시도 없으며, 언제 출시된 CPU인지에 대한 표시도 없기 때문이다. CPU 규격을 표시할 때는 '셀러론' 또는 'Core i3'와 같이 등급을 표기하고, '××××년 이후 출시된 CPU로 한정'과 같이 출시 시기를 명기해야 한다.

윈도 노트북의 경우 최소한 코어급 이상의 CPU가 탑재된 제품이라야 학교에서 문제없이 사용할 수 있다. 윈도는 설치형 운영체제로 기기 내부에 앱을 설치하고 동작시켜야 한다. 기기 내부에서 모든 처리가 이뤄지므로 CPU 성능이 높아야 한다. 코어급의 CPU를 선택할 때도 몇 년도에 출시된 CPU인지 반드시 확인해야 한다. 오픈 마켓에서는 몇 세대가 지난 코어 CPU가 탑재된 제품을 셀러론이 탑재된 제품보다 저렴하게 판매하는 경우도 있으므로 유의해야 한다.

RAM과 스토리지는 당연히 클수록 좋다. 학교의 스마트 기기 내구연한이 5~6년인 점을 고려할 때, 예산이 허락하는 한도 내에서 가장 큰 용량의 RAM과 스토리지를 확보해야 한다. 다만 크롬북이나 웨일북과 같이 클라우드 기반의 제품들은 기기 내에 학생들의 데이터를 저장하지 않으므로 윈도 노트북이나 안드로이드 태블릿, 아이패드와는 다른 접근이 필요하다. 크롬북과 웨일북의 경우 RAM 4GB에 스토리지 64GB를 제공하는 제품이 주를 이뤘으나, 2023년 이후 RAM 8GB에 스토리지 128GB로 규격이 상승하는 경향을 보인다.

터치가 지원되는 스마트 기기는 대부분 펜을 포함한다. 펜은 크게 수납 방식에 따라 내장형과 외장형으로 나뉘고, 충전 필요 여부로도 나눌 수 있다. 교육청 기기 보급 사업에 참여한 공급 업체에서 필압을 감지하지 못하는 저가형 스타일러스를 공급하여 논란이 된 적이 있다. 교육청 사업 공고에 펜에 대한 규격이 제대로 규정되지 않아 발생한 일로, 오롯이 학생들의 피해로 이어졌다. 학교에 공급되는 펜은 4,096단계의 필압을 감지할 수 있어야 한다. 관리 포인트를 줄이기 위해 비충전식에 기기 내장형 펜이 가장 선호되지만, 내장형은 펜의 크기가 작다는 단점이 있다.

와이파이, 블루투스, 클라우드 저장 공간 등의 사용으로 포트의 활용성이 떨어지면서 스마트 기기가 지원하는 포트는 최근 들어 USB Type-C로 통일되는 경향을 보인다. USB Type-C는 데이터, 사운드, 영상, 충전까지 모두 지원할 수 있다. HDMI, USB Type-A 등의 포트가 사라지고 USB Type-C에 필요한 동글Dongle을 추가하여 사용하는 방식이 보편화되고 있다.

기타 주변 기기

"마우스도 100개 주문했습니다."

스마트 기기 100대를 구매한 어느 학교의 선생님께서 하신 말씀을 듣고 '아뿔싸!' 하는 생각이 들었다. 클램셸 형태의 기기를 구매한 후, 선생님은 당연히 마우스가 필요할 거라 생각했던 것이다. 교실 환경에서는 마우스의 사용을 권장하지 않는다. 교실에서 많은 학생이 마우스를 사용하면 분위기가 산만해지기 쉽다. 마우스로 인한 소음이 발생하고 책상에서 떨어뜨리는 학생도 종종 있다. 학생들에게는 마우스 대신 터치패드면 충분하다. 클램셸 형태의 스마트 기기는 키보드 아래에 터치패드가 존재한다. 터치패드를 통해 다양한 동작을 실행할 수 있으며, 익숙해지면 마우스보다 편리하다. 학생들은 빠르게 적응한다. 되도록 관리 포인트를 줄여야 한다는 점에서도 마우스는 불필요하다.

학교에서 스마트 기기를 구매할 때 꼭 따라오는 장비가 있다. 바로 충전보관함이다. 명칭 그대로 충전 기능과 기기 보관 기능을 담당한다. 충전보관함을 선택할 때는 두 가지를 집중적으로 확인해야 한다. 첫 번째는 전기적 안전성이다. 충전보관함이 의외로 고가여서, 한 선생님이 직접 만드셨다는 소식을 들은 적이 있다. 목공과 멀티탭을 활용하여 멋지게 만든 충전 장비였다. 하지만 문득 걱정이 됐다. 전기 안전을 담보할 수 없기 때문이다. 동시에 여러 대의 기기를 충전할 때는 사용되는 전기 용량과 그에 따른 안전이 확인돼야 한다. 전기 안전에 부실한 장비라면 화재의 위험이 따를 수 있다. 두 번째는 스마트 기기와의 정합성이다. 충전보관함에서 충전하던 스마트 기기에 이상이 생겨서는 안 된다. 과전류 등으로 기기의 충전 기능이 고장 나는 경우도 발생할 수 있다. 충전함을 구매할 때는 보유하고 있거나 도입 예정인 스마트 기기와 문제없이 동작되는지 꼭 확인해야 한다.

이 외에도 학교에서는 프로젝터, 전자칠판, 3D프린터 등 다양한 기기를 구매할 수 있다. 교육용 소프트웨어 플랫폼과 스마트 기기를 먼저 결정한 후, 나머지 기술적 요소를 학교에 도입할 때는 기기 자체의 성능과 더불어 호환성을 집중적으로 검증해야 한다. 프로젝터, 전자칠판, 3D프린터 등이 이미 도입된 기기나 플랫폼과 호환되지 않으면 별도의 기기를 구매해야 하므로 불편함이 이만저만이 아니다. 또는 학생이나 교사가 가지고 있는 기기를 연결하여 바로 사용하지 못하고 데이터를 복사해서 해당 기기에 옮겨야 한다. 중심이 되는 기술적 요소를 먼저 결정하고 나머지 주변 기기 등은 핵심 플랫폼과의 호환성, 연결성 등을 검토하여 도입해야 한다.

응용 소프트웨어: 버티컬 앱을 충실히 활용하자

플랫폼이 되는 소프트웨어와 스마트 기기가 준비됐다면, 이제 응용 소프트웨어를 선택할 차례다. 스마트 기기가 도입된 학교에서 이뤄지는 수업을 관찰해보면 교육용 소프트웨어 플랫폼에서 제공하는 앱 활용을 벗어나지 못하는 경우가 많다. 문서 도구, 이메일, 수업 관

수학 문제풀이를 보여주는 QANDA 앱

리 도구 등과 같이 플랫폼 성격을 지닌 앱 사용에 머물러 있는 것이다. 기술을 활용한 수업의 꽃은 전문성 있는 버티컬 앱의 활용이다.

특정 과목 또는 특정 단원에 최적화된 앱을 찾아내고 수업에 활용함으로써 학생들의 이해를 돕고, 나아가 개인화된 수업을 실시할 수 있다. 대표적으로 수학 문제풀이 앱이 있다. 사진으로 문제를 촬영하면 문제를 인식하고 정답 풀이 과정을 보여준다. 태양계에 관한 지식을 화면으로 보면서 공부할 수 있도록 도와주는 앱, 인체를 들여다보면서 공부할 수 있는 앱 등 다양한 버티컬 앱이 있다.

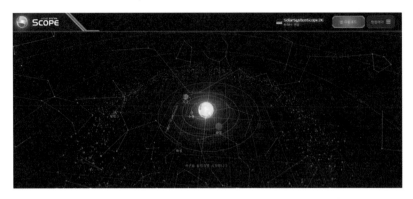

태양계 공부에 도움을 주는 Solar system Scope 앱

　각 과목의 학습에 도움이 되는 앱들이 계속해서 등장하고 있다. 교사는 자신이 지도하는 과목에 맞는 좋은 앱을 계속해서 찾아내고 공유해야 한다. 플랫폼 소프트웨어 사용에서 버티컬 앱 활용의 단계로 나아가야 학교에 도입된 스마트 기기의 활용도를 한층 높일 수 있다.

　버티컬 앱을 선택할 때는 학습 목표를 달성하는 데 도움이 되는지를 가장 먼저 검토해야 한다. 단순히 학생들의 흥미를 유발하기 위한 앱이 필요할 때도 있지만, 버티컬 앱은 교육적으로 사용 목적이 명확해야 한다. 사용자 리뷰, 지속적인 업데이트 여부도 선택의 중요한 기준이 될 수 있다. 버티컬 앱을 선택하고 적용하는 일은 같은 과목을 담당하는 교사들이 협의하여 찾고, 먼저 사용해본 후, 학생에게 적용할 것인지를 최종적으로 결정해야 한다.

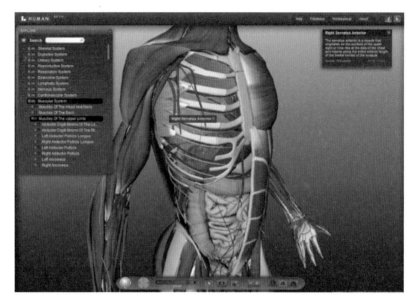

인체를 3D로 해부해서 보여주는 BioDigital Human 앱

기술의 개별화와 공용화

- 지금 열심히 배우는 건 좋은데 전근 가면 어떻게 되나요?
- 3월에 새로 부임하신 선생님들이 계셔서 그분들을 위한 연수를 진행해야 할 것 같습니다.

공립 초·중·고에 근무하는 교사들은 보통 4~5년에 한 번씩 전근을 간다. 현재 근무하는 학교에 갖춰져 있는 소프트웨어 플랫폼과 스마트 기기 사용법을 익히고 수업에 적용하고 자신만의 콘텐츠를 만들어놓았는데, 새로 부임한 학교에서는 다른 소프트웨어 플랫폼이나 다른 스마트 기기를 사용한다면 어떻게 해야 할까? 같은 소프트웨어 플랫폼을 사용하는 학교로 이동하는 경우에는 계정 간 데이터 이동을 지원하는 서비스를 이용할 수 있지만, 다른 플랫폼을 사용하는 학교로 이동하는 경우에는 이마저도 불가능하다.

결국 이는 모든 학교가 같은 소프트웨어 플랫폼, 같은 스마트 기기를 써야 하는가, 즉 기술의 공용화와 개별화 문제로 귀결된다. 개별화와 공용화 모두 장단점을 가지고 있으나, 가장 중요한 선택 기준은 교육 목표 달성을 위한 적합성에서 찾아야 한다.

현재 각 교육청에서는 학교별로 교육용 소프트웨어 플랫폼, 스마트 기기 운영체제 등에 대한 선택권을 부여하고 있다. 교육의 획일화를 탈피하고 다양성을 확대한다는 측면에서 바람직한 일이다. 다만, 이 경우 교사가 자신만의 수업 콘텐츠를 지속적으로 발전시키면서 학교를 이동해도 연속성을 가질 수 있도록 돕는 조치가 필요하다. 이를 위해 교육용 소프트웨어 플랫폼 사이에도 데이터 이동이 가능하도록 정책적으로 강제하는 방법이 있다. 교사 개인이 학교를 이동할 때마다 클라우드 저장 공간의 모든 데이터를 이동형 저장장치에 다운로드하고 다시 업로드하는 방식으로 데이터를 이동시킬 수는 있으나, 매우 번거로울뿐더러 교사 생활이 오래될수록 데이터양이 증가하여 불편함이 커진다. 교육 당국에서 구글, 마이크로소프트, 애플, 네이버 등 교육용 플랫폼 소프트웨어 제공 기업에 정책적 방향성을 제시하고 기능을 강제한다면 어렵지 않은 일이라 생각된다.

학교별 스마트 기기의 다름은 별다른 문제가 되지 않는다. 한 가지 기기를 능숙하게 다룰 수 있다면 다른 운영체제의 기기 사용법을 습득하는 것은 크게 어렵지 않다. 예를 들어 윈도 기기를 어느 정도 다룰 수 있다면 안드로이드 태블릿, 크롬북, 웨일북의 사용법은 며칠 만에 습득할 수 있다. 이들 기기는 운영체제의 복잡성이 윈도 대비 낮고, 사용자 인터페이스도 직관적으로 구성돼 있기 때문이다.

모든 기술적 도구 제조업체가 사용자 인터페이스를 직관적인 방향으로 발전시키고 있으므로 몇 번의 사용 경험만으로도 기본적인 사용법을 익힐 수 있다. 교육용 소프트웨어 플랫폼이나 스마트 기기 제공 기업들은 대부분 자세한 온라인 매뉴얼을 갖추고 있으므로, 사용 중 궁금한 부분이 생기면 언제든지 검색해서 해결할 수도 있다. 처음 접할 때 기술적 도구의 생소함을 약간의 노력으로 극복할 수 있다면, 도구가 변경돼 또 다시 익혀야 할 때는 큰 노력이 필요치 않다. 우리나라 교사들의 학습 능력을 고려하면 더욱 그렇다.

학교에 기술을 도입할 때는 기본적으로 개별화를 허용하고 장려하여, 교사 스스로 새로운 시도를 할 수 있는 환경을 제공해야 한다. 새롭게 만들어진 수업 사례가 전파되고 축적돼 새로운 시도를 촉발하는 선순환 구조를 만들어야 한다.

'기술의 계층 구조'라는 개념을 참고하자. 다음 그림에서 볼 수 있듯이, 기술 개별화는 기술의 계층 구조에서 차지하는 위치가 높아질수록 자유도를 높이는 방향으로 설정하는 것이 바람직하다. 학교 인터넷망이나 NEIS와 같이 학교에 적용된 기술 계층 구조의 가장 아

기술의 계층 구조

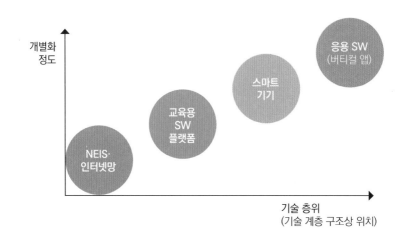

※ 영향을 미치는 범위가 넓을수록 아래쪽에 자리한다.

래에 있는 요소들은 표준화하여 혼란을 방지하고, 버티컬 앱과 같이 위쪽에 해당하는 기술 요소는 교사들에게 높은 자유도를 허용해야 한다.

03

어떤 기준으로
선택할 것인가

군사용으로 판매되는 제품들은 일반 소비자들에게 판매되는 제품보다 훨씬 더 엄격한 기준을 적용받는다. 전장의 열악한 환경에서 정상적으로 동작해야 하므로 훨씬 더 강한 내구성이 필요하기 때문이다. 학교에서 구매하는 제품이나 서비스도 일반 소비자 시장과는 완전히 구별되는 특별한 환경에서 사용된다. 교사와 학생이라는 특별한 이용자층은 강한 내구성과 더불어 쉬운 사용성을 요구한다. 예산의 한계도 명확하다. 앞서 교육용 소프트웨어 플랫폼과 스마트 기기를 중심으로 학교에서 실제 어떤 부분을 확인하고 선택해야 하는지 살펴봤다.

2023년 6월, 애플은 첫 혼합현실mixed reality 헤드셋 비전 프로Vision Pro를 발표했다. 12개의 카메라와 다섯 가지 센서를 탑재하고 있으며, 사람이 다가가면 고글이 투명해지는 아이 사이트eye sight 기능을 적용했다. 이런 가상현실virtual reality, 증강현실augmented reality 기기들은 세계 유수의 IT 기업들이 앞다투어 개발하고 있다. 가상현실이나 증강현실 관련 앱, 헤드셋 등 하드웨어는 교육적으로도 활용 가치가 매우 높기에 관련 기술적 요

애플의 비전 프로 헤드셋

소들이 일정 수준에 이르면 학교에서도 활발하게 활용될 것이다.

교육을 위한 기술적 도구들은 앞으로 계속해서 등장할 것이다. 더 강력한 프로세서, 더 앞선 인공지능이 교육 문제를 해결하는 데 사용될 것이다. 우리 앞에 현재보다 훨씬 더 다양한 기술적 도구가 주어진다면 어떤 기준을 적용하여 선택해야 할까? 앞으로 교육과 학교 현장에 적용되는 기술적 도구들을 선택하는 데 적용할 수 있는 일반적인 원칙들을 제시해보고자 한다.

사용성·확장성

- 안드로이드 태블릿에서 이 앱을 사용할 수 있나요?
- 크롬북에서 가상현실 앱이 작동하나요?
- A라는 앱을 선생님이 사용하고 싶어 하시는데 지원되지 않는다니 난감합니다.

교육을 위해 다양한 기술적 도구를 선택하는 일반적 기준이 필요하다.

선생님들로부터 받는 질문 중에는 현재 학교 환경에서 특정한 앱을 사용할 수 있는지에 관한 내용이 다수를 차지한다. 막상 어떤 앱을 사용하려고 보니 학교에 보급된 스마트 기기에서 동작하지 않는다고 불평하는 선생님들도 자주 만났다. 학교에 있는 기술적 도구들이 교사가 원하는 수업을 지원할 수 없다면 아무런 의미가 없다. 기술적 도구를 학교에 도입할 때는 가장 먼저 교육용 앱의 사용성을 확인해야 한다. 스마트 기기는 도입 시점으로부터 5~6년간 수업에 활용한다. 1~2년밖에 안 지났는데 사용할 수 있는 앱이 줄어들거나 업데이트가 중단될 가능성이 있다면 학교에 도입해서는 안 된다. 플랫폼 기업들은 각자의 기술적 생태계Ecosystem⚪를 구축하고 있다. 기기별로 안드로이드 앱, 윈도용 앱, iPad OS용 앱 등 속해 있는 생태계가 다르다. 앱 개발 업체들이 운영체제별 의존성을 줄이기 위해 노력하고 있으나 아직은 운영체제 간 벽이 존재한다. 따라서 학교에서는 교육적으로 활용할 수 있는 앱을 가장 많이 지원하는 스마트 기기를 도입하는 것이 최선이다. 그래야 앱 사용성 제한으로 수업적 활용도가 줄어드는 상황을 피할 수 있다.

운영체제별 글로벌 시장 점유율을 살펴보면 2023년 8월 기준 안드로이드가 39.16%로 가장 높은 점유율을 차지하며 윈도(30.15%), iOS(16.47%), OS X(맥북, 8.78%), 크롬(1.45%)⚪⚪이 뒤를 따르고 있다.

교육 시장만 따로 떼어놓고 살펴보면 운영체제별 점유율은 다르게 나타난다. 2023년 9월 기준 미국 교육 시장(K-12)에서는 크롬북이 약 65%의 점유율로 가장 앞서 있다. 한국의 경우 2023년 각 시·도 교육청 입찰 물량 기준 점유율은 안드로이드가 55.32%로 가장 높은 점유율을 보였다. 그 뒤로 크롬(17.7%), 윈도(13.64%), 아이패드(9.28%), 웨일(4.06%) 순이었다.⚪⚪⚪ 운영체제별 점유율은 앱 개발사 입장에서 어떤 운영체제에 맞는 앱을 먼저 개발할 것인지 고려하는 지표로, 학교에

⚪ 특정 운영체제를 중심으로 하드웨어, 앱 마켓, 앱 개발자 지원 등 서로 강력하게 묶여 있고, 함께 발전하거나 쇠퇴하는 기술적 배타성을 갖는 일련의 집합

⚪⚪ StatCounter,https://gs.statcounter.com/os-market-share

⚪⚪⚪ 2023년 9월까지 입찰 공고를 통해 드러난 운영체제별 기기 점유율. 전북, 전남, 대구, 대전, 서울, 경기 교육청 조달 공고 참조

서도 참고할 만하다.

물론 5~6년 후의 상황까지 예측하여 선택하기란 매우 어려운 일이다. 선택하는 시점에 가장 많은 앱과 사용성을 지원하는 기술적 도구들을 고르되, 할 수 있다면 해당 기술적 도구가 속한 생태계를 확인하여 지속적으로 확장되는지도 확인할 필요가 있다.

하드웨어나 소프트웨어와 관계없이 학교에서 기술적 도구를 선택할 때 가장 중요한 기준은 교사가 원하는 수업을 가능하게 해주는가다. 교사가 원하는 수업을 가능하게 하는 것이 문제를 해결해주는 '기술'의 존재 이유이기 때문이다.

유지·관리의 용이성

교육 관련 콘퍼런스에서 만난 선생님으로부터 안타까운 이야기를 들은 적이 있다. 학교의 스마트 기기 도입과 관리를 담당하는 선생님이었다.

"웬만하면 학생들이 학교에 있는 스마트 기기를 사용하지 않았으면 좋겠어요."

선생님의 말씀에 약간 당황해서 이유를 물었다.

"혼자서 감당하기가 너무 힘듭니다. 학생들이 사용하다가 고장이라도 나면 수리를 보내야 하는데, 비용이 발생하면 결재 등 절차가 복잡합니다."

혼자서 오롯이 기기의 도입과 관리를 담당하고 계신 선생님의 솔직한 고백이었다. 기술의 학교 도입을 앞장서서 외쳐왔던 날들과 그동안 만났던 많은 선생님의 얼굴이 빠르게 머릿속을 스쳐 지나갔다. 학교에 기술을 도입해야 한다는, 수업에 더 많이 활용해야 한다는 얘기를 들을 때마다 담당 선생님들의 마음은 어땠을까? 나아가야 할 방향이 무엇인지를 알면서도 선뜻 그러겠노라 말하지 못했던 선생님들의 복잡한 심경이 조금이나마 이해가 됐다.

대부분 학교에서 기기 도입 및 관리는 정보부장 선생님이 혼자 담당하거나, 정보부장 선생님과 정보부에 속한 선생님 두 명이 담당한다. 스마트 기기, 충전보관함, 전자칠판, 각종 소프트웨어 등 학교에 도입되는 기술적 도구들이 늘어나면서 관리해야 하는 대상도 빠르게 늘어났다. 또한 한번 도입하면 기기별 내구연한이 끝날 때까지는 특별한 이유 없이 폐기할 수 없고, 지속적으로 유지·관리해야 한다.

수업과 학생지도를 주 업무로 하는 교사에게 이런 관리 책임은 엄청난 추가적 부담이다. 지속적이고 활발한 활용을 원한다면 학교에 도입하는 기술적 요소들을 선택할 때 '유지·관리의 용이성'을 매우 중요한 선택의 기준으로 삼아야 한다. 어느 선생님의 고백처럼, 기술적 도구를 수업에 사용하는 데 많은 노력이 필요하다면 수업의 주체인 교사들한테서 가장 먼저 외면받을 것이다.

유지·관리의 용이성을 판단할 때는 관리 요소가 얼마나 많은지부터 확인해봐야 한다. 하드웨어라면 내구성이 우수해야 하고 액세서리를 분실할 가능성은 없는지도 점검하는 것이 좋다. 예를 들어 스마트 기기와 함께 제공되는 펜은 내장형이냐 외장형이냐, 충전식이냐 비충전식이냐에 따라 유지·관리에 드는 품이 달라진다. 외장형 충전식 펜이라면 별도로 보관해야 하고 사용 전 충전이 되어 있는지 확인해야 하므로 유지·관리에 품이 많이 든다. 처음부터 관리 요소가 적은 제품과 서비스를 선택하는 것이 유리하다.

특히 스마트 기기는 운영체제 업데이트가 쉽게 이뤄지는지, 관리 도구를 통해 학교에 배포된 스마트 기기를 일괄적으로 통제할 수 있는지 반드시 확인해야 한다. 운영체제별로 기능의 추가 적용이나 긴급한 보안 패치 적용 등이 늘어나면서, 스마트 기기의 운영체제 업데이트는 기기를 유지·관리하는 데 핵심적인 부분이 됐다. 학교에 보급된 수백 대의 스마트 기기를 수동으로 업데이트해야 한다면 기기 관리자가 일주일 내내 그 일에만 매달려야 할지도 모른다.

스마트 기기는 각 운영체제 공급 기업에서 제공하는 교육용 소프트웨어 플랫폼을 통해 기기를 통제하는 기능이 제공된다. 스마트 기기의 와이파이 접속, 학생 대상 앱 배포 또는 삭제, 학생이 접속할 수 있는 웹사이트 관리 등 학교에서 필요한 스마트 기기 통제 기능들을 손쉽게 사용할 수 있는지 사전에 점검해야 한다. 이런 기능을 활용하면 스마트 기기를 유지·관리하는 데 들여야 하는 수고를 줄일 수 있다.

기술적 도구의 유지·관리가 편리해야 더 자주, 오래 사용할 수 있다. 학교의 사용 환경 특성을 생각하면 더욱 그렇다. 궁극적으로 학교에 보급된 기술적 도구들의 유지·관리 책임 소재에 관한 논의가 있어야 하겠지만, 학교에 적용되는 기술적 도구들은 애초에 유지·관리가 쉽도록 만들어져야 한다.

보안성

2022년 지방의 한 고등학교에서 시험 문제 유출 사건이 발생했다. 2학년에 재학 중인 학생 두 명이 모의하여 교사의 노트북에 해킹 프로그램을 설치한 후 시험 문제를 빼낸 것이다. 학생들은 교무실에 몰래 침입하여, 인터넷 검색을 통해 알아낸 방법으로 교사의 노트북 비밀번호를 쉽게 풀었다.

화상회의 솔루션을 사용하여 원격 수업을 진행하던 도중에 갑자기 음란 동영상이 화면에 뜨는 바람에 교사와 학생이 모두 당황했다는 뉴스도 있었다. 사전에 비밀번호를 알고 있는 교사와 학생들만 입장할 수 있는 화상회의에 제삼자가 침입한 것이다. 이후 화상 솔루션 제공 업체는 보안을 강화했지만 이런 유형의 사건은 언제든지 다시 발생할 수 있다.

현재 학교에서 사용하는 모든 기술적 도구는 인터넷에 연결돼 있다. 스마트

스마트 기기에 탑재돼 있는 와이파이 모듈

기기, 전자칠판, 프로젝터, 프린터 등 최근 몇 년 내에 만들어진 기기들에는 모두 와이파이 모듈이 탑재돼 있다. 연결됨으로써 얻는 장점이 매우 큰 반면, 그 때문에 발생하는 위험성도 작지 않다. 바로 보안 위협이다. 인터넷에 연결된 기기들은 언제든지 바이러스의 공격과 해킹의 대상이 될 수 있다.

학교에서는 교사와 학생들의 민감한 데이터를 다루므로 높은 보안 수준이 요구된다. 이를 위해 대부분 학교 인터넷망은 2개로 분리돼 운영된다. 교사가 행정 업무와 학생들의 성적, 생활 기록 등을 다루기 위해 사용하는 망과 교사와 학생이 수업 활동을 위해 사용하는 망이 따로 있다.

이런 망분리 노력 외에도 하드웨어나 운영체제가 자체적으로 지니는 보안 특성도 선택의 중요한 기준이 될 수 있다. 윈도나 안드로이드, iPAD OS와 같이 설치형 운영체제들은 앱과 사용자의 데이터가 기기에 저장되므로 운영체제가 탑재된 기기 자체의 보안 능력이 높아야 한다. 백신 프로그램 설치와 주기적인 업데이트로 높은 보안 수준을 지속적으로 유지할 수 있는지 확인해야 하며, 백신 프로그램을 설치하고 유지하는 데 필요한 비용과 노력도 고려해야 한다.

크롬이나 웨일과 같은 클라우드 기반의 운영체제를 사용하는 기기들은 앱에 접속해서 사용하고, 사용자 데이터를 기기에 저장하지 않는다. 따라서 상대적으로 보안 위협이 낮고, 사용자 입장에서 기기 보안성 유지를 위해 백신 프로그램을 설치하지 않아도 된다. 사용자 데이터가 클라우드에 저장돼 있으므로 데이터 보안 유지의 책임이 교사, 학생 등 사용자가 아닌 서비스 제공자에게 전가될 수 있다.

교육에 기술을 활용하기 시작하면서 디지털화된 데이터를 쌓을 수 있게 됐다. 이전에는 버려지던 학생 활동, 생활과 관련된 많은 데이터를 축적할 수 있다. 축적된 데이터는 좋은 방향으로 활용될 수 있지만, 해킹으로 인한 외부 유출이나 훼손될 위험도 있다. 그러므로 데이터를 처음 쌓을 때부터 활용과 보호에 대한 계획을 함께 수립해야 한다.

인터넷에 연결된 다양한 기술적 요소의 활용은 그만큼의 보안 위협 요소를 만들어낸다. 각각의 기술적 도구를 선택할 때 보안에 위협이 없는지, 보안 대책은 잘 세워져 있는지, 위협 요소가 발견됐을 때 즉각적으로 대응할 수 있는지 확인해야 한다.

지속적인 지원

학교에 도입된 기기나 소프트웨어는 다음과 같은 특별한 환경에서 사용된다.

첫째, 수업의 주체가 되는 교사가 계속해서 바뀐다. 사립학교나 대안학교가 아닌 공립학교에서는 교사가 4~5년을 주기로 이동하게 된다. 수업의 주체가 되는 교사가 계속해서 바뀌는 것이다. 학교에서 여러 기술적 요소를 결합하여 어느 정도 완성도를 갖춘 환경을 구축했다고 하더라도, 그 속에서 활용 노하우를 개발하고 지속적으로 발전시키기 어려운 환경이다.

둘째, 학생이 바뀐다. 매년 새로운 학생들이 입학하여 학교의 기술적 환경을 익혀야 하는 상황에 놓인다. 학생들은 새로운 기술을 습득하는 데 비교적 저항이 없고 빠르게 배운다는 점에서 크게 문제가 되지는 않으나, 학교에서는 주 사용자인 학생들이 새롭게 입학할 때마다 학교의 기술적 환경을 안내해야 한다.

셋째, 소유권자와 사용자가 일치하지 않는다. 교육청 예산으로 구매한 기술적 도구들은 교사나 학생의 소유가 아니다. 가까운 시일 내에 1인 1기기 보급이 완료될 것으로 예상되는 만큼 학생 각자에게 개인용 스마트 기기가 할당될 수는 있으나, 기본적으로 학교의 모든 기술적 도구는 불특정 다수가 공유하여 사용하는 환경이다. 즉 일반적인 사용 환경보다는 더 가혹한 환경이다.

이처럼 특별한 사용 환경을 생각한다면, 학교에 기술적 도구들을 도입할 때 제조사나 직접적인 공급 업체의 지속적인 지원 가능성을 면밀히 검토해야 한다. 환경의 어려움을 자체적으로 극복하는 제품과 서비스를 선택함과 동시에, 필요가 생겼을 때 빠르고 정확하게 지원받을 수 있는 제품이나 서비스를 도입해야 한다.

지속적인 지원에는 구체적으로 어떤 것들이 포함돼야 할까?

첫째, 소프트웨어 업데이트를 들 수 있다. 대표적으로 안드로이드 태블릿의 경우 운영체제 업데이트는 제조사의 역량과 직결된다. 구글에서 새로운 안드로이드 버전을 공개하더라도 제조사별로 적용 여부나 시점이 모두 다르며, 같은 제조사 내에서도 모델별로 달라진다. 불과 몇 년 되지 않은 안드로이드 태블릿인데 운영체제가 업데이트

되지 않아 불편을 겪는 경우를 자주 볼 수 있다. 스마트 기기를 포함하는 하드웨어는 어느 정도의 주기로, 얼마나 오랫동안 소프트웨어 업데이트가 제공되는지 꼭 확인해야 한다.

둘째, 교육 및 연수 지원이 계속해서 이뤄져야 한다. 최초 도입 시 기술적 도구가 학교에 안착해 많이 사용될 수 있도록 특히 전 교사 대상 연수가 제공돼야 한다. 매년 새로운 교사가 부임할 때마다 추가적인 교육도 필요하다. 일회성 보여주기식 연수가 아닌 교사가 새로운 도구를 수업에 활용할 수 있는 수준에 이르도록 실제로 도움이 되는 연수여야 한다. 연수의 질적·양적 측면 모두에서 교사가 만족할 만한

포인투랩 미래교육 컨퍼런스에서 에듀테크 관련 연수를 받고 있는 전국 초중고 선생님들

수준에 이르러야 한다. 그동안 우리나라 학교에 기술적 도구들을 공급해온 기업들은 단순 판매에 머물러 있었다. 이제는 단순 판매를 넘어 활용까지 책임을 져야 한다. 학교에 기기나 소프트웨어를 설치했다고 끝난 것이 아니라 그때부터 시작임을 인식해야 한다.

셋째, 신속하고 안정적인 A/S가 이뤄져야 한다. 전자칠판 관련 선생님들의 볼멘소리를 듣게 됐다. 고장이 나도 A/S가 잘 이뤄지지 않아 여간 불편한 상황이 아니라고 했다. 전자칠판은 교실에 부착되는 기기이므로 고장이 나면 제조사의 인력이 신속하게 학교를 방문하여 조치해야 한다. 현장에서 조치할 수 없을 때는 수업의 연속성을 위해 대체품을 제공하고 고장 난 제품을 수거하여 최대한 서둘러 수리해야 한다. 교육에 활용되는 기술적 도구들은 안정적으로 동작해야 한다. 문제가 발생하면 교육에 영향을 주기 때문이다. 가동 중단 시간을 최소화해서 수업에 지장을 주지 않아야 한다. 학교에서 기술적 도구들을 선택할 때는 이런 A/S 체계를 확인해야 한다. 교사가 A/S를 쉽게 신청할 수 있어야 하고, 신속한 조치가 이뤄져야 한다.

학교에서 기술적 도구를 선택할 때 기술지원확약서 등을 요구하는 것을 본 적이 있다. 형식적인 절차로 그칠 것이 아니라 기존 A/S 개념을 기본으로 소프트웨어 업데이트, 연수 등 안정적인 활용을 위해 필요한 지원 사항을 명기하여 실효성이 있는 지원이 지속적으로 이뤄지도록 장치를 마련해야 한다.

연동성

학교에 기술적 도구들을 도입할 때는 도구별 특성을 검토한 후에 기존에 도입된 도구들과의 연동성을 검토해야 한다. 연동성은 크게 하드웨어와 소프트웨어 측면으로 나누어 생각해볼 수 있다. 기기가 상호 간 유·무선으로 연결될 수 있어야 하드웨어 측면의 연동성을 확보할 수 있다. 유선 연결은 추가적인 액세서리를 필요로 하고 번거로움이 따르므로, 무선 연결을 지원하는지 확인하는 것이 좋다. 학교에 도입된 기술적 도구들 사이에서 데이터가 제한 없이 자유롭게 흘러다닐 수 있어야 한다. 그래야 기술이 수업의 걸림돌이 되지 않는다. 예컨대 학생이 작성한 발표 자료를 전자칠판에 쉽게 띄울 수 있어야 하고, 교사가 찾아낸 인터넷 자료를 학생들이 사용하는 스마트 기기 화면에 언제든지 보낼 수 있어야 한다.

소프트웨어를 결정할 때는 학교에 도입된 하드웨어를 확인하고 가능한 한 모든 기기에서 활용할 수 있게 해야 한다. 교사용 기기나 학생용 기기, 과학실에 설치된 데스크톱 컴퓨터 등 어느 한 가지 기기에서만 동작하는 소프트웨어는 사용성이 제한적일 수밖에 없다. 대학 수준의 교육에서는 설계나 디자인 등을 위한 소프트웨어가 특정 운영체제나 특별한 하드웨어 사양을 요구하기도 한다. 그렇지만 초·중·고에서는 이런 상황이 거의 발생하지 않는다. 학교에 보급된 모든 하드웨어에서 사용할 수 있는 소프트웨어를 도입해 연동성을 확보하면, 하드웨어의 활용성을 극대화하는 동시에 교사와 학생 모두에게 동일한 소프트웨어 사용 환경을 제공할 수 있다.

학교에 갖춰진 모든 기술적 도구가 연동성을 가지려면 앞서 언급한 바와 같이 통합적 관점에서 기술적 도구를 도입해야 한다. 교육부나 교육청에서 학교의 IT 인프라 구성을 위해 참고할 수 있는 가이드라인을 작성하여 배포하는 것도 하나의 해결책이 될 수 있다.

학교에서 새로운 기술적 도구를 도입할 때 적용할 수 있는 일반적인 기준으로 사용성·확장성, 유지·관리의 용이성, 보안성, 지속적인 지원, 연동성을 제시했다. 교사가 의도한 대로 사용할 수 있어야(사용성·확장성) 교육적 목적을 달성할 수 있다. 가장 중요한 기준이다. 첫 번째 조건이 충족된 다음에라야 나머지 조건을 따져볼 수 있는 것이다.

앞으로는 현재보다 훨씬 더 다양한 기술적 도구들이 교사 앞에 제시될 것이다. 자신의 수업에 대한 확고한 방향성을 바탕으로 선택의 기준을 정리해야 흔들림이 없다. 지금은 교사들이 주어진 선택지를 확인하기에도 버거운 상황이지만, 올바른 선택이 계속해서 이어지면 교육 솔루션 제공 기업들은 교사의 요구에 맞추기 위해 더 노력하게 될 것이다. 그날이 하루빨리 다가오기를 기대한다.

6장

교육에 적용하는
기술에서는
자율과 통제, 정보 보호,
학생의 안전과 보호,
공정성, 유연성의
원칙이 필수적이다.

기술의

운용

대부분 가정에서
스마트폰을 두고
전쟁을 치르고 있다.

학교에 기술을
도입할 때는
다양한 보안 장치를
마련해야 한다.

관리를 위한
청사진은
설치 단계에서부터
필요하다.

구슬이 서 말이라도 꿰어야 보배라는 말이 있다. 아무리 좋은 기술적 도구를 선택해 도입했다고 하더라도, 효율적으로 운용하지 않으면 계획한 성과를 얻을 수 없다. 학교는 기술적 도구들이 사용되는 매우 특수한 환경이다. 교실 중심의 제한적 공간에서 기술적 도구들이 사용된다. 교사와 학생으로 대변되는 주 사용자 그룹이 존재하며, 사용 기간도 한정적이다. 학기 중에는 활발하게 사용되고 방학이 되면 학교의 모든 기술적 도구도 휴지기에 들어간다. 매년 졸업 후 학교를 떠나는 학생들이 있고, 새롭게 입학하는 학생들이 있다. 공립학교 선생님들은 때가 되면 학교를 옮긴다. 학생들이 등교했다가 썰물처럼 빠져나가면 학교는 고요 속으로 빠져든다.

코로나를 겪으면서 학교는 기술적 도구를 활용하기 위한 걸음마를 시작했다. 갑자기 불어닥친 전염병은 주위를 차분히 둘러볼 시간적 여유도 없이 기술을 교육에 풀어놓았다. 코로나가 끝나고 학생들이 다시 교실로 돌아왔지만, 우리 모두는 교육의 디지털 전환이라는 거부할 수 없는 큰 물결 앞에 서 있다. 다행스럽게도, 코로나 시대와 달리 이제는 교육에 기술을 어떻게 활용할 것인지 신중하고 차분하게 생각할 여유가 생겼다. 2020년 4월 그때처럼 정신없이 카메라와 노트북을 켜고 학생과 교사가 낯선 서로의 모습을 마주하지 않아도 된다.

학교에서 기술적 도구를 사용하면 현실적인 문제들을 마주하게 된다. 기기 보관부터 학생 데이터 처리 문제, 스마트 기기 통제까지 이전에는 없었던 새로운 문제들이 곳곳에서 불거진다. 학교에서 기술을 운용하면서 해결해나가야 하는 문제들을 살펴보고 그에 대한 해결책을 제시하고자 한다.

01

기술 운용의 원칙

자율과 통제

청소년 자녀를 둔 대한민국 가정 대부분은 스마트폰과 전쟁을 치른다고 해도 과언이 아니다. 틈만 나면 스마트폰을 들고 자신만의 세계로 빠져버리는 자녀를 보고 있자면 성인군자라도 울화통이 치밀어 오른다. 공부를 좀 하면 좋겠는데, 책을 좀 읽으면 좋겠는데 눈에 보이는 건 고개를 숙인 채 스마트폰만 들여다보는 모습이다. 초등학교 고학년이 되어서 스마트폰을 손에 넣으면 아이들은 게임의 세계에 빠져든다.

"게임 안 하면 친구들하고 못 놀아!"

마음이 약해진 부모들은 미루고 미뤘던 스마트폰을 사주고 만다. 전 직장의 상사는 아들이 게임에 쏟는 시간이 많아지자, 어디 한번 원 없이 해보라며 간섭하지 않고 내버려 뒀다고 한다. 며칠 후 그 아들은 이제 재미가 없어졌다며 게임을 그만두고 공부를 시작하더라고 했다.

중·고등학생 자녀를 둔 학부모들 사이에서 뜨거운 감자인 학교 문제가 있다. 바로 학교에서 스마트폰을 학생이 소지하도록 허용하느냐, 등교와 동시에 담임이 거둬서 하교 시 돌려주느냐 하는 선택이다. 학교별로 다른 정책을 적용하고 있어서 극명하게 비교된다. 학부모들은 교내에서 스마트폰 사용을 허용하면 안 된다는 입장이 우세하다.

유네스코에서는 〈2023 글로벌 교육 모니터 보고서〉○에서 전 세계 4개국 중 1개꼴로 법이나 지침으로 교내 스마트폰 사용을 금하고 있다고 밝혔다. 학생들의 스마트폰 소지를 허용하는 학교에서는 학생들의 인권과 자율성, 위급 상황 시 연락, 수업 활용 등을 이유로 내세운다. 스마트폰 소지 관련 설문조사를 실시한 한 중학교의 조사 결과를 전해 들었다. 놀랍게도 학생들 역시 50% 이상이 학생의 교내 스마트폰 소지를 반대했다.

몇 년 전 학교에 스마트 기기를 도입하기로 한 어느 학교에서 학부모를 대상으로 설명회를 진행했다. 역시나 학부모들의 우려는 명확했다.

"수업 시간에 애들한테 컴퓨터를 주면 수업이 될까요?"

선생님들이 학부모들을 설득하느라 꽤 애를 먹었다. 코로나를 거치면서 학교에서 스마트 기기를 사용해야 한다는 원칙에 반대하는 목소리는 사라졌지만, 수업 시간에 학생들이 스마트 기기를 사용한

○ UNESCO UNESDOC 디지털 라이브러리, 〈Global education monitoring report, 2023: technology in education: a tool on whose terms?〉, unesdoc.unesco.org/ark:/48223/pf0000385723

다는 데서 오는 불안감은 여전하다.

크롬북을 도입한 이후 몇 년간 학생 통제 도구를 도입하지 않았던 학교의 선생님한테서 연락을 받은 적이 있다.

"도저히 안 될 것 같습니다. 통제 도구가 필요할 것 같습니다."

선생님의 목소리에서 안타까움이 배어 나왔다. 스마트 기기를 도입해서 활발하게 사용하는 학교의 선생님들이 공통으로 하는 말이 있다.

"대부분 학생은 교사의 통제를 잘 따릅니다. 그런데 몇몇 학생이 항상 문제를 일으켜요."

90% 이상은 특별한 통제가 없어도 교사의 지시대로 기술적 도구를 잘 활용하지만, 나머지 학생들은 다른 용도로 사용하거나 지시를

기술적 도구가 학교에 도입되면서 적절한 통제와 관련된 논란이 이어지고 있다.

따르지 않는다는 것이다. 10% 미만의 학생들이 전체에 좋지 않은 영향을 미치는 것을 사전에 차단하기 위해 강제적인 통제 수단을 도입하는 학교가 많았다.

학생들에게 스마트 기기 등 다양한 기술적 도구를 허용하면서 어느 정도의 자율성을 보장해야 할까? 완전한 자율성을 보장하여 학생 스스로 수업에 필요한 만큼만 사용하도록 유도하는 것이 가장 바람직하겠으나, 현실적인 어려움이 따른다. 코로나로 온라인 수업이 진행되던 어느 날 아들의 수업 장면을 본 적이 있다. 선생님의 목소리가 들리는 와중에도 수업과 관련 없는 다른 화면이 아들의 노트북에 떠 있었다. 온라인 수업 환경은 교사가 학생들의 눈에 직접적으로 보이지 않고, 자신만의 공간에서 수업에 참여하는 경우도 많아 학생들이 스마트 기기를 수업 외의 용도로 사용할 가능성이 커진다.

'적절한 통제'란 무엇일까? 학생들이 스스로 통제하는 힘을 기를 수 있는 여유를 허락하되, 수업 진행에 방해가 되거나 학생이 수업에 참여하지 않는 상황을 방치해선 안 된다. 말이 너무 좁은 울타리 안에 갇혀 있으면 힘차게 달릴 수 없다. 울타리가 눈에 보이지 않아야 마음껏 내달릴 수 있다. 다만 너무 많이 내달렸을 때 밖으로 벗어나지 않도록 경고하는, 뛰어넘을 수 없는 울타리가 필요하다. 학생들 역시 벽에 부딪히기 전까지는 통제되고 있다는 것을 모르는 것이 좋다. 그래야 스스로 통제하는 힘을 기를 수 있다.

학교의 기술적 도구 통제 개념

정부가 시행하는 각종 규제를 정할 때 네거티브negative 규제와 포지티브positive 규제를 놓고 열띤 토론이 벌어진다. 네거티브 규제는 나열된 것을 제외한 모든 것이 허용된다는 의미다. 포지티브는 반대로 나열된 것만 허용되고 그 외에는 모두 금지되는 규제를 말한다. 학교에서 기술적 도구에 대한 통제 정책을 정할 때는 학생의 자율성을 기르는 교육적 목표를 고려하여 네거티브 규제가 바람직하다.

얼마나 많은 내용을 나열하여 규제할 것인가는 학교급별로 다를수 있다. 초등학교는 저학년과 고학년으로 나누어 통제 규칙을 세우는 것이 좋다. 저학년은 아직 스마트 기기 등 기술적 도구에 익숙하지 않고 사용 시간도 제한적이므로 특별한 통제 장치가 필요하지 않을수 있다. 고학년은 게임, 유튜브, 웹툰 등에 본격적으로 노출되는 시기이므로 접속 제한 사이트나 앱 등을 최소한으로 설정할 수 있다.

중학교는 통제의 울타리가 학생들 앞으로 조금 당겨지는 시기다. 자아가 성숙하기 시작하는 단계로, 할 수 있는 것들이 많아진다. 게임, 유튜브, SNS를 본격적으로 사용한다. 중학교는 학교의 환경이나 학생들의 성향에 따라 다를 수 있지만, 일반적으로 초등학교보다는 좀 더 많은 통제가 필요하다. 적절한 통제를 위해서는 교사들이 먼저 학생들을 관찰해야 한다. 학생들이 수업 시간에 교사의 지시를 따르지 않고 임의로 접속하거나 사용하는 사이트, 앱 등을 파악한 후 교사들의 합의를 거쳐 통제 리스트에 포함시킨다.

고등학교는 특목고, 자사고, 일반고, 특성화고 등 종류가 다양하다. 학교별로 면학 분위기, 교육적 목표도 다를 수 있다. 학교 단위의 통제 철학, 방향성이 중요해진다. 학교와 그에 속한 학생들의 특성을 정확히 파악하여 기술적 도구에 대한 통제 정도를 결정해야 한다. 학교에 따라 완전 자율에 맡기는 곳도 있을 것이고, 중학교와 유사한 정도의 통제를 필요로 하는 곳도 있을 것이다. 고등학교는 학교 관리자와 교사, 학생, 학부모의 의견이 모두 반영된 통제 정책을 결정하고 시행하여 부정적인 효과를 관찰한 다음 점진적으로 개선해나가는 방식을 채택하는 것이 좋다. 고등학교 수준에서는 학교별로 교풍이 존재하고 학생들도 자정 능력을 갖추게 되므로, 기술적 도구를 통제하는 데는 구성원 간의 합의가 무엇보다 중요하다.

기술적 도구의 자율과 통제를 논하고 학교의 통제 정책을 결정하기 전에 학생들을 대상으로 기술에 대한 태도를 교육해야 한다. 코로나 시대를 지나면서 교육에 기술이 급작스럽게 나타났다. 기술을 학교에서 어떻게 관리해야 하는지, 학생들에게는 어떤 태도를 가지라고 말해야 하는지 교육 주체들이 논의를 시작하기도 전에 기술이 교육을 파고들었다.

"학생들은 자기들이 알아서 사용법을 깨우칩니다. 그러니 따로 교육할 필요가 없습니다."

많은 학교에서 듣게 되는 말이다. 학생들은 기술적 도구의 사용법을 빠르게 익힌다. 어린 시절부터 디지털 도구를 자연스럽게 사용해왔기 때문이다. 그렇지만 다른 의미에서 학생들에 대한 기술 교육은 반드시 필요하다. 사용법이 아니라 기술에 대한 태도를 가장 먼저 가르쳐야 한다. 학생들을 대상으로 디지털 리터러시digital literacy 교육이 많이 진행됐다. 디지털 리터러시는 디지털 기기를 원활하게 다루는 능력을 포함하여 정보를 이해하고, 분석하고, 사용하는 능력을 말한다.

디지털 리터러시의 요소

DiGiTAL LiTERACY

PRACTICAL AND FUNCTIONAL SKILLS · CREATIVITY · PROFICIENT COMMUNICATOR · CURATE INFORMATION · COLLABORATION · CULTURAL AND SOCIAL UNDERSTANDING · E-SAFETY · CRITICAL THINKING AND EVALUATION

디지털 리터러시 교육은 필요하나 그 이전에 인간이 기술에 어떤 태도를 취해야 하는지 알아야 한다. 인간과 기술의 관계를 이해해야 한다. '인간은 기술을 만들고 기술을 사용한다.' 이 간단하고 명확한 대전제를 학생들이 이해하고 체화하도록 도와야 한다. 학교에서 사용되는 기술적 도구는 교육적 목적을 위해 주체적으로 사용하는 '도구'임을 명확히 인지하게 해야 한다. 그래야 본래의 목적에서 벗어난 사용을 줄일 수 있다. 학교 밖에서 스마트폰, 컴퓨터를 사용할 때도 기술에 대한 태도를 명확히 하도록 학생들을 도와야 한다.

'주체적 사용'이란 원할 때 사용하고, 원하지 않을 때는 언제든 사용을 멈출 수 있는 상태를 말한다. 원할 때든 아니든 사용을 멈추지 못하면 종속이 되고, 중독이 된다. 학생들이 원할 때 또는 필요할 때 기술을 사용하거나 멈출 수 있도록, 기술과 어떤 관계를 맺을 것인지를 가르쳐야 한다. 학생 스스로 기술의 사용을 통제할 수 있는 첫걸음은 기술을 이해하고 주체적인 사용자가 되는 것이다.

정보 보호

"선생님들! 서랍 시건 장치 잘 확인해주시고, 책상 위에 시험 관련 문건이 없도록 한 번 더 확인해주세요."

어느 중학교에서 교사 대상 연수를 시작하기 전, 전체 교사가 모인 기회를 활용하여 교무부장 선생님이 시험 관련 주의 사항을 공지했다. 시험 기간이 다가오면 학교는 보안에 신경을 곤두세운다. 시험 출제, 시험지 인쇄, 보관 등 시험 관리에 빈틈이 없는지 확인하고 시험 기간에는 학생들의 교무실 출입을 통제한다. 그동안 학교에서 신경 써야 할 '보안'의 대상은 시험지였다. 입시가 점점 더 치열해지고 시험지 유출 사건이 발생하면서 학교는 시험 관련 보안을 유지하는 데 어느 때보다 많은 노력을 기울이고 있다.

교육에 기술이 도입되면서 학생들이 다루는 많은 데이터가 디지털화되고 있다. 디지털화된 데이터는 다루기 쉽고 복제도 용이하다. 한없이 복사될 수 있기 때문에 편리하기도 하지만, 다른 한편으로는 외부인에게 유출될 가능성도 크다. 학교에서 기술적 도구를 많이 사용하게 되면서 이제는 시험뿐만이 아니라 '데이터 보안'에도 많은 노력을 기울여야 한다.

우리나라에서 개인에 대한 정보를 수집하고 활용할 때는 개인정보 보호법을 준수해야 한다. 개인정보 보호법에서는 개인정보의 정의, 개인정보 보호 원칙, 자신 관련 정보에 대한 개인의 권리와 국가 등 지방자치단체가 개인의 정보 관련 권리를 보호하기 위한 의무를 규정하고 있다. 학교에서는 기본적으로 개인정보 보호법을 준수하면서 학교의 특수한 상황에 따라 세부 추가 사항을 규정하여 시행해야 한다. 교육부에서는 개인정보보호포털°을 마련하여 개인정보 보호에 대한 일반적인 사항을 안내하고 학교에 개인정보 교육을 지원하고

○ 교육부 개인정보보호포털, privacy.moe.go.kr

있다. 다만 현재의 교육부 개인정보보호포털은 개인정보 보호법 내용을 그대로 풀어놓고 있어 학교에 기술적 도구가 도입되면서 발생하는 데이터를 관리하는 데 세부적인 지침으로 활용하기에는 부족하다. 학교에서 본격적으로 기술적 도구가 사용되면서 향후 방대한 학습 관련 데이터가 생성될 것으로 예상되는 만큼 이에 대한 구체적인 정책을 마련해야 한다.

학교에서 생성되는 학생 관련 데이터는 일반 정보, 학업성취, 학교생활, 각종 활동 기록, 상담 기록 등이 있다. 기술적 도구를 수업이나 과제에 사용하면서 추가적인 데이터가 생성된다. 과제 결과물, 학생들이 서로 주고받는 댓글, 질문과 답변, 토론 내용 등 예전에는 기록되지 않았던 수업 관련 활동이 모두 데이터로 축적될 수 있다.

학교에서 생성되는 데이터

분류	세부 사항
일반 정보	이름, 생년월일, 학년, 반, 번호, 가족 사항
학업성취	시험 성적, 수행평가 성적, 실기시험 성적
학교생활	출결, 학습 태도, 교우관계
활동 기록	교외 활동, 동아리 활동
상담 기록	학생, 학부모 면담 기록
수업 관련 데이터*	과제물, 피드백, 질문 답변, 토론 내용 등

* 기술적 도구의 활용으로 새롭게 생성되는 데이터

기술적 도구가 교육에 본격적으로 사용되면서 예전에는 종이 문서로 오프라인에서 관리되던 데이터가 디지털화되고, 새롭게 생성되는 데이터도 많아졌다. 축적된 데이터는 잘 관리되고 활용되어야 데이터로서 가치가 생겨난다.

NEIS를 통해서 공식적으로 관리되는 데이터는 최종적인 공식 데이터로 교육부에서 정보 보호 책임을 지고 있다. 교육에 기술적 도구가 사용되면서 NEIS를 통해 기록되는 최종 데이터를 만들어내기 위한 기초 데이터가 디지털화되고 저장되고 있다. 학교에서는 이런 기초 데이터를 수집하고 관리할 방안을 강구해야 한다.

현재 학교에서는 학생 정보수집 및 활용 동의서를 학생 및 학부모로부터 받고 있다. 학교생활 전반에 관해 필요한 학생 관련 정보를 수집하고 이용하기 위한 동의서인데, 여기에는 제삼자에게 개인정보를 제공하는 것에 대한 동의서도 포함돼 있다. 학교들이 기술적 도구를 사용하기 시작하면서 학생의 작품이나 과제물 등을 보유·이용하기 위한 동의 내용을 포함하는 경우가 늘어나고 있다.

또한 전국 교육청이 구글, 애플, 마이크로소프트, 네이버 등 교육용 플랫폼 소프트웨어를 도입하여 학교에서 활용하도록 장려하고 있다. 각 학교에서는 플랫폼 소프트웨어를 선택적으로 사용하는데, 개인정보 활용 동의서에는 이런 플랫폼 소프트웨어에서 생성되는 학생 관련 정보들에 대한 규정은 아직 포함돼 있지 않다. 플랫폼 소프트웨어를 수업에 활용하면 수업 내용, 수행평가 성적 등도 모두 플랫폼 소프트웨어를 통해 생성되고 저장될 수 있으므로 이에 대한 활용 동의도 필요하다.

수업에 더 많은 기술적 도구를 활용하게 되면서 앞으로 새로운 도구를 도입할 때마다 어떤 정보가 생성되고 어디에 저장되며 어떻게 활용되는지 학교는 명확히 이해하고 있어야 하며, 그에 따른 정보 제공 및 활용 동의를 받아야 한다.

최근에 학교에 제공되는 기술적 도구들은 클라우드 서버나 저장 공간을 활용하는 경우가 대부분이다. 사용자의 데이터가 스마트 기기가 아닌 서비스 제공자의 서버에 저장된다는 얘기다. 클라우드에 저장된 데이터는 언제 어디에서나 접근이 가능하고 누구에게나 공유될 수 있다. 그만큼 개인정보가 외부로 유출될 가능성도 크다. 클라우드 기반 문서 도구로 같은 팀의 학생들이 공동으로 작성한 과제물은 팀원 누구든지 외부로 유출할 수 있다. 클라우드 기반의 기술적 도구들은 공유와 공동 작업이 용이한 반면 데이터 보안 책임 소재 논란이 발생할 수도 있다. 클라우드에 저장된 데이터는 기본적으로 클라

학생의 다양한 데이터가 쌓이는 만큼 외부로 유출되지 않도록 보안을 강화해야 한다.

우드 서비스 제공 기업이 보안 책임을 진다. 따라서 클라우드 저장 공간, 앱 등을 사용할 때는 서비스 제공 기업의 보안 능력도 확인할 필요가 있다. 클라우드 기반 서비스를 사용하면서 개인에게 책임이 전가되는 경우는 비밀번호 관리 부실로 인한 데이터 유출이나 계정 해킹이 발생하는 경우다. 교사와 학생은 자신의 비밀번호가 충분히 안전한지 스스로 점검해야 하며 주기적으로 변경해 보안을 유지하는 것이 좋다.

학교에서 생성되는 데이터별로 접근 권한을 명확히 설정해야 한다. 정보 보호의 가장 좋은 방법은 공유를 최소화하여 유출될 수 있는 경로를 최대한 줄이는 것이다. 학생들 관련 데이터가 점점 더 늘어나는 만큼, 누가 특정 데이터를 열람하거나 편집할 수 있는지 세부 권한을 정해야 한다. 진로상담 기록은 진로 담당 선생님, 담임 선생님, 학생, 학부모가 열람할 수 있고 편집할 수 있다. 시험 성적은 담당 교사가 입력하고, 학생과 학부모가 일정 기간 열람할 수 있다. 여러 사람이 편집 권한을 가진 경우에는 어떤 내용을 누가 언제 편집했는지 알 수 있어야 한다.

교육부나 학교에서 정보 보호에 많은 노력을 기울인다고 해도 새로운 기술적 도구를 학교에 적용하는 속도를 따라가지는 못할 것이다. 법과 규정은 항상 현실보다 한 발짝 뒤처지니 말이다. 그 한 발짝의 차이는 교사, 학생, 학부모가 정보 보호에 대한 의식을 가지고 극복해야 한다. 학교에서 데이터를 쌓는 이유는 그동안 알지 못했던 사실을 찾아내 맞춤형 교육 등 더 나은 교육을 제공하기 위해서다. 축적된 데이티를 활용하기 위해서는 관련자의 자유로운 접근과 활용이 필요하다.

정보 보호는 양날의 검과 같다. 과하면 데이터 활용이 위축되고, 부족하면 데이터 유출이 발생한다. 결국 교육 당국과 교사, 학생, 학부모의 의견이 반영된 균형 잡힌 정보 보호 방안이 마련돼야 한다.

데이터 유출 등 정보 관련 사고를 막는 최후의 보루는 데이터를 다루는 사람들의 보안의식이다. 교육 현장에서 만들어지는 데이터가 폭발적으로 증가할 것으로 예상되므로 교사, 학생, 학부모를 대상으로 하는 정보 보호 교육이 필요하다. 그동안 진행돼온 일반적인 내용이 아니라 학교 현장에 특화된 정보 보호 교육이 만들어지고 실행돼야 한다. 수업에 기술적 도구를 사용하면서 새롭게 생성되는 데이터 관리 방안, 학생·학부모 대상 정보 공유 범위, 권한 등 지침을 마련하여 정보 보호 교육이 이뤄져야 한다. 교육에 기술이 도입되는 물꼬가 트인 이 시점에 형식적인 교육이 아니라 교사, 학생, 학부모 모두에게 실제로 도움이 되는 정보 보호 교육과정 개설이 시급하다.

학생 안전과 보호

교사의 설명과 교과서는 지난 100여 년간 교실에서 사용돼온 수업의 도구들이다. 교사는 일정 자격을 갖추지 않으면 학생들을 가르칠 수 없다. 우리나라에서 교사가 되는 길은 다른 직업에 비해 상대적으로 높은 학력 수준과 인성을 요구해왔다. 국가에서 초·중·고 교사의 자격을 관리하여 수업의 질을 보장했다. 교과서는 국정·검정·인정 교과서 제도를 통해 일정 수준의 교과서만 학교에서 사용될 수 있도록 관리했다. 학교 수업에 활용되는 가장 중요한 콘텐츠인 교사의 설명과 교과서의 내용을 국가가 직간접적으로 관리하여 학생들에게 전달되는 내용의 안전성과 질을 유지하도록 한 것이다.

교실에서 사용되는 콘텐츠의 제약은 기술적 도구의 도입으로 점점 사라져가고 있다. 폐쇄적이었던 교실 내 콘텐츠 활용이 온 세상을 향해 활짝 열리는 시대가 된 것이다. 교사와 학생이 교실에서 컴퓨터를 켜고 인터넷에 연결하는 순간, 교실에는 이 세상 모든 콘텐츠가 펼쳐질 수 있다. 이전보다 훨씬 더 다양한 콘텐츠를 수업에 활용할 수 있는 길이 열린 반면, 비교적 철저하게 관리돼왔던 수업 활용 콘텐츠의 안전성과 질은 담보하기 어려운 상황이 됐다. 실제로 학교에서 수업 시간에 활용된 영화나 동영상에서 성희롱이나 인종차별적인 내용이 발견돼 문제가 되기도 했다.

수업 시간에 활용되는 콘텐츠는 비판보다 배움을 전제로 하는 학생들에게 노출되는 것이니 매우 신중하게 선택해야 한다. 학생들은 수업 시간에 활용되는 콘텐츠를 기본적으로 신뢰한다. 특히 교사의 감독하에 활용되는 콘텐츠는 교사의 존재로 인해 사용의 안전성이 담보된 것으로 판단하기 마련이다. 수업 시간에 활용할 콘텐츠는 어떤 기준으로 검토하고 선정해야 할까?

첫 번째는 유해성이다. 성적인 내용이나 폭력적인 내용은 사전에 철저하게 걸러내야 한다. 교사가 수업을 위해서 학생들에게 제공하는 콘텐츠는 교사가 사전에 확인할 수 있으므로 큰 문제가 되지 않는다. 문제는 학생들이 검색이나 웹서핑을 통해 접근하게 되는 인터넷상의 콘텐츠들이다. 검색이나 특정 웹사이트를 통해 노출되는 선정적이고 폭력적인 콘텐츠는 교사가 모두 차단할 수 없다. 이를 위해 대부분의 검색엔진 서비스 기업은 연령에 따라 폭력적이고 선정적인 검색 결과를 차단하는 서비스를 제공하고 있다. 소프트웨어 플랫폼 관리 기능에서 안전한 검색을 위한 옵션을 설정하여 학생들이 학교 계정으로 사용하는 스마트 기기에서는 유해한 검색 결과가 노출되지 않게 할 수 있다.

두 번째는 허위 정보를 포함하는 콘텐츠의 오류 문제다. 수업 시간에 활용되는 콘텐츠는 정확성이 담보돼야 한다. 책, 웹페이지, 검색 결과, 생성형 AI의 답변 등 수업에 활용할 수 있는 지식 콘텐츠는 크게 확대됐다. 국정·검정·인정 교과서는 모든 내용을 교육 당국이 직접 작성하거나 확인했으므로 수업에 사용해도 문제가 없지만, 이 외에 수업에 활용되는 모든 콘텐츠는 오류나 허위 정보를 포함할 가능성이 항상 존재한다.

사실 확인과 편집을 거쳐 출판되는 책은 비교적 오류가 적은 것으로 여겨져 왔다. 하지만 최근에는 개인이 써 내려간 내용을 출판사의 편집 과정을 거치지 않고도 쉽게 전자책으로 출판할 수 있는데, 이런 책들은 사실관계가 확인되지 않는다. 웹페이지는 인터넷 주소만 있으면 누구나 접근할 수 있다. 웹페이지에 게시된 내용도 작성자의 의도가 그대로 반영된 결과이므로 인용할 때는 신중을 기해야 한다. 누가 작성했는지, 언제 작성됐는지, 콘텐츠에서 인용한 내용이 있다면 출처는 어디인지 확인해야 한다. 검색엔진을 통한 검색 결과는 결국 전 세계에 있는 웹페이지 내용을 긁어모아 보여주는 것으로, 해당 웹페이지 내용이 검증되지 않았다면 검색 결과도 신뢰하기 어렵다.

인터넷 검색 결과 등 다양한 콘텐츠가 수업에 활용되면서 유해성, 정확성에 대한 검증이 중요해졌다.

생성형 AI와 관련해서는 최근 들어 교육적 활용에 대한 논의가 활발하게 진행되고 있다. 질문에 대한 답변을 즉시 보여주므로 매우 편리하긴 하지만, 최근 데이터가 학습되지 않았거나 잘못된 데이터로 학습돼 제시된 결과에 오류가 포함될 수 있다.

수업에 활용되는 콘텐츠에 오류나 허위 정보가 포함되지 않게 하려면 결국 교사가 내용을 확인하여 수업에 활용할지 말지를 판단해야 한다. 웹페이지, 검색 결과, 생성형 AI 답변 중 교사가 진위를 확인할 수 없는 내용은 다양한 출처에서 동일한 정보를 비교하여 오류 및 허위 정보 여부를 판단해야 한다.

세 번째로는 저작권 문제를 확인해야 한다. 멀티미디어를 활용한 수업이 늘어나면서 이미지, 동영상, 음악 등을 수업에 활용하는 사례가 증가했다. 저작권이 설정된 저작물은 기본적으로 저자 사후 70년간 권리가 보호된다. 예를 들어 수업 시간에 유튜브 동영상을 상영하거나 전송·배포했다면 저작권 위반에 해당할까? 우리나라 저작권법 제25조에서는 저작물의 교육 목적 활용에 대해 다음과 같이 규정한다.

> 학교 또는 교육기관이 수업 목적으로 이용하는 경우에는 공표된 저작물의 일부분을 복제 · 배포 · 공연 · 전시 또는 공중송신할 수 있다. 다만, 공표된 저작물의 성질이나 그 이용의 목적 및 형태 등에 비추어 해당 저작물의 전부를 복제등을 하는 것이 부득이한 경우에는 전부 복제등을 할 수 있다.

저작권법 제25조 3항에 따르면 교실에서는 저작물을 수업 목적으로 사용할 수 있다. 가장 많이 활용하는 유튜브 동영상은 다운로드받거나 편집하여 사용하지 말고 유튜브에서 제공하는 웹주소를 그대로 활용하는 것이 좋다. 수업에 활용되는 기술적 도구가 증가하면 저작권의 보호를 받는 콘텐츠의 활용도 함께 늘어나게 된다. 수업 용도의 활용이 허가돼 있기는 하나, 편집·변형 등에 의한 2차 창작물 생성 등은 저작권법 위반 논란이 발생할 수 있으므로 방어적인 태도로 활용하는 것이 바람직하다.

기술적 도구가 교육에 도입되면서 수업에 활용되는 콘텐츠도 폭발적으로 증가했다. 닫혀 있던 교실 문이 세상에 널려 있는 방대한 콘텐츠를 향해 활짝 열렸다. 증가하는 콘텐츠로 인한 위험으로부터 학생들을 보호해야 할 필요성도 커졌다. 학교급이 낮을수록 교사가 정제한 콘텐츠 중심으로 수업에 활용하는 것이 좋다. 중·고등학교로 올라가면서 검색엔진이나 생성형 AI 등을 학생들이 사용할 때는 반드시 검색 결과를 필터링하고, 제시된 결과에 대해서 비판적 수용의 자세를 유지하도록 지도해야 한다.

공정성

같은 회사, 같은 부서에서 일하는 두 사람 중 한 사람에게만 컴퓨터를 사용하게 하고 다른 사람에게는 컴퓨터를 사용하지 못하게 한다면 어떤 일이 벌어질까? 컴퓨터를 사용하지 못하는 사람의 일 처리는 더 많은 시간이 걸리고, 오류가 발생할 확률도 높을 것이다. 이렇게 다른 환경에 놓인 두 사람을 동일한 기준으로 평가한다면 불합리한 일이 아닐 수 없다.

몇 년 전 스마트 기기가 학교에 본격적으로 도입되면서 같은 학년,

같은 과목인데도 스마트 기기를 활용하는 수업과 그렇지 않은 수업이 생겨났다. 스마트 기기 활용 효과를 논외로 하더라도 수업 환경이 차별화되는 상황이 벌어진 것만큼은 분명하다. 옆 반은 영어 시간에 스마트 기기와 앱을 활용하는데 우리 반은 여전히 판서와 교과서에 의존하는 수업을 한다면 아무런 문제가 없을까?

교사는 수업 도구 선택권을 가지고 있고, 그 권리는 보장돼야 한다. 자신의 수업 목표, 가르치는 학생들의 성향, 환경 등을 고려하여 가장 적절한 수업 도구를 선택할 수 있다. 그 선택권은 어디까지 보장돼야 할까? 앞서 어떤 기술적 도구를 사용할 것인지는 교사의 선택에 맡겨야 한다고 언급했다. 그렇다면 기술적 도구 사용 여부 자체는 어떨까?

두 가지 측면에서 생각해볼 수 있다. 첫 번째로 학생의 선택권이다. 교사의 수업 도구 선택권과 함께 학생들의 수업에 대한 선택권도 고려돼야 한다. 교사의 수업권과 학생의 선택권은 근본적으로 상충하는 측면이 있다. 지금까지는 학생의 선택권보다 교사의 수업권이 우선시돼왔다. 학생의 선택권 존중이라는 주제는 매우 민감한 문제로 학교급에 따라 적용이 달라질 수 있다. 초·중학교에서는 분별력 있는 선택과 선택에 대한 책임이라는 측면에서 학생의 선택권을 존중하기가 어렵다. 학생 자신의 선택보다는 학부모의 선택이 될 가능성이 매우 크다. 고등학교에서는 고교학점제 시행으로 학생들의 선택권이 본격적으로 확대될 것으로 보인다. 기술적 도구의 수업 사용 문제도 고등학교 수준에서 학생들의 의견을 반영하는 것이 바람직할 것으로 생각된다.

　두 번째로 기술적 도구의 효과와 보편화다. 아직은 기업의 예와 달리 기술적 도구를 사용하는 반과 그렇지 않은 반이 수업 효과에서 큰 차이를 보이지 않는다. 하지만 학교에서 사용하는 기술적 도구들이 계속해서 고도화되고 사용 수준도 높아지면 그 차이가 커질 것으로 예상된다. 교육부는 디지털교육기획관을 신설하면서 2023년 2월 대한민국 디지털 교육 비전 선포식을 열었다. 이 자리에서 이주호 사회부총리 겸 교육부 장관은 모든 교사가 에듀테크를 활용해 모두를 위한 맞춤 교육을 실현하는 것을 디지털 교육의 비전으로 제시했다. 학교에서 기술적 도구를 활용하는 것이 보편화의 길로 들어선 것이다. 가까운 미래에 기술적 도구가 현재의 교과서와 같이 보편적인 교육 도구로 인식될 가능성이 커졌다.

2023년 2월 개최된 대한민국 디지털 교육 비전 선포식에서 디지털 교육 대전환에 대한 비전과 핵심 정책을 공유했다. © 연합뉴스

기술적 도구의 활용 효과가 뚜렷하게 나타나고 기술적 도구가 보편적인 수업 도구가 되는 시점에는 학생들의 공평한 접근성 보장이 중요해질 것이다. 지역에 따라, 학교에 따라, 반 편성에 따라 기술적 도구 접근성이 차별화돼선 안 된다. 기술 도입 초기 단계에서는 지역별로, 학교별로 기술적 도구의 활용 편차가 발생하기 마련이다. 먼저 도입하여 수업에 적극 활용하는 학교와 그렇지 않은 학교가 있을 수 있다. 코로나를 겪으면서 빠르게 기술적 도구를 활용했던 학교들은 비교적 수월하게 온라인 수업으로 전환할 수 있었다. 앞으로는 기술적 도구에 대한 접근성과 활용 정도가 교육 격차로 이어질 수 있다. 현재는 지역적 한계를 극복해야 하는 농어촌 지역 학교들의 기술적 도구 활용도가 대도시 대비 높지 않다. 기술적 도구 관련 정보 획득, 전 교사 대상 연수 등 규모가 작고 지역적으로 소외된 학교들이 더 열악한 환경에 놓여 있다. 교육 당국은 기술적 도구에 대한 접근과 활용에서 지역적 편차가 발생하지 않도록 농어촌 학교들을 더 적극적으로 지원해야 한다.

학교 내에서도 기술적 도구 활용 및 접근성 편차가 발생하지 않아야 한다. 기술적 도구를 활용하는 수업은 교사의 활용 역량에 큰 영향을 받는다. 교사 스스로 수업 내용과 방향을 기술적 도구로 풀어낼 수 있어야 효과적인 수업을 할 수 있다. 이제는 선도교사 중심의 역량 향상이 아니라 모든 교사가 기술적 도구 활용 역량을 갖출 수 있도록 교육 및 훈련 체계를 마련해야 한다. 교육 연수원이나 외부 교육기관이 아니라 학교 자체적으로 교사의 역량을 강화하기 위한 프로그램을 마련해야 한다. 기술적 도구 활용 역량은 각각의 학교에서 같은 과목 선생님들의 협력을 통해서 가장 효과적으로 향상될 수 있다.

유연성

2016년 알파고가 이세돌 9단을 물리치면서 인공지능이 거센 물결을 일으켰다. 알파고는 이후로도 진화를 거듭하여 알파고 마스터AlphaGo Master를 거쳐 알파고 제로AlphaGo Zero가 됐다. 알파고 제로는 사람의 도움 없이 스스로 바둑을 배울 수 있게 되면서 알파고 마스터를 압도했다. 알파고는 바둑에 특화된 인공지능이었다. 이제는 알파고보다 더 범용적이고 사람의 자연스러운 언어를 이해하는 챗GPT, 바드, 하이퍼클로바X와 같은 생성형 AI가 등장했다.

반도체의 집적도가 2년마다 2배씩 증가한다는 무어의 법칙Moore's Law은 오늘날에도 유효하다. 반도체의 저장 능력, 데이터 처리 능력의 급격한 발전은 반도체를 활용하는 인공지능의 발전과 직접적으로 연관돼 있다. 기술은 하나의 생태계를 이루며 발전의 속도를 높이고 있다.

교육에 적용되는 기술도 빠르게 변화한다. 스마트 기기의 성능은 계속 향상되고 소프트웨어의 기능도 개선된다. 학교에서 교사 대상 연수를 하면서 어떤 기술적 도구를 왜 써야 하는지 설명하면서 꼭 덧붙이는 말이 있다.

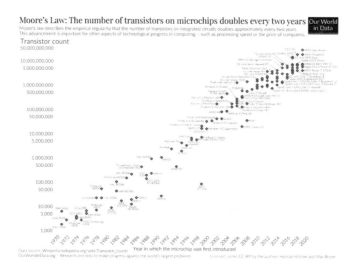

"선생님들께 이런 기술적 도구를 소개하는 이유는 현시점에서 가장 좋은 도구라고 생각하기 때문입니다. 하지만 앞으로 여러분 앞에 새로운 도구가 더 많이 쏟아져 나올 것이고, 우리의 선택은 언제든지 바뀔 수 있습니다."

어떤 기술적 도구도 절대적이지 않다. 학교는 선택하는 시점에 가장 좋다고 판단되는 기술적 도구를 선택한다. 다음번에는 선택지가 얼마든지 바뀔 수 있다. 학교, 교사, 학생은 기술적 도구에 대해서 유연함을 가져야 한다. 교육에 활용되는 기술적 도구에 대한 유연성을 이야기할 때는 사용자 측면과 플랫폼적인 성격을 생각해볼 수 있다.

학생들 입장에서 중·고등학교 3년간은 입학할 때 사용하기 시작한 스마트 기기나 소프트웨어 플랫폼을 변경하지 않는 것이 바람직하다. 한번 익숙해진 스마트 기기나 소프트웨어 플랫폼을 변경하면 혼란과 함께 심각한 부작용을 겪을 수 있다. 과목별로 사용하는 응용 소프트웨어는 언제든지 변경할 수 있다. 학교(또는 교사)는 매년 새로운 신입생을 맞이하므로 스마트 기기와 플랫폼 소프트웨어를 새 학년 시작 전에 검토할 수 있다. 현재 사용하고 있는 스마트 기기나 플랫폼 소프트웨어의 경쟁력이 낮다고 판단된다면, 신입생들부터 새로운 스마트 기기나 소프트웨어 플랫폼을 적용하는 것이 적절하다.

  초등학교는 저학년(1~3학년)과 고학년(4~6학년)으로 나누어 생각해 볼 수 있다. 초등학교 6년은 학생들이 빠르게 성장하는 시기로 저학년과 고학년 학생들은 신체적·정신적 차이가 비교적 크다. 따라서 사용하는 스마트 기기나 소프트웨어 플랫폼이 다를 수 있다. 초등학교에서 기술적 도구의 변경 또는 신규 도입을 고려할 때는 1학년과 4학년을 시작점으로 잡을 수 있다.

  한 학교에서 학년별로 사용하는 스마트 기기나 플랫폼 소프트웨어가 다르다면 교사들은 그만큼 혼란과 어려움을 마주해야 하는 것이 아니냐고 생각할 수도 있다. 실제로 두 가지 이상의 스마트 기기나 플랫폼 소프트웨어를 혼용하는 상황이 충분히 발생할 수 있다. 더 나은 도구를 사용하기 위한 일시적 혼란은 사전 연수 등을 통해 극복해야 한다. 기술적 도구를 변경하는 일은 생각보다 어렵지 않다. 한 가지 스마트 기기나 플랫폼 소프트웨어를 잘 다룰 수 있는 교사는 다른 스마트 기기나 플랫폼 소프트웨어에 쉽게 적응한다. 기본적인 동작 방식, 사용자 인터페이스 등이 점점 단순화되고 업체별로 비슷해지기 때문이다.

기술적 도구에 대한 유연성을 강조하는 이유는 첫 번째로 교육에 항상 최고의 기술적 도구가 사용될 수 있어야 하기 때문이며, 두 번째로 교사나 학생이 기술적 도구에 종속되지 않아야 하기 때문이다. '기술적 도구'라는 용어를 선택해서 사용하는 이유는 기술이 우리의 도구임을 강조하기 위해서다. 사용자는 도구를 언제든지 바꿀 수 있다. 오래 손에 익어서 편한 도구가 있을 수 있지만, 더 나은 도구가 있다면 언제든지 바꿀 수 있다. 교육에 기술적 도구를 사용하는 것은 사용 자체에 목적이 있는 것이 아니라 도구를 사용함으로써 더 나은 교육을 실현하는 데 있기 때문이다.

02

기술 운용의 실제

기술적 도구를 학교에 도입하는 것 자체에서 의미를 찾던 시기가 있었다.

"우리 학교에 이번에 스마트 기기를 도입했습니다."

자랑스럽게 말씀하시는 교장 선생님의 목소리에서 예산을 확보하고 기기를 선정하는 과정에 적지 않은 어려움이 있었음을 느낄 수 있었다.

그러나 학교에 어떤 기기를 얼마만큼 도입했는지 뿌듯하게 얘기하던 시대는 지나갔다. 전국적으로 스마트 기기가 보급됐다. 학생 1인당 1대의 기기 보급이 완료됐거나 조만간 완료되는 교육청이 속속 등장하고 있다. 스마트 기기 외에도 소프트웨어, 전자칠판 등 다양한 기술적 도구가 학교에 보급됐다. 이제는 학교에 보급된 도구들을 어떻게 사용할 것인가를 고민해야 한다. 교사와 학생이 더 나은 수업을 위해 기술적 도구들을 잘 사용할 수 있어야 한다.

학교에 도입된 기술적 도구가 잘 사용된다는 말에는 그런 도구들이 잘 관리된다는 뜻이 포함돼 있다. 학교당 한 학급이 사용할 정도의 스마트 기기가 보급됐던 시기에는 별다른 관리 노력이나 운용 노하우가 필요하지 않았다. 주로 사용하는 교사의 교실에 보관하면서 사용하면 그만이었다. 이제 학교당 수백 대의 스마트 기기가 도입되고 플랫폼 소프트웨어가 기본적으로 사용되는 환경이 됐다. 학교별로 매일매일 부딪히는 실제 사용 환경을 고려한 운용 노하우가 필요해졌다.

스마트 기기의 설치

스마트 기기의 설치는 두 가지 경우로 나뉜다. 교육청의 입찰을 통해 기기가 학교에 설치되는 경우와 학교가 자체적으로 구매해서 설치하는 경우다. 일반적으로 선정된 사업자나 제조사가 지정한 설치 업체가 학교에 와서 스마트 기기를 설치해준다. 학교에 스마트 기기가 설치될 때 담당 교사는 무엇을 확인해야 할까? 설치 확인서에 서명하기 전에 점검해야 하는 내용을 살펴보자.

스마트 기기 설치 시점에서 가장 먼저 확인해야 할 것은 초기 불량이다. 모든 스마트 기기는 초기 불량의 가능성을 지니고 있다. 박스에서 꺼낸 새 기기임에도 정상적으로 작동되지 않을 수 있다는 뜻이다. 제조사별로 다를 수 있으나 대부분의 스마트 기기는 1% 내외의 초기 불량률을 보인다. 박스에서 꺼내 설치할 때 전원은 정상적으로 들어오는지, 화면은 문제가 없는지 등 기본적인 불량을 판단해야 한다. 제조사별로 제품 개봉 후 일정 기간 내에 기능 이상이 발견되면 신품으로 교환하거나 환불할 수 있다. 그런데 안타깝게도 많은 학교에서 설치 시점에 제품 불량을 확인하지 못하고, 교환·환불 시기를 놓치기도 한다. 그러면 보증 수리를 받아야 하므로, 설치 시점에 설치 업체에 요청하여 불량 여부를 꼼꼼하게 확인해야 한다.

스마트 기기 설치 시점에서 학교에 설치된 무선 인터넷망에 접속되도록 설정한다. 학교 와이파이는 교육청에서 지정한 보안 방식을 사용하고 있다. 그에 맞춰 스마트 기기가 학교 무선 인터넷망에 접속되도록 설정을 마쳐야 한다. 이렇게 하지 않으면 담당 교사가 나중에 모든 기기의 인터넷 접속을 설정해야 한다. 무선 인터넷망 접속은 기기에 설정되는 사용자 계정과도 밀접한 관계가 있다. 클라우드 기반의 크롬북이나 웨일북은 초기 설정 과정에서 반드시 사용자 계정 설정과 무선 인터넷 접속을 요구한다. 첫 번째로 입력되는 계정이 기기의 소유자가 되므로 학교 소유의 기기라면 담당 교사의 학교 계정(플랫폼 소프트웨어 계정)으로 모든 기기를 설정하여 무선 인터넷망 접속까지 완료하도록 한다. 안드로이드 태블릿, 윈도 노트북, 아이패드는 초기 설정 시 계정 입력을 건너뛸 수 있다.

초기 계정 설정, 무선 인터넷 접속이 끝났다면 크롬북은 관리 라이선스가 없는 경우 기기 자체적으로 학교 계정 외에 학생 개인 계정으로는 로그인할 수 없도록 설정한다. 웨일북은 관리자 화면에서 일괄 설정이 가능하다.

스마트 기기 계정, 무선 인터넷 설정이 모두 끝나면 스마트 기기 표면 잘 보이는 곳에 관리를 위한 번호를 부착하는 것이 좋다. 스마트 기기 보급 초기에는 여러 명의 학생이 하나의 스마트 기기를 공유했기에 계정 설정이나 관리의 편리함을 위해 번호를 부착하여 사용하는 학교가 많았다. 학생들에게 특정 번호의 스마트 기기를 배정하여 항상 같은 학생이 같은 기기를 사용하도록 지정했다. 이렇게 하면 학생은 특정 기기만을 사용하게 되므로 기기에 학생 계정 설정이 가능해진다. 최근에 스마트 기기 보급이 증가하면서 기기 공유를 위해 번호를 부착하기보다는 학교에서 A/S 등 기기 관리를 위해 번호를 부착하는 경우가 늘고 있다.

스마트 기기에 번호 부착이 끝나면 설치 업체로부터 제조사 일련번호serial number 파일을 받아야 한다. 제조사 일련번호는 제조사가 공장에서 제품을 생산할 때 발급되는 번호로 기기 고장 등 문제가 생겼을 때 필요하다. 설치 업체로부터 제조사 일련번호 파일을 받아 학교에서 기기 표면에 부착한 번호와 매칭하여 보관하면 향후 A/S 요청 등을 할 때 매우 유용하다.

이런 작업이 모두 끝나면 최종적으로 기기를 충전보관함에 넣으면서 충전이 정상적으로 되는지 확인한다. 대부분의 스마트 기기에는 충전 상태를 알려주는 LED가 있다. 충전 케이블을 연결했을 때 LED가 정상적으로 점등되는지 확인한다. 학교에서 스마트 기기를 사용할 때는 배터리의 성능이 매우 중요한데 설치 과정에서 배터리 성능을 확인하기는 현실적으로 어렵기 때문에 충전 상태를 통해 배터리가 정상으로 동작하는지 확인하는 것이 최선이다.

무선 인터넷 설정이 완료된 스마트 기기들을 충전보관함에 넣어 충전 중임을 나타내는 불빛이 켜지면 설치는 완료된다. 스마트 기기 설치가 완료됐다는 것은 이제 학생들이 수업에서 사용할 수 있음을 의미한다. 당장 사용할 수 없는 상태라면 설치가 완료됐다고 할 수 없다.

스마트 기기의 소유권과 관리

학교당 한두 학급이 사용할 수 있는 정도의 스마트 기기가 보급되던 시기에는 스마트 기기가 학교 또는 교육청의 자산이었다. 학생들은 기기의 파손이나 분실에 대해 책임을 지지 않았고, 기기 통제 과정에 대해 동의서를 작성할 필요도 없었다. 아직도 많은 학교는 1인 1기기 보급이 완료되지 않아 학교나 교육청 소유의 기기를 여러 학생이 공유하고 있다.

2022년부터 서울시교육청은 중학교 1학년을 대상으로 스마트 기기 보급 사업을 진행하고 있다. '디벗'°으로 명명된 스마트 기기가 2022년 서울 시내 모든 중학교 1학년을 대상으로 지급됐고, 2023년 현재도 사업이 진행 중이다. 서울시 중학교의 모든 1학년 학생은 입

○ 'Digital + 벗'의 합성어. '스마트 기기는 나의 디지털 학습 친구'라는 의미로 서울시교육청에서 만든 단어다.

학한 학교가 선택한 스마트 기기를 받아서 3년간 사용하게 된다. 서울시가 진행하는 디벗 사업에서 기기의 소유권은 교육청이 가지고 있다. 학생들은 3년간 대여의 형식으로 기기를 사용한다. 학생 과실로 수리비가 발생할 경우 교육청이 80%를 부담하고 학부모가 20%(최대 4만 원)를 부담한다.○ 서울시교육청은 디벗 기기를 배포하면서 기본적으로 학생들이 기기를 소지하고 다닐 수 있게 했으며, 필요한 경우 교실에 설치된 충전보관함에 보관할 수 있게 했다.

일부 사립학교, 대안학교, 국제학교 등에서는 학생들이 자비로 스마트 기기를 구매하여 사용하기도 한다. 이때는 학생이 스마트 기기의 소유자가 된다. 학생들이 소유권을 갖는 경우 학교 차원에서 관리할 수 있는가에 대한 논란이 벌어질 수 있다. 기본적으로 개인 소유의 스마트 기기에 학교에서 결정한 관리 원칙을 적용하거나 앱 통제용 소프트웨어를 설치하는 것이 개인의 소유권을 침해할 수 있기 때문이다. 일부 대안학교, 국제학교에서는 학생과 학부모의 사전 동의 절차를 거쳐 관리 소프트웨어를 설치하여 수업에 활용하고 있다.

과학기술정보통신부가 발표한 〈2022 인터넷이용 실태조사〉 보고서를 보면 우리나라 전체 가구의 56.2%는 데스크톱을 보유하고 있다. 53.5%는 노트북, 31.6%는 태블릿을 보유하고 있다. 복수 응답임을 고려하면 두 가지 이상의 기기를 보유한 가정도 상당히 많을 것으로 보이며, 이 수치는 지속적으로 증가할 것이다.

○ 서울시교육청, 〈2022 스마트기기 휴대학습 「디벗」 이해 자료〉

가구 정보통신 기기 보유 현황

(단위: %)

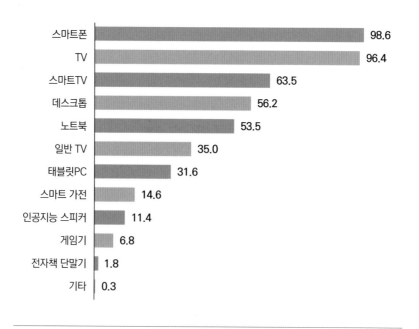

스마트폰	98.6
TV	96.4
스마트TV	63.5
데스크톱	56.2
노트북	53.5
일반 TV	35.0
태블릿PC	31.6
스마트 가전	14.6
인공지능 스피커	11.4
게임기	6.8
전자책 단말기	1.8
기타	0.3

※ 복수 응답, 전체 가구 기준

* 출처: 과학기술정보통신부, 〈2022 인터넷이용 실태조사〉

　학생 가정 내 스마트 기기 보유 현황을 고려하면 학교에서 사용하는 스마트 기기의 역할이 명확해진다. '수업 시간 내 활용'이다. 제한된 시간에 교사가 예정한 활동을 하는 데 사용되는 것이다. 수업 시간에 정해진 목적을 위해 사용한다면 통제가 불가피할 수 있다. 학교에서 사용하는 스마트 기기를 통제해야 한다면 학교나 교육청이 소유권을 갖는 것이 바람직하다. 학생이나 학부모의 동의 없이 스마트 기기 사용 환경을 구축할 수 있기 때문이다.

다만 학생들이 자신의 기기가 아닌 공용 기기를 사용할 경우 100% 클라우드 저장 공간을 사용해야 하고, 기기에 따라 앱 설치 등의 문제가 발생할 수 있다. 학생들이 사용 중 파손하게 될 가능성도 커진다. 무엇보다 모든 스마트 기기를 학교가 유지·관리해야 하는 부담이 발생한다.

1인 1기기 보급에 가까워지는 시점에는 관리 책임을 학교와 학생이 나눠 지고, 학생의 스마트 기기 사용에 자율성을 보장하면서 통제 정책을 실행할 수 있는 서울시교육청 대여 방식을 고려해볼 만하다. 일정 기간은 학생에게 관리 책임을 부여할 수 있고, 자신만 사용하는 기기이므로 조금 더 소중히 다루리라고 기대할 수 있다. 가정에 자신이 사용할 수 있는 스마트 기기가 없는 경우 자유롭게 소지하여 다닐 수도 있고 그렇지 않은 경우 교실 충전보관함에 보관할 수 있다.

물론 대여 방식에도 해결해야 할 문제가 있다. 현재 서울시는 수리 비용 20%(최대 4만 원)를 학부모가 부담케 했다. 스마트 기기 보급 비율에서 태블릿이 가장 높은 비율을 차지하는 만큼 디스플레이 파손이 가장 많은 수리 건수를 차지한다.º 스마트 기기의 사용이 더 활성화되면 수리 비용이 급격하게 늘어날 수 있는 만큼, 수리비 분담 구조를 좀 더 세밀하게 설계해야 한다. 고장 유형, 횟수에 따라 개인 부담 비율을 조정하여 추후 수리 비용이 과다하게 지출되는 상황을 막아야 한다.

º 〈NewsMaker.〉, 정기철, "서울시교육청 1인 스마트기기 '디벗' 수리비 3억 발생", 2023. 4. 10, www.newsmaker.or.kr/news/articleView.html?idxno=138966

그리고 사용 기간이 만료된 기기의 처리 문제도 있다. 중학교 1학년 학생이 3년간 사용하고 반납한 스마트 기기를 다시 신입생에게 지급하기는 현실적으로 어렵다. 운영체제 업데이트, 기기 성능, 배터리 성능 등이 재활용의 걸림돌로 작용한다. 배터리, 케이스 교체 등 상품화 과정을 거친다고 해도 사용연수 4년 차로 접어드는 기기를 신입생들에게 배포하면 불만이 터져 나올 수 있다. 매년 수만 대, 전국적으로 수십만 대의 중고 스마트 기기가 쏟아져 나올 때 어떻게 처리할 것인지 고민해봐야 한다. 저개발국으로 수출하는 방법, 사용하던 기기를 학생이 저렴하게 구매하여 영구 소유하게 하는 방법 등이 있을 것이다.

계정 관리

매년 2월이면 우리나라 대부분 학교는 교사 워크숍을 통해 새 학년을 준비한다. 졸업생을 떠나보내고 새로 입학하는 학생을 맞이할 준비에 들어간다. 공립학교에서는 교사의 이동도 이뤄진다. 구글 워크스페이스 포 에듀케이션, 마이크로소프트 팀즈, 네이버 웨일스페이스 등 플랫폼 소프트웨어를 사용하는 학교에서는 이 시기에 학생과 교사의 계정 정리 및 신규 생성이 필요하다.

교사나 학생 계정을 신규 생성하기 전에 해야 할 일이 있다. 바로 조직 생성이다. 플랫폼 소프트웨어 기능에는 각각 다른 통제 정책이

나 특성을 적용하기 위한 조직 구성이 있다. 조직을 어떻게 구성하느냐에 따라 실제 사용 시 기기의 배경화면, 통제 사이트, 앱 설치 등을 다르게 적용할 수 있으므로 사전에 신중하게 구성해야 한다. 일반적으로 학교에서 조직은 교사와 학생으로 크게 나누고, 학생은 다시 학년별로 나누어 사용하는 것이 좋다. 학년 아래 반을 조직으로 구성할 수 있으나 반별로 통제 정책을 다르게 적용하는 경우는 거의 없으므로 학년별 조직 구성으로 충분하다. 반별 조직까지 구성하면 학년이 바뀔 때마다 학생들이 소속된 반을 모두 변경해야 하는 어려움이 따른다. 중학교를 예로 들면 교사, 1학년, 2학년, 3학년과 같이 조직을 구성하는 것이 일반적이다.

신입생을 위한 계정을 생성할 때는 각 플랫폼 소프트웨어 기업이 제공하는 일괄 생성 기능을 활용한다. 전체 신입생 명단을 스프레드시트에 입력하고 생성할 계정을 넣어주면 간단하게 일괄 생성할 수 있다. 신입생 계정을 생성할 때는 반, 번호 정보를 사용하지 말아야 한다. 일부 학교에서 학생 계정에 반, 번호를 넣어서 사용하는 것을 봤다. 이렇게 하면 반과 번호가 바뀔 때마다 계정을 새롭게 생성해야 하고, 그 계정으로 기존 데이터를 옮겨야 하는 번거로움이 발생한다. 신입생 계정은 학번 개념으로 생성하는 것이 좋다. '2023001@xxxx.ms.kr'과 같이 입학연도와 학생 일련번호 조합으로 생성하면 졸업 시점까지 변경 없이 사용할 수 있다. 계정 일괄 생성 시에 먼저 만들어놓은 조직 정보를 포함하면 생성되는 계정이 지정된 조직에 자동으로 속하게 된다. 이렇게 계정을 만들면 학년이 바뀌어도 학생 계정을 변경하지 않고 조직 이름만 변경하여 간단하게 새 학년을 준비할 수 있다. '1학년'이었던 조직 이름이 '2학년'이 되고, '2학년'은 '3학년'이 되는 식이다. 3학년 계정은 졸업과 함께 계정을 삭제하고 1학년 조직을 새롭게 생성하면, 새 학년을 위한 계정 준비를 마칠 수 있다.

학생들에게 계정을 알려주고 최초 로그인을 시도할 때 교사들은 많은 어려움을 겪는다. 비밀번호를 잘못 입력해서 로그인이 되지 않는 등 학생들의 도움 요청을 자주 받게 된다. 특히 초등학교에서 학생들의 로그인에 어려움을 겪었다는 선생님들의 사연을 여러 번 접했다. 계정을 일괄 생성할 때 초기 비번을 '12345678'과 같이 매우 단순하게 공통으로 설정하면 그런 문제를 예방할 수 있다. 학생들은 초기 비번을 입력하고 로그인한 후 비밀번호를 재설정하여 본인이 원하는 비밀번호로 변경할 수 있다.

구글 워크스페이스 포 에듀케이션에서는 비밀번호의 규칙을 관리자가 직접 설정할 수 있다.

초등학생은 되도록 간단한 비밀번호 규칙을 적용해야 로그인을 못해 수업이 지연되는 상황을 피할 수 있다. 학생들이 스스로 설정한 비밀번호를 잊어버리거나 비밀번호 오류로 로그인이 되지 않는 경우가 수시로 발생할 수 있으므로, 교사는 자신이 가르치는 학생의 비밀번호 재설정 권한을 가지고 있는 것이 좋다. 그에 비해 중·고등학교에서는 가능한 한 복잡한 비밀번호 규칙을 설정하여 학생의 계정 보안성을 높일 것을 권장한다.

중·고등학교에서는 학생들이 계정을 공유하여 과제나 수행평가를 대신 해주는 사례가 나타나기도 한다. 계정 공유는 절대로 발생하지 않도록 교사의 지도 아래 사전 교육이 필요하다. 일부 플랫폼 소프트웨어에서는 비정상적인 사용을 감지하여 계정 로그인을 위한 추가 정보를 요구하기도 하며, 다른 장소에서 동시에 로그인되는 등 비정상적인 사용이 지속될 경우 계정이 잠기기도 한다.

관리자

"관리자 비밀번호를 알아낼 방법이 없을까요?"

잊을 만하면 한 번씩 받게 되는 질문이다. 오랫동안 학교 플랫폼 소프트웨어 관리자 계정에 로그인하지 않아서 관리자 비밀번호를 잊어버렸거나, 최고관리자 계정을 가지고 있던 선생님이 다른 학교로 전근 가면서 인수 인계를 하지 않아 문제가 발생하곤 한다. 한 명의 선생님이 전담하여 모든 기술적 도구를 관리하는 학교에서 이런 문제가 일어날 가능성이 크다. 그 선생님 외에는 아무도 관심을 가지지 않았기 때문이다.

기술적 도구를 학교에서 제대로 운용하려면 스마트 기기의 관리는 물론 플랫폼 소프트웨어 관리자 기능을 적극 활용해야 한다. 학년별로 접근할 수 있는 사이트, 사용할 수 있는 앱 등을 관리자가 설정한다. 학교들을 방문해보면 최고관리자 권한을 한 명의 교사가 가지고 있는 경우가 대부분이다. 이는 그 학교에서 스마트 기기나 플랫폼 소프트웨어를 활발하게 사용하지 않고 있다는 방증이기도 하다. 모든 학년의 접근 사이트, 앱 사용 관련 요구 사항을 한 명의 교사가 모두 처리하는 것은 현실적으로 쉽지 않다.

학교에서 연수를 진행할 때마다 적어도 학년별로 한 명씩은 플랫폼 소프트웨어 관리자를 지정하라고 부탁드린다. 그래야 학교 플랫폼 소프트웨어를 안정적으로 운용할 수 있다. 앞서 학년별로 조직 단위를 구성하는 것이 좋다고 언급했다. 그렇게 해야 하는 이유는 사용하는 앱, 수업 시간에 접근해야 하는 사이트 등이 학년별로 달라지기 때문이다. 이런 문제가 해당 학년 담당 교사들 간에 활발하게 논의되고 수시로 반영돼야 플랫폼 소프트웨어를 원활하게 사용할 수 있다.

앱 배포 및 사이트 관리

각 시·도 교육청에서 대규모 스마트 기기 보급 사업을 진행하고 있다. 적게는 수백억에서 많게는 1,000억 원이 넘는 예산이 투입돼 숨 가쁘게 사업을 진행한다. 스마트 기기 보급 사업에 대한 부정적인 여론도 만만치 않다. 부정적인 여론을 잠재우기 위해 각 시·도 교육청이 단골 멘트로 사용하는 문장이 있다.

"유해 사이트, 게임을 차단하는 프로그램을 설치하여 학생들에게 배포합니다."

유해 사이트나 게임을 차단하는 프로그램을 설치하면 아무 문제가 없는 걸까? 유해 사이트나 게임은 끊임없이 생겨난다. 학교에서 효과적으로 스마트 기기를 사용한다고 할 때의 핵심은 교사가 원할 때 필요한 사이트와 필요한 앱을 사용할 수 있고, 막아야 할 때 쉽게 특정 사이트와 특정 앱을 차단할 수 있는 것이다. 허용하고 차단하는 과정이 간단하고 쉬워야 교사들이 스마트 기기를 제대로 사용하게 된다.

현재 학교가 사용하는 스마트 기기는 안드로이드 태블릿, 크롬북, 윈도 노트북, 아이패드, 웨일북 등 크게 다섯 종류다. 이 기기들에 대해 운영체제별로 다른 통제 수단을 사용한다. 안드로이드 태블릿, 윈도 노트북, 아이패드는 MDM^{Mobile Device Management}이라는 별도의 소프트웨어를 설치하여 기기를 통제한다. 크롬북은 CEU^{Chrome Education Upgrade} 라이선스를 통해 기기를 통제할 수 있다. 웨일북은 웨일 운영체제에 내장된 WBC^{Whalebook Control}로 기기를 통제한다.

학생들이 수업에 사용할 앱, 웹사이트 통제 등은 각 학년 담당 교사들이 정기적으로 협의하여 결정하도록 한다. 과목별, 단원별로 사용해야 하는 앱과 접근해야 하는 웹사이트는 계속해서 달라진다. 사전에 교사들이 협의하여 앱 설치, 접근 사이트, 차단 사이트 목록을 업데이트해야 스마트 기기를 활용한 수업을 원활히 진행할 수 있다.

학교에서 스마트 기기를 활용하는 단계는 플랫폼 소프트웨어 사용 단계, 응용 소프트웨어 활용 단계로 나눌 수 있다. 현재 대부분 학교는 기본적인 플랫폼 소프트웨어 사용에 머물고 있다. 이제 막 교사들이 문서 도구, 수업 관리 도구, 설문조사 등을 수업에 활용하기 시작했다. 크롬북을 사용하면서 안드로이드 앱을 전혀 사용하지 않는 학교가 많다. 안드로이드 태블릿을 사용하면서 사용하는 앱의 숫자는 매우 적다. 플랫폼 소프트웨어 사용을 넘어서 수업 내용을 전달하고 효과적으로 이해하도록 도울 수 있는 다양한 응용 소프트웨어를 사용하는 단계로 나아가야 한다.

과목별, 단원별로 다양한 응용 소프트웨어를 사용할 경우 앱 배포, 차단을 어떻게 결정하고 누가 관리할 것인지 명확히 해야 한다. 적어도 한 명 이상의 학년별 앱, 사이트 관리자가 필요하고 교사들 간의 정기적인 협의체가 유용하다. 스마트 기기를 잘 활용하는 학교에서는 교사 각자가 자신의 수업에 필요하고 효과적인 앱이나 웹사이트를 찾고 공유한다. 왜 스마트 기기가 학교에 보급됐는지 근본적인 이유를 잊지 말아야 한다. 컴퓨터는 앱을 사용하여 더 많은 일을 더 빠르고 더 정확하게 할 수 있도록 돕는 도구다. 학교에서 스마트 기기를 사용하는 이유는 학생들이 더 쉽고 즐겁고 더 효과적으로 배울 수 있고, 교사에게는 강력한 가르침의 도구가 되기 때문이다.

좋은 앱과 좋은 웹사이트는 좋은 밭에 필요한 좋은 씨앗과도 같다. 좋은 밭(스마트 기기, 플랫폼 소프트웨어)에 좋은 씨앗(앱, 웹사이트)을 심어야 원하는 열매를 얻을 수 있다. 밭만 갈다가 날이 저무는 모습을 바라볼 수는 없다. 전국적으로 수천억의 예산이 투입돼 스마트 기기가 보급되고 있다. 학교에 보급된 스마트 기기가 최고의 수업 도구로 거듭나려면 되도록 많은 앱을 사용해야 하며, 다양한 웹사이트의 정보를 활용해야 한다. 접근할 수 있는 앱과 사이트를 무조건적 통제할 것이 아니라 효과적으로 관리해야 한다.

데이터 관리 및 활용

내가 졸업한 학교에는 나에 관한 어떤 기록이 남아 있을까? 문득 이런 생각이 들었다. 많은 시간이 흘렀지만 가끔 친구들과 함께한 수업 시간이 떠오른다. 추억에 잠기다가 지금 그 학교에는 나에 관한 어떤 흔적이 남아 있을지 궁금해졌다. 모든 것이 종이로 기록되고 관리되던 시절 초·중·고를 다녔다. 아마도 학교에는 졸업 앨범과 생활기록부가 남아 있을 것이다.

지금까지는 학교에서 기록하고 관리하는 정보가 많지 않았다. 주로 성적 처리에 관한 내용이 비교적 오랫동안 보관됐을 뿐이다. 지금도 예전과 크게 다르지 않아서 대부분의 교육청에서는 성적 처리 및 학생 확인이 완료된 지필 평가의 학생 답안지, 문항 정보표, 출제 원안지 등 성적 산출의 증빙 자료를 5년간 학교에 보관하도록 하고 있다. 이의 제기 등 사후 분쟁을 대비해 주로 평가와 성적 산출을 위한 기록을 보존하고 있다.

중·고등학생들이 스마트 기기를 학습에 사용하면서 이전에 없던 현상이 생겨났다. 교과서나 문제집을 스캔하여 자신이 사용하는 스마트 기기 화면에 띄워서 읽거나 필기하는 것이다. 대학에서는 이미 몇 년 전부터 강의를 녹음하여 녹음된 강의 내용 전체를 텍스트로 변환하거나, 종이와 볼펜 대신 스마트 기기로 필기하는 모습을 볼 수 있었다. 예전에는 아날로그 방식으로 기록되고 관리되던 내용이 디지털화돼 파일로 만들어지고 저장된다.

학교에서 기술적 도구를 사용하면서 이전에는 기록되지 않았거나 일시적으로 사용되고 잊히던 내용이 디지털 파일로 남겨지고, 원하면 영구적으로 보존할 수 있게 됐다. 대표적인 예로 과제나 수행평가를 들 수 있다. 예전에 교사들은 종이로 제출된 과제들을 평가한 후 학생들에게 돌려줬다. 교사에게는 점수만 남겨지고 과제물 자체는 학생들에게 돌아갔다. 하지만 이제는 과제물을 평가하여 학생들에게 결과를 알려준 후에도 과제물 파일을 교사가 보관할 수 있다. 수업 시간에도 다양한 파일이 생성된다. 질문과 답변, 학생들의 토론, 조별 과제, 그림, 사진 등 이전에는 남겨지지 않았던 내용이 기술적 도구의 사용으로 기록되고 보관된다.

기록되고 쌓인 데이터는 더 나은 수업을 위해 사용될 수 있다. 파일로 제출받은 과제물을 채점한 후, 우수한 과제물을 선정하여 같은 반 학생들에게 공유하는 수업 사례를 봤다. 학생들은 게시판에 올라온 친구들의 과제물을 보면서 자신이 제출한 과제물과 어떤 점이 다른지 비교할 수 있다. 어쩌면 교사가 직접 과제의 부족한 점을 알려주는 것보다 같은 처지인 자신과 친구들의 과제물을 보면서 스스로 부족한 점을 깨닫는 과정이 더 효과적일 거란 생각이 들었다. 우수한 과제물은 교사의 수업 자료로도 남는다.

사물인터넷이 발전하면서 이전에는 지나쳤던 데이터들이 모이고,

새로운 정보를 찾아낼 수 있다. 의자에 센서가 부착되고 통신 모듈이 장착되면서 사용자가 하루에 몇 시간이나 의자에 앉아 있는지, 자세는 바른지 알아낼 수 있다. 마찬가지로 학교에서도 기술적 도구가 사용되면서 이전에는 그냥 지나쳤던 다양한 데이터가 쌓인다. 파일 형태로 만들어진 디지털 자료들을 빠르게 검색하고 비교하면서 새로운 의미를 찾아낼 수 있다. 한 학기 동안 만들어진 학생들의 데이터를 분석해서 수업의 어떤 점이 부족했는지, 어떻게 하면 더 나아질 수 있는지 실마리를 찾아낼 수 있다. 기술적 도구의 사용은 데이터를 만들어 낸다. 디지털로 전환된 데이터는 복사할 수 있고, 변환할 수 있고, 분석할 수 있다. 축적된 데이터가 보물이 되느냐 아무런 가치가 없는 짐이 되느냐는 사용자에게 달렸다.

교사 연수 중 받는 질문 중에 교사와 학생의 데이터 처리에 관한 내용이 꽤 많았다.

- 학년이 바뀔 때는 쌓인 과제물을 어떻게 하는 게 좋을까요?
- 학교 계정을 발급받아 수업하다가 전근을 가게 되면 어떻게 하죠?

학년이 바뀔 때 교사는 1년간 수업했던 내용을 어떻게 처리할지 결정해야 한다. 수업 관리 도구를 사용했다면 제출받은 과제물 등이 그대로 클라우드에 저장돼 있을 것이다. 제출받은 과제물 중에서 향후 수업에 활용할 가치가 있다고 판단되는 파일들은 보관하여 수업 자료로 활용할 수 있다. 수업 관리 도구에 남아 있는 질문, 답변, 토론, 게시물 등도 필요하다고 판단되면 그대로 보존할 수 있다.

학생들의 졸업이 다가오면 계정 삭제를 준비한다. 졸업생들의 계정을 남겨놓으면 졸업 이후 학생과 연락이 닿지 않는 등의 이유로 계정을 삭제하기 어려워진다. 졸업 전 일정 기간 학생들이 자신의 학교 계정에서 필요한 파일들을 다운로드받아 개인적으로 보관할 수 있도록 공지하는 것이 좋다. 몇 차례 공지해서 학생들이 필요한 파일을 다운로드받은 후에는 졸업 대상자의 계정을 일괄 삭제한다. 일부 플랫폼 소프트웨어는 학교당 클라우드 저장 공간을 제한하므로 졸업생의 계정을 삭제하여 저장 공간을 확보하는 것도 중요하다.

공립학교에서는 교사의 이동으로 인한 문제가 발생한다. 근무하던 학교의 플랫폼 소프트웨어 계정을 발급받아 몇 년간 다양한 수업 관련 자료를 저장했다면, 학교를 이동하면서 계정 변경 및 데이터 이동이 함께 이뤄져야 한다. 소속 교사가 다른 학교로 이동하는 경우 관리자는 해당 교사의 계정 및 데이터를 일정 기간 유지하고, 새로 이동한 학교에서 계정을 발급한 사실을 확인한 후 개별적으로 조치해야 한다. 새롭게 이동한 학교에서 기존 학교와 동일한 플랫폼 소프트웨어를 사용하고 있다면 기존 계정에서 새로운 계정으로 쉽게 데이터를 이동할 수 있다.

전국적으로 학교에 기술적 도구가 도입되고 활용되면서 엄청난 양의 데이터가 새롭게 생성될 것이다. 이런 데이터를 어떻게 보관하고 어떻게 활용할 것인지 개별 교사부터 교육청, 교육부에 이르기까지 치열하게 고민해야 한다. 무엇보다 소중한 교육 자산을 잃지 않아야 한다. 구글, 마이크로소프트, 애플 등 세계적인 기업들이 왜 교육용 소프트웨어를 무료로 공급하는지 곰곰이 생각해봐야 한다. 양질의 데이터가 갖는 가치를 그들은 잘 알고 있기 때문이다.

7장

스마트 기기를
보급하는 것이 목적이 아니라
더 나은 교육을 만드는 것이
우리의 목적이며,
그러기 위해 기술을 이용하고자
하는 것이다.

기술은

항상

옳은가?

스크린과 종이책
각각의 장단점을
충분히
활용해야 한다.

'개인의 성장'이라는
미래 교육의
목적이 바탕이
되어야 한다.

인공지능을 교육에
어떻게 활용해야 할지
신중히 검토해야 한다.

지하철을 타면 책 읽는 사람을 보기 힘들다. 단잠에 빠져 옆에 앉은 사람의 어깨를 빌리는 사람도 찾아보기 힘들다. 낯선 사람과 눈빛이 마주치는 일도 거의 일어나지 않는다. 모두가 자신의 스마트폰에 시선을 고정하고 있다. 혼자만의 시간은 이제 없다. 잠깐의 빈틈만 생겨도 스마트폰이 우리의 시선을 빼앗아 간다.

2023년 3월, 과학기술정보통신부가 스마트폰 과의존 실태조사 결과를 발표했다. 우리나라 스마트폰 이용자 중 과의존위험군은 23.6%로 파악됐다. 연령별 조사 결과를 보면 청소년(만 10~19세)이 40.1%로 가장 높았다. 전 연령에 걸쳐 과의존위험군 비율이 전년 대비 감소세를 나타냈으나 청소년은 유일하게 전년 대비 3.1%p 증가했다.○

스마트폰을 집에 두고 나오거나 잃어버렸을 때 심각한 불안증세를 보이는 사람들이 많다. 우리는 스마트폰 없이는 하루를 살아갈 수 없게 되어버렸다. 스마트폰을 사용하는 것이 아니라 스마트폰에 얽매여 있다. 의존성이 심해져서 일상생활에 심각한 영향을 미치는 상태가 중독이라면, 우리 모두는 스마트폰에 중독된 것이다. 스마트폰 사용 시간을 줄이고 싶지만 마음대로 되지 않는다면 그 또한 중독의 증상이다.

1978년부터 1995년까지 미국에서 폭발물을 담은 우편물이 배달되면서 세 명이 숨지고 스물세 명이 다치는 사건이 발생했다. 미 연방수사국^{FBI}은 주로 대학과 항공사를 대상으로 우편물 테러가 발생하자 대학^{University}, 항공사^{Airline}, 폭파범^{Bomber}을 조합해 유나바머

○ 과학기술정보통신부, 〈2022 스마트폰 과의존 실태조사〉

Unabomber로 범인을 지칭했다. 1996년 몬태나주 오두막에서 검거된 범인의 이름은 시어도어 카진스키Theodore Kaczynski였다. 1942년 시카고에서 태어난 카진스키는 어릴 때부터 뛰어난 지적 능력을 보여줬다. 열여섯 살 때 하버드대학교 수학과에 입학했고, 미시간대학교에서 박사 학위를 받았으며, 스물네 살에 UC버클리 최연소 수학과 교수가 됐다. 교수가 된 지 2년 후 갑자기 학교를 그만두고 몬태나의 산골 오두막에서 은둔 생활을 시작했다. 그곳에서 사냥과 채집으로 자급자족하는 생활을 이어나갔고 촛불에 비춰 책을 읽었다고 알려졌다. 카진스키는 자신의 범행 동기를 선언문 형식으로 세상에 발표했다. 1995년 〈뉴욕타임스〉 등 유력 신문에 〈산업 사회와 그 미래Industrial Society and its Future〉라는 선언문을 보냈는데, 신문에 실린 선언문을 읽은 카진스키의 동생이 형의 문체를 알아보고 신고하여 검거됐다.

카진스키의 우편물 테러는 대학교수, 항공사, 기업인 등 현대 기술을 발전시키는 사람들을 목표로 삼았다. 카진스키는 선언문에서 산업혁명으로 사회가 불안정해지고, 자연이 파괴됐으며, 인간의 존엄성이 훼손됐다고 주장했다. 기술의 발전은 이런 상황을 더욱 악화시킬 것이며, 인간의 자율성도 점점 제한될 거라면서 기술 사회에 저항했다.

시어도어 카진스키의 방법은 너무나 과격했고 급진적이었다. 아무리 그의 주장이 옳다고 해도 그가 행한 테러 행위가 정당화될 수는 없다. 다만 그가 주장한 산업화와 기술의 발전으로 인한 부작용은 기술의 놀라운 발전과 그로 인한 혜택을 누리며 살고 있는 이 시대 모든 사람의 주목을 끌기에 충분하다.
2023년 3월 29일, 인공지능 전문가와 정보기술 업계 경영자들이 특별한 공개서한을 발표했다. 테슬라 최고경영자 일론 머스크, 애플 공동창업자인 스티브 워즈니악, 《사피엔스》의 저자 유발 하라리 등 1,000여 명이 서명한 서한에서 이들은 AI 시스템 개발을 6개월간 중지할 것을 제안했다. 강력한 인공지능은 그 효과가 긍정적이고 위험을 관리할 수 있을 때만 개발돼야 한다고 강조했다.

카진스키의 극렬한 주장도, 인공지능 개발 중단 제안도 받아들여지지 않았다. 앞으로도 기술의 위험성을 지적하는 많은 사람이 등장하겠지만 기술의 발전은 멈추지 않을 것이다. 그렇다고 기술 발전의 방향타를 놓아버릴 수는 없다. 인간의 존엄성을 지키고, 기술이 인간의 도구로 머물 수 있도록 최선을 다해 둑을 쌓고 길을 내어 기술의 발전 방향을 설정해야 한다.

기술이 교육에 적용되는 물꼬가 트였다. 코로나라는 예상치 못한 변수가 등장하면서 기술의 물결은 교육의 터전으로 거세게 들이닥쳤다. 어떻게 해서든 교육의 중단을 막아야 했기에 충분한 논의를 거치지 못했고, 교육 주체들의 공감대를 형성할 시간이 없었다. 이제는 한숨을 돌리고 기술이 교육의 도구로 자리 잡을 수 있도록 모두가 관심을 기울여야 한다. 교실에 스마트 기기를 보급하는 것이 목적이 아니다. 교육에 인공지능을 활용하는 것이 목적이 아니다. 지금보다 더 나은 교육을 만드는 것이 우리의 목적이며, 그러기 위해 기술을 이용하고자 하는 것이다.

01

스크린 읽기 vs. 종이책 읽기

'읽기'는 교육의 주요 수단이 되어왔다. 어린아이들은 부모가 읽어 주는 동화책을 들으며 언어를 익힌다. 그러다가 스스로 책을 읽기 시작하면서 스펀지처럼 지식을 빨아들인다. 초등학교에 입학하면 글자를 배우고 읽기와 쓰기를 연습한다. '읽기'가 익숙해지면서 본격적으로 배움의 길로 나서게 된다.

읽기는 단순히 지식의 습득만을 의미하지 않는다. 지식의 확장과 더불어 한 인간이 세상과 관계를 맺고 사고를 확장해가는 과정이다. 읽기에는 사회적 측면이 존재한다. 지식의 습득, 사고의 확장, 세상과 관계 맺기 등 읽기는 교육의 중추적인 역할을 담당한다.

구술로 전해지던 지식은 문자와 종이가 만들어지면서 기록되기 시작했다. 종이로 만들어진 책은 지식의 전파 속도를 급격히 높이고 범위 역시 급격히 넓히며 인류 문명이 발전하는 데 큰 역할을 해왔다. 기술이 발전하면서 읽기의 매체가 다양해졌다. 컴퓨터, 태블릿, 스마트폰으로 읽는 일이 많아졌다. 사삭 소리가 나는 책장을 넘기는 대신 손가락으로 화면을 밀어 올리며 읽는다. 이런 풍경은 지하철이나 버스에서만 볼 수 있는 게 아니다. 스마트 기기가 학교에 보급되면서 앞으로는 학교에서도 스크린 읽기의 비중이 꾸준히 커질 것이다.

문화체육관광부에서는 2년마다 국민의 독서 실태를 조사하여 발표한다. 여기서 성인과 학생의 독서에 관한 통계를 확인할 수 있다.

초·중·고생 독서율

(단위: %)

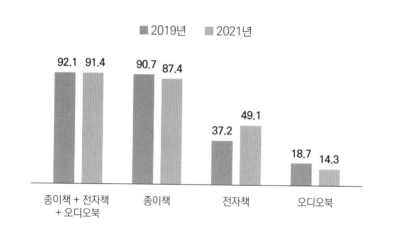

※ 교과서, 학습참고서, 수험서를 제외한 일반 도서를 1권 이상 읽은 학생의 비율

* 출처: 문화체육관광부, 〈2021년 국민 독서실태 조사〉

우리나라 학생들의 연간 독서율은 2019년과 2021년 사이에 큰 변화를 보이지 않았다. 학교급별로 매체별 연간 독서율을 나누어서

살펴보면 2021년 기준 초등학생의 종이책 독서율은 93.2%, 전자책 독서율은 48.9%였다. 중학교는 종이책 87%, 전자책 50.9%였고 고등학교는 종이책 82.1%, 전자책 47.4%였다. 우리나라의 초·중·고 학생들은 전자책보다 종이책을 읽는 비율이 2배 가까이 높다는 것을 알 수 있다.

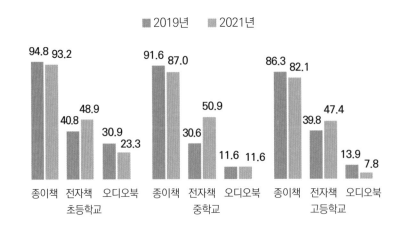

학교급별 매체별 연간 독서율

(단위: %)

■ 2019년   ■ 2021년

	초등학교			중학교			고등학교	
	종이책	전자책	오디오북	종이책	전자책	오디오북	종이책	전자책	오디오북
2019년	94.8	40.8	30.9	91.6	30.6	11.6	86.3	39.8	13.9
2021년	93.2	48.9	23.3	87.0	50.9	11.6	82.1	47.4	7.8

* 출처: 문화체육관광부, 〈2021년 국민 독서실태 조사〉

다만 주목할 것은 전자책 연간 독서율의 상승세다. 초·중·고 모두에서 2021년 종이책의 독서율이 2019년 조사 대비 감소한 데 비해, 전자책의 독서율은 큰 폭으로 증가했다.

최근 들어 학생들이 참고서나 문제집을 스캔하여 태블릿으로 공부하는 모습을 쉽게 볼 수 있다. 통계로 정확히 조사되지는 않았으나 학습에도 '스크린 읽기'가 본격적으로 활용되고 있는 것으로 추측할 수 있다.

스크린 읽기를 단순히 읽는 매체의 변화로 봐도 되는 것일까? 같은 내용을 종이책으로 읽을 때와 스크린으로 읽을 때 어떤 차이가 발생할까?

언어학자 나오미 배런Naomi Baron이 쓴 책《다시, 어떻게 읽을 것인가》에는 종이책 읽기와 스크린 읽기에 관한 세 가지 연구가 소개돼 있다. 대학생 대상 연구 2건과 중·고등학생을 대상으로 한 연구 1건이다. 세 연구는 비슷한 결과를 보여준다.o

집중하거나 몰두하는 데 가장 수월한 매체는 어떤 것인가요?

답변: 종이(대학생 연구 1: 92%, 대학생 연구 2: 82%, 중·고등학생 연구: 85%)

학습하기에 가장 수월한 매체는 어떤 것인가요?

답변: 종이(중·고등학생 연구: 71%)

기억하기에 유리한 매체는 어떤 것인가요?

답변: 종이(대학생 연구 2: 72%)

o 나오미 배런, 전병근 옮김, 《다시, 어떻게 읽을 것인가》, p. 161, 어크로스, 2023

세 가지 연구 결과를 살펴보면 전반적으로 학생들은 학습에 관해서는 종이가 더 나은 매체라고 답했다.

읽을 때 멀티태스킹을 (아주 자주 또는 가끔) 하나요?
답변: 디지털일 때 - 67%(대학생 연구 1), 46%(중·고등학생 연구)
종이일 때 - 41%(대학생 연구 1), 23%(중·고등학생 연구)

학생들은 디지털 기기를 이용해 스크린 읽기를 할 때 멀티태스킹을 할 가능성이 더 컸다. 집중력과 몰입에 관해서도 학생들은 종이가 더 나은 매체라고 답변했다. 많은 연구자가 이 문제에 관심을 갖고 다양한 연구를 진행하고 있다. 이 분야는 아직 연구가 한창 진행 중이어서 한두 가지 연구 결과로 전체를 단정할 수는 없다. 종이책 읽기와 스크린 읽기를 비교한 하나의 연구로서 그 결과를 받아들이면 된다. 다만 종이책 읽기와 스크린 읽기에 관한 많은 연구에서 디지털 기기를 활용한 스크린 읽기가 학생들의 주의력을 분산시키며, 깊이 이해하기 어렵게 한다고 밝혔다.

스크린 읽기가 장점으로 작용하는 경우도 있다. 비교적 길이가 짧은 텍스트 여러 개를 동시에 비교하며 읽을 때다. 인터넷이 없던 시절에는 도서관에서 여러 권의 책을 쌓아놓고 여기저기 펼쳐보면서 보고서를 작성하곤 했다. 지금은 여러 개의 화면을 띄워놓고 계속해서 문서들 속을 돌아다닌다. 책으로 조사할 때보다 훨씬 더 많은 문서를 열어놓고 여기저기 비교해본다. 웹 문서를 읽으면서 궁금하거나 모

종이책 읽기와 스크린 읽기에 관해 다양한 연구가 진행되고 있는데, 학습에 관한 한 종이책 읽기가 더 나은 방법이라는 연구 결과가 있다.

르는 개념이 나오면 바로 검색할 수 있고, 한 문서에 제시된 내용이 맞는지 어떤지 여러 개의 문서를 비교해볼 수도 있다. 이렇게 스크린 읽기는 다양한 문서를 동시에 열어놓고 비교 분석하여 통합하는 작업을 할 때 매우 유용하다.

앞으로 우리 교육 현장에서는 종이책 읽기와 스크린 읽기가 공존할 것이다. 교사와 학생들은 종이책 읽기와 스크린 읽기를 지혜롭게 선택해야 한다. 독서에 관해 다양한 저술 활동을 하고 있는 인지과학자 매리언 울프Maryanne Wolf는 종이책 읽기와 스크린 읽기를 놓고 양손잡이 전략을 제안한다. 긴 글이나 깊이 있는 읽기가 필요할 때는 종이책으로 읽고, 짧은 글이나 정보 획득이 주목적인 읽기는 스크린 읽기를 권했다.

교육에서 '읽기'는 정말로 중요하다. 지식이 빠르게 변화하고 그에 따라 세상이 변화하면서 읽기를 통한 지식의 습득과 사고의 확장은 점점 더 중요해질 것이다. 동영상이 보편화되면서 길고 어려운 글을 읽는 학생이 줄어들고 있다. 긴 글, 어려운 글을 읽지 않으면 사고의 확장을 기대할 수 없다. 지혜로운 읽기 전략으로 읽기의 위기를 함께 극복해야 한다. 나오미 배런의 《다시, 어떻게 읽을 것인가》를 옮긴 전병근의 말에 깊이 공감한다.

> 종이로 읽든 디지털로 읽든 오디오로 듣든 동영상으로 시청하든 스스로 생각할 줄 아는 인간 능력의 보존과 함양이야말로 읽기의 목표가 되어야 한다.

기술이 최소화되어야 하는
교육의 순간

학교에 많은 기술적 도구가 도입되면서 교육 현장에 최대한 활용해야 한다는 보이지 않는 압박이 작용하는 것을 느낀다. 기술적 도구를 '최대한' 활용하는 것이 목표가 아니라 적재적소에 잘 활용하는 것이 중요하다. 지금까지 교육에 필요한 기술을 선택하고 적용하는 과정에 대해 얘기했다면, 반대편에 서서 기술과 교육을 바라보는 것도 의미가 있을 것이다. 기술이 최대한 배제돼야 하는 교육적 측면이 있을까? 있다면 어떤 것일까?

앞서 기술이 도입된 미래 학교 시스템을 언급했다. 공간의 개념을 벗어나 IT 플랫폼이 기본 인프라가 되는 학교 시스템을 제안했다. 이런 학교 시스템에서 교육 내용은 크게 두 가지로 나눌 수 있다. 지식·정보를 가르치는 교육과 사회성·인간성을 함양하는 전인교육이다. 지식·정보를 가르치는 교육 내용은 기술적 도구를 활용하여 개인화 과정을 진행하는 등 효율성을 높일 수 있으나, 전인교육에서는 기술의 활용이 최소한으로 이뤄져야 한다.

전인교육은 개념이 넓고 포괄적이어서 명확하게 정의하기 어렵다. 교수와 교사, 보건의료, 문화예술 분야의 전문가들이 모여서 2008년에 창립한 전인교육학회에서는 전인교육을 다음과 같이 정의했다.

> 인간이 근본을 알고 근본심으로 살고 모두가 하나가 되고 나라와 세상의 고마움을 알고 살고 모두가 본성회복인 자기의 본성을 찾아 살면 마음이 하나이고 남을 위해 사는, 이것이 전인교육입니다.
>
> – 전인교육학회 홈페이지(humancompletion.org)

이 밖에도 여러 명의 연구자가 전인교육의 개념을 발표했다. 여러 개념을 종합해보면 전인교육은 인간의 여러 가지 측면을 어느 한 면에 치우치지 않고 조화롭게 성장시키는 것으로 이해할 수 있다. 즉 전인교육은 지식과 정보 획득을 포함하여 완전하고 조화로운 인간으로 성장하기 위한 교육을 의미한다. 앞서 미래 학교 시스템에서 지식·정보 획득과 전인교육을 구분하면서 언급한 전인교육은 지식과 정보 획득 중심의 현재 학교에서 이를 제외한 인간성 함양이라는 좁은 측면을 강조하는 것이었다.

코로나 시기 원격 수업이 이뤄지면서 여러 가지 문제점이 나타났다. 가정환경과 학생의 자기 주도성 차이에서 오는 학력 격차가 가장 많이 언급됐지만, 오래오래 시간을 두고 나타날 부작용이 있다. 바로 '만나지 못함'에서 오는 사회성, 인간성 성장의 공백이다. 코로나가 우리를 덮친 2020년, 교육 현장에서도 만남이 최소화됐다. 2학기 등교가 시작된 후에도 학교는 원격 수업과 현장 수업을 반복해서 오갔다. 등교한 아이들은 마스크와 칸막이 속에 갇혀 친구나 선생님과 관계를 형성할 수 없었다.

한 중학생은 이렇게 하소연하기도 했다.

"학교에서 스마트폰을 사용하지 않았으면 좋겠어요. 쉬는 시간에 친구들이랑 떠들며 놀고 싶은데 각자 폰만 들여다보는 아이들이 많아요."

스마트폰이 허용된 학교에서 쉬는 시간이나 점심시간에 학생들은 다른 학생들과 어울려 놀기보다는 스마트폰 화면 속으로 빠져든다.

기술적 도구가 교육에 사용될수록 교사와 학생, 학생과 학생의 물리적 접촉이 줄어들 가능성이 커진다. 학생들은 과제를 이메일이나 수업 관리 도구를 통해 제출하고, 교사는 평가 후 수업 관리 도구를 활용하여 학생들에게 돌려준다. 학생들은 화상회의로 협업을 진행한다. 교육 주체들을 이어주는 의사소통과 협업의 수단이 기술적 도구로 대체되면서 부딪히고, 갈등을 일으키고, 화해하고, 격려하는 물리적 접촉이 줄어들게 된다.

학교는 수업과 시험이 있어서 힘든 곳이었지만, 함께 떠들던 친구들과 때때로 머리를 쓰다듬으며 칭찬해주시던 선생님이 있어 따뜻한 곳이었고 가고 싶은 곳이었다. 우리 모두에게 학교는 점수만을 받기 위한 곳이 아니었다. 친구를 만나고, 선생님을 만나고, 그러면서 마음이 한 뼘 더 자라나는 곳이었다. 성장의 순간에 사람과 사람이 만나고 상호작용을 일으키게 하는 학교의 역할은 지켜져야 한다. 기술의 역할이 커져만 가는 세상에서 전인교육의 중요성을 다시 한번 생각해보고 교육에서 기술이 최소화되어야 하는 순간이 있음을 잊지 말아야 한다.

03

교육에 기술을
어디까지 사용해야 할까

기술이 발전하면서 자동화의 물결이 우리 일상을 덮치고 있다. 키오스크를 통해 커피나 햄버거를 주문하는 일은 이제 너무나 자연스럽다. 단순히 주문을 처리하는 단계를 지나 로봇이 커피를 만들어주는 카페도 속속 등장했다. 로봇 기술과 인공지능의 발전은 이전 기술과는 다른 양상으로 우리의 삶에서 영향을 넓혀간다. 인간을 돕는 기술에서 인간을 대체하는 기술로 나아가고 있다.

2023년 미국 뉴욕대, 프린스턴대, 펜실베이니아대 등 3개 대학교로 이뤄진 공동 연구진이 챗GPT와 같은 언어모델 인공지능이 직업에 미치는 영향을 연구한 결과를 발표했다. 연구 결과에 따르면 인공지능의 영향을 가장 크게 받을 것으로 예상되는 직업은 텔레마케터였다. 이어서 놀랍게도 고등 교육기관의 어문학 교사, 역사 교사가 그 뒤를 이었다. 언어모델 인공지능의 영향에 크게 노출될 것으로 예상되는 20개 직업군 중에 14개가 역사, 철학, 사회학, 정치학 등 다양

한 분야의 교사 직군이었다.○

2023년 9월 4일 〈비즈니스 인사이더〉에는 인공지능으로 대체될 가능성이 큰 열 가지 직업에 관한 기사가 실렸다.○○ 기술 관련 직업, 시장 조사, 기자 등 미디어, 법률 등의 직업군과 함께 교사가 리스트에 올라 있다. 〈비즈니스 인사이더〉가 전문가들에게 질의하여 조사한 결과다.

로체스터 공대 컴퓨터과학부 학장인 펑청 시PengCheng Shi는 이미 챗GPT가 수업을 진행할 수 있다고 밝혔다. 반면 챗GPT를 수업 커리큘럼에 사용하고 있는 고등학교 수학과 과학 교사인 섀넌 어헌Shannon Ahern은 인간 대 인간의 접촉을 통한 가르침이 항상 필요하다고 주장한다.

미래의 디스토피아를 그린 올더스 헉슬리의 소설 《멋진 신세계》에는 인공 배양장치에서 아기가 태어나고 교육받는 과정이 상세히 묘사돼 있다.

"오늘 오후에는 무엇을 공부하지?" 그가 물었다.

"처음 40분 동안은 기초 성교육을 했습니다." 그녀가 대답했다. "하지

○ 〈한겨레〉, 곽노필, "'10년 넘게 일했는데…' 챗GPT에 가장 취약한 직업군은?", 2023. 3. 14, www.hani.co.kr/arti/science/future/1083471.html

○○ 〈비즈니스 인사이더〉, Aaron Mok·Jacob Zinkula, "ChatGPT may be coming for our jobs. Here are the 10 roles that AI is most likely to replace", 2023. 9. 4, www.businessinsider.com/chatgpt-jobs-at-risk-replacement-artificial-intelligence-ai-labor-trends-2023-02#teachers-5

만 지금은 기초 계급의식 학습으로 바뀌었습니다."

국장은 길게 줄지어 선 간이침대를 따라 천천히 걸어 내려갔다. 잠을 자서 피로가 풀리고 얼굴이 발그레한 80명의 어린 사내아이들과 계집 아이들이 새근새근 숨을 쉬고 있었다. 모든 베개 밑에서는 귀엣말이 들려왔다.

부화본부 국장이 걸음을 멈추고는 어느 작은 침대 위로 몸을 수그리고 주의 깊게 귀를 기울였다. "기초 계급의식이라고 그랬나? 어디 확성기로 조금 더 크게 틀어서 다시 들어보지."

방 끝에 확성기 하나가 벽에서 튀어나와 있었다. 국장이 그곳으로 걸어가서 스위치를 눌렀다.

"… 모두 초록색 옷을 입어요." 부드럽지만 아주 명확한 목소리가 중간부터 얘기를 시작했다. "그리고 델타 아이들은 황갈색 옷을 입습니다. 아, 싫어요. 난 델타 아이들하고는 놀고 싶지 않아요. 엡실론들은 더 형편없죠. 그들은 너무 우매해서 글을 쓰거나 읽을 능력이 없어요. 그뿐 아니라 그들은 너무나 흉측한 빛깔인 검정색 옷을 입어요. 나는 내가 베타여서 정말로 기쁩니다."

멋진 신세계에서 교육은 전적으로 기술이 담당한다. 아기들은 태어날 때부터 나뉜 계급에 맞는 교육을 받는다. 잠자는 동안 귓가에는 끊임없이 계급별로 알아야 할 내용이 흘러나온다. 치밀한 계획에 따라 철저히 통제된 교육이 이뤄진다.

이제 막 기술이 교육에 도입되면서 교육의 디지털 전환이라는 시대적 화두 앞에 저항의 목소리가 잦아든다. 일론 머스크를 비롯한 많은 사람이 6개월간 인공지능의 개발을 멈추자고 제안한 것처럼, 코로나가 지나간 자리에 서서 이제는 잠깐 한숨을 돌리고 기술과 교육의 관계를 한 발짝 떨어져서 살펴봐야 할 시점이다. 교육에 기술을 어느 정도까지 사용해야 할까? 기술이 허용한다면 최대한 활용해야 하는 걸까? 유치원에서 교사 대신 온종일 인공지능 스피커와 로봇이 우리의 아이들을 교육해도 괜찮은 걸까?

이 질문에 답하기 위해서는 교육의 목적을 다시 돌아봐야 한다. 멋진 신세계에서 그런 교육을 실행하는 이유는 국가와 사회가 필요한 인간 유형을 결정하고 그대로 길러내는 것을 교육의 목적으로 삼기 때문이다. 그동안 우리의 교육도 산업화 사회에 맞는 인재 양성에 초점이 맞춰져 있었다. 이제는 국가와 사회가 필요로 하는 인재를 양성하는 교육에서 신이 인간 각자에게 허락한 고유의 적성과 달란트를 발현하여 국가와 사회에 필요한 인재가 됨과 동시에 개인의 행복을 추구해나갈 수 있도록 돕는 교육이 되어야 한다. 교육에 사용되는 모든 도구는 바로 이런 목적을 실현하는 도구로서의 역할에 충실하면 되는 것이다.

그동안 우리의 교육은 산업화라는 시대적 과제를 해결하느라 개인화 교육을 시도하지 못했다. 이제 개인화 교육이 화두로 등장하자 교육 자원의 부족이 현실적인 문제로 떠올랐다. 교육에 적용되는 기술적 도구들은 개인화 교육에 크게 기여할 수 있다. 인공지능이 적용된 앱을 통해 개인의 역량을 진단하고 그에 맞는 교육과정을 전개할 수 있다. 그동안은 어려운 개념을 설명하고 이해하느라 교사와 학생들은 수업 시간의 대부분을 사용해왔다. 기술적 도구들은 다양한 시각화, 상호작용, 가상현실 등을 이용하여 글자와 말로 설명이 어려웠던 내용을 학생들에게 더 쉽게 전달할 수 있다.

그러나 잊지 말아야 할 교육의 대원칙이 있다.

인간이 인간을 성장시킨다.

인간다운 인간이 되는 것, 나다운 내가 되는 것은 오직 다른 인간을 통해서만 가능하다. 인간의 본성을 깨우고 다듬을 수 있는 것은 다름 아닌 다른 인간의 마음이다. 인간은 육체만으로 규정되지 않는다. 육체와 마음이 합쳐져야 한다. 마음을 성장시키는 것은 다른 사람의 마음이다. 교육이 마음에 관한 것까지 포함한다고 믿는다.

교육은 지식에 관한 것뿐만 아니라 다른 사람을 이해함으로써 마음이 성장하는 것을 포함한다.

교육에 기술을 적용하는 하나의 원칙을 제안하고자 한다.

기술은 개인화 교육을 실현하고 지식의 효율적 전달을 위해 사용하는 것으로 충분하다.

교사의 역할을 대체하기 위해 기술을 사용하는 것은 분명히 옳지 않다. 기술을 사용함으로써 교사의 역할이 변화할 순 있지만, 인간을 성장시키는 것은 인간임을 다시 한번 기억해야 한다. 교육에 기술을 적용하면서 모두 함께 달려보자고 격려하는 목소리가 여기저기에서 들린다. 지금이야말로 어디까지 달려야 하는지 그리고 어디로 달려야 하는지, 그 경계선과 방향을 명확히 해야 할 때다. 과한 것은 부족함만 못하다. 교육에 적용되는 기술이 그렇다.

04

인공지능 활용법

인공지능 열풍이 교육에도 불어닥쳤다. 2016년 3월 이세돌 9단과 알파고의 대결 이후 인공지능이라는 화두가 우리의 일상을 파고들었다면, 생성형 AI인 챗GPT가 세상에 공개되자 교육계가 가장 먼저 반응했다. 챗GPT를 교육에 어떻게 활용할 것인가를 두고 여기저기에서 목소리가 터져 나왔다. 서점에 가보면 생성형 AI를 포함한, 인공지능 활용 교육에 관한 책들을 쉽게 찾아볼 수 있다. 이에 호응이라도 하듯 교육부는 2025년부터 인공지능 디지털 교과서를 도입한다고 발표했다. 2028년에는 초·중·고 주요 과목에 인공지능 교과서를 적용한다는 목표를 세웠다. 교육부가 밝힌 인공지능 교과서 도입의 궁극적인 목적은 학생의 개인별 수준에 따른 맞춤형 교육의 실현이다.

이런 교육부의 방침에 발맞춰 각 시·도 교육청도 인공지능 적용 계획을 속속 발표했다. 경기도교육청은 인공지능 기반 교수·학습 플랫폼 '하이러닝'을 발표하고 시범 운영에 들어갔다. 하이러닝은 인공지능과 빅 데이터를 기반으로 학습 진단, 추천, 리포트를 제공하여 학생의 맞춤형 학습을 지원한다. 교사는 단원에 따른 추천 평가 문항, 학습 콘텐츠를 참고하여 수업을 설계할 수 있다.

현재 교육에 활용되고 있거나 교육을 위해 만들어지고 있는 인공지능 기반 도구들은 대부분 데이터 분석을 통해 학생 개인 맞춤형 학습 콘텐츠 제공, 즉각적인 피드백을 통한 자기주도 학습, 학습 상황이나 평가에 대한 데이터 시각화 리포트 기능을 제공한다. 여기에 추가로 재미 요소나 보상책을 도입해 학습 동기 유발을 시도하기도 한다.

그야말로 인공지능의 물결이 교육을 집어삼키고 있는 듯하다. 인공지능도 기술적 도구의 하나로 기술을 교육에 도입하는 큰 틀에서 다뤄져야 한다. 다만 인공지능은 도구의 위치에 머물지 않고 인간을 대체하는 수준에 이를 가능성이 있으므로, 교육에 도입할 때는 더 많은 논의와 세심한 가이드라인 설정이 중요하다.

인공지능을 교육에 어떻게 활용할 것인가에 답하기 위해 세 가지 기준을 고려해볼 수 있다. 바로 교육의 내용, 사용자의 비판적 사고 능력, 인공지능의 완성도다.

첫째, 교육의 내용에 따라 인공지능을 적용해야 할지 말지를 결정할 수 있다. 현재 인공지능 적용은 개인 맞춤형 교육 실현에 초점을 맞추고 있다. 학생 개인별로 어느 정도 수준에 있는지 측정하고 그에 맞는 교육 콘텐츠를 구성하여 제공하는 역할을 인공지능에 기대하고 있다. 개인 맞춤형 교육은 다시 두 가지 축으로 나누어 생각해볼 수 있다. 학습의 속도와 깊이다.

개인 맞춤형 교육은 같은 내용을 개인의 학습 속도에 따라 다른 시간에 학습할 수 있는 환경을 제공하는 것 그리고 학습 내용 자체가 개인에 따라 달라지는 것으로 나누어 생각해볼 수 있다. 개인의 속도에 따라 학습할 수 있는 자율속도형 학습은 개인별 학업성취도 향상에 크게 기여할 수 있다. 인공지능은 한 명의 교사가 물리적으로 제공할 수 없었던 자율속도형 교육을 구현하는 데 많은 도움을 줄 수 있다. 학생별로 이해가 어려운 단원이나 개념 등을 인공지능 앱의 도움을 받아 원하는 시간에 반복학습을 할 수 있고, 쉽게 느껴지는 부분은 빠르게 넘어갈 수 있다.

개인별 맞춤형 교육의 또 다른 측면은 학습의 깊이다. 같은 과목, 같은 단원을 학습하더라도 학생 개별 능력에 맞춰 내용을 더 쉽게 또는 더 어렵게 제시할 수 있어야 한다. 이는 기본적인 공통 학습 후에 학생 개별 성취도를 정확히 측정할 수 있다는 전제를 달고 있다. 즉 수시로 정확한 평가가 이뤄지고, 그에 따라 학생별로 심화 내용 제시 여부가 결정돼야 한다. 이렇게 개인별 맞춤형 교육과정을 제시함으로써 학생의 학업성취도가 향상될 수 있다고 판단될 때 인공지능을 활용할 수 있다.

둘째, 교육에 인공지능을 사용할 때는 사용자의 비판적 사고 능력을 고려해야 한다. 학생들은 교과서에 실린 내용과 교사의 설명을 절대적으로 신뢰한다. 많은 전문가의 연구와 검토를 거쳐 완성된 교과서의 내용과 그 내용을 전달하는 교사의 설명은 그동안 교육 신뢰성의 근간을 이뤘다. 인공지능 앱, 인공지능 교과서가 제시하고 설명하는 내용을 학생들은 종이 교과서, 교사의 설명만큼이나 신뢰할 가능성이 크다. 인공지능은 계속해서 학습하고 지속적으로 발전해나가지만, 오류가 발생할 확률이 언제나 존재한다. 학교급별로 학생들의 비판적 사고 능력이 앞으로 더욱 중요한 이유다. 맹목적인 신뢰가 아니라 비판적인 사고를 바탕으로 인공지능이 제시하는 내용을 비교·검증하는 노력이 병행돼야 한다.

특히 초·중·고에서는 인공지능에 대한 올바른 이해를 바탕으로 비판적인 사고 능력을 향상시키는 것이 과거 어느 때보다 중요해질 것으로 생각한다. 수학, 과학 등 정량적인 내용을 다루는 과목보다는 국어, 역사, 사회 등 인문적인 내용을 다루는 과목에 인공지능을 활용할 때는 더욱더 비판적인 태도를 유지할 필요가 있다. 하나의 완성되고 고정된 답이 아니라 다양한 의견을 확인하고 더 나은 답을 찾아가는 과정이 중요하기 때문이다. 학생들의 비판적 사고 능력을 고려하여 정제되고 검증된 내용으로 학습을 진행할 것인지, 인공지능을 활용할 것인지 판단해야 한다.

생성형 AI를 교육에 활용할 때는 학생들의 비판적 사고 능력이 담보돼야 한다.

셋째, 인공지능의 완성도를 확인해야 한다. 인공지능은 그동안 몇 번의 부침을 겪었다. 1956년 다트머스 워크숍Dartmouth workshop에서 인공지능이란 단어를 만들고 개념을 정립했다. 1958년 인공신경망인 퍼셉트론perceptron이 개발되면서 인공지능의 봄이 도래했다. 인공지능에 대한 장밋빛 전망이 쏟아졌지만, 기대큼의 성과가 나타나지 않으면서 1970년

퍼셉트론 알고리즘을 처음 구현한 Mark I 퍼셉트론 머신 © Unknown photographer, presumably working for Cornell Aeronautical Laboratory * 출처: Cornell University Library website

대에는 인공지능에 대한 관심이 빠르게 식었다. 이른바 첫 번째 인공지능의 겨울이 도래했다. 1980년대에 데이터를 기반으로 특정 분야의 질문에 답할 수 있는 전문가 시스템이 등장하면서 인공지능에 대한 기대가 다시 고개를 들었다. 전문가 시스템을 유지하기 위한 복잡성이 증가하고 개인용 컴퓨터가 대중화되면서 두 번째 인공지능의 겨울이 시작됐다. 2000년대, 프로세서 등 인공지능을 지원하는 하드웨어의 성능이 비약적으로 발전함과 함께 세 번째 인공지능의 봄을 맞이했다. 알파고와 챗GPT는 인공지능에 대한 우리의 기대를 한껏 끌어올렸다. 하지만 이번 인공지능의 봄이 진정한 봄이 되고 인공지능이 꽃을 피울지는 조금 더 지켜봐야 한다.

교육에 적용되는 인공지능에 대한 기대도 어느 때보다 높다. 인공

지능을 적용하면 학생의 실력을 진단하고 그에 따른 맞춤형 콘텐츠가 제시될 거라는 기대에 부풀어 있다. 하지만 교육에 적용되는 인공지능이 어느 정도의 성능을 보여줄지는 아직 검증되지 않았다. 특히 데이터가 충분히 쌓이지 않은 적용 초기에는 모두가 기대하는 성능에 미치지 못할 가능성이 크다. 완성도를 갖추지 못한 상태에서 교육 현장에 무리하게 적용한다면, 초기 디지털 교과서와 마찬가지로 교육 현장의 피로감을 높이고 결국 외면받는 상황이 재현될 수 있다. 검증된 인공지능 도구를 제한적으로 수업에 적용해보고 점진적으로 확대해야 한다. 교육에 인공지능을 활용하기 전에 인공지능 도구의 완성도가 먼저 검증돼야 한다.

인터넷이 없던 시절에는 과제를 위해 조사할 게 있으면 도서관에 가야 했다. 도서관에서 과제의 주제와 관련된 책을 보이는 대로 집어서 자리에 쌓아놓고 이 책 저 책을 뒤적였다. 많은 책을 읽어야 했고, 필요한 내용을 찾아서 요약하고 정리하는 과정이 필요했다. 인터넷이 등장한 이후로는 책을 빌리지 않는 이상 도서관에 갈 일이 없다. 검색만 하면 필요한 내용을 빠르게 찾을 수 있다. 여러 개의 문서를 화면에 동시에 띄워놓고 읽으면서 정리할 수 있다. 문서 내에서도 검색 기능을 사용하면 원하는 내용이 언급된 부분을 쉽게 찾을 수 있다. 여러 문서의 내용을 통합하고 정리하는 과정은 여전히 필요하지만 원하는 내용을 찾고 정리하는 과정에 들어가는 노력이 엄청나게 줄었다. 챗GPT와 같은 생성형 AI의 등장은 검색과 통합이라는 과정마저 생략해버렸다. 질문을 던지기만 하면 바로 답변해준다. 자기소개서를 직접 쓰지 않아도 나에 관한 몇 가지 사실을 입력하면 그럴듯한 자기소개서를 만들어준다. 챗봇 형태로 제공되는 생성형 AI는 인공지능이 우리 곁에 바짝 다가와 있음을 실감하게 해줬다.

검색 과정마저 생략하게 하는 생성형 AI는 교육적 활용도가 높다. 자연어를 처리할 수 있으므로 따로 사용법을 배우지 않아도 된다. 사람에게 이야기하듯이 입력창에 질문을 넣기만 하면 답을 얻을 수 있다. 누구나 쉽게 이용할 수 있다는 것이 챗GPT, 바드, 하이퍼클로바X 같은 생성형 AI의 최대 강점이다. 문서, 그림, 동영상, 데이터 파일을 분석하거나 생성할 수 있도록 기능이 강화되면서 활용도가 더욱 높아지고 있다.

이런 생성형 AI를 활용할 때 가장 주의해야 하는 것은 인공지능 환각 현상이다. 일명 '아무말 대잔치'라고도 하는 오류로 질문의 맥락과 상관이 없거나 잘못된 정보를 옳은 답인 것처럼 설명하는 것을 의미한다. 화제가 됐던 세종대왕 맥북 투척 사건이 대표적이다.◦ 세종대왕 맥북 투척 사건에 대해서 알려달라고 챗GPT에게 요청했더니 조선왕조실록에 기록된 일화라고 답변했다. 챗GPT도 그동안 학습이 이뤄져 이제는 그처럼 황당한 답변을 내놓지는 않는다. 다만 어떤 질문에 대해서 잘못된 데이터를 학습하거나 맥락을 잘못 이해해 사실이 아닌 답변을 내놓을 가능성은 언제나 존재한다.

◦ 〈조선일보〉, 구아모, "'세종대왕의 맥북 던짐 사건에 대해 알려줘' 했더니 챗GPT가 내놓은 답변은?", 2023. 3. 5, https://www.chosun.com/national/weekend/2023/03/04/HR457QM36JFTXDUVAMMNG23MHQ/

조선왕조실록에 기록된 세종대왕의 맥북프로 던짐 사건에 대해 알려줘

세종대왕의 맥북프로 던짐 사건은 역사서적인 조선왕조실록에 기록된 일화로, 15세기 조선시대 세종대왕이 새로 개발한 훈민정음(한글)의 초고를 작성하던 중, 문서 작성 중단에 대한 담당자에게 분노하여 맥북프로와 함께 그를 방으로 던진 사건입니다.

세종대왕은 훈민정음 개발을 위해 열심히 노력하던 중, 한글 문자를 이해하지 못하는 당시의 관료들이 문서 작성을 돕기 위해 임명한 기획관 중 한 명인 최환(崔渙)에게 작성 중단 사실을 듣게 되었습니다. 세종대왕은 이에 분노하여 최환을 부르고, 맥북프로를 함께 들고 그를 방으로 불러들이며 화를 내었습니다. 이후, 세종대왕은 훈민정음의 초고 작성을 다른 담당자에게 넘겨주게 되었습니다.

이 사건은 조선시대의 통치자로서 세종대왕이 어떻게 민족문화를 발전시키기 위해 노력했는지를 보여주는 일화로 유명합니다. 또한, 세종대왕의 열정과 업무처리에 대한 철저한 태도를 보여주는 사례로도 언급되고 있습니다.

생성형 AI의 잘못된 답변을 꼬집는 인터넷 밈

이런 이유로 챗GPT, 바드, 하이퍼클로바X 등 생성형 AI는 학교급별로 답변을 비판적으로 받아들일 수 있는 내용에 대해서만 사용하는 것이 바람직하다. 자신의 판단으로 생성형 AI의 답변을 취사선택할 수 있는 경우가 아니라면 교육에서 활용하는 것은 부작용이 더 클 수 있다. 서울시교육청은 이런 생성형 AI의 부작용을 고려하여 학교급별 생성형 AI 활용 지침을 배포했다.

서울시교육청 학교급별 생성형 AI 활용 지침

구분	초등학교	중학교	고등학교
수업 활용 가이드	o 교사 주도로 교육적 의도에 따라 사용 o 교사 시연 중심	o 교사의 지도하에 학생 직접 활용	o 교사의 지도하에 학생 직접 활용 o 프로젝트 등의 보조교사로 활용
	(공통)수업 및 교육 활동에서 활용할 경우 사전에 생성형 AI 원리와 한계점, AI의 윤리적 사용에 대한 학생 교육 실시(필수)		

학생의 직접 활용은 중학교 이상으로 권고했고, 초등학교에서는 교사가 시연 중심으로 사용하기를 권고했다. 교육 활동에 사용하기 전에 생성형 AI의 원리와 한계점, 윤리적 문제에 대한 교육을 필수적으로 실시하도록 했다.

문제는 이미 많은 학생이 생성형 AI를 사용하고 있다는 것이다. 2023년 7월 이화여대 미래교육연구소에서 학생 600명을 대상으로 실시한 조사 결과에 따르면, 생성형 AI를 사용한다고 답한 학생이 79.2%에 달했다. 지금도 상당히 높은 비율이지만 앞으로 더 많은 학생이 생성형 AI를 사용하게 될 것이다. 교사나 학부모의 지도·감독하에 있지 않은 상황에서 학생들이 생성형 AI를 자유롭게 사용한다면 어떤 일이 벌어질까? 사고력, 창의력 저하는 물론이고 출처를 밝히지 않는 경우 윤리적 문제까지 발생하게 된다. 심지어 생성형 AI에 장기적으로 의존한다면 생성형 AI 없이는 스스로 아무것도 하지 못하는 중독 상태에 빠질 수도 있다. 스마트폰 없이 잠시도 견디지 못하는 상황이 생성형 AI에서 똑같이 벌어질 수 있다.

그만큼 생성형 AI는 강력하고 편리하다. 생성형 AI의 결과물인지 사람의 결과물인지 가려내는 도구를 만들려는 시도가 계속되고 있지만, 하루가 다르게 발전하는 생성형 AI를 생각하면 이 또한 해결책이 될 수 없다. 사용 연령의 제한 등 정책적 수단을 동원해야 할 수도 있다. 현재 마이크로소프트, 구글, 네이버 등 대부분의 인터넷 기업은 만 13세 또는 만 14세가 되어야 부모의 동의 없이 계정을 생성할 수 있도록 연령을 제한하고 있다. 기술을 주체적으로 사용하고 인간이 기술과 어떤 관계를 맺어야 하는지 지속적으로 고민함과 더불어 생성형 AI에 대한 사용 연령 제한도 고려해봐야 한다.

05

교육에 적용된 기술의 통제

2023년 9월 11일 자 〈더 가디언〉은 스웨덴 교육부의 특별한 결단에 대해 보도했다.○ 스웨덴 교육부 장관 로타 에드홀름Lotta Edholm은 디지털 기기 활용을 중단하고 종이책과 손 글씨로 돌아가겠다고 발표했다. 특히 6세 이하의 어린이에 대해서는 디지털 기기 활용 교육을 완전히 중단한다고 밝혔다.

스웨덴이 이런 결정을 내린 이유는 디지털 교육 도입 이후 학생들의 읽기 능력이 저하된 것으로 나타났기 때문이다. 읽기 수준 국제 평가인 PIRLSProgress in International Reading Literacy Study에서 스웨덴 4학년 학생들의 점수는 2021년 544점으로, 2016년 555점 대비 11점 하락한 것으로 나타났다. 스웨덴은 공교육 의존도가 높은 나라로 공교육의

○ 〈더 가디언〉, "Switching off: Sweden says back-to-basics schooling works on paper", www.theguardian.com/world/2023/sep/11/sweden-says-back-to-basics-schooling-works-on-paper

변화가 학생들의 역량에 직접적인 영향을 미친다. 학교에서 디지털 기기를 활용하기 시작하면서 학생들의 읽기 능력이 저하됐다고 판단한 것이다.

PIRLS 순위표(2021)

(단위: 포인트)

순위	국가	평균 점수	2016년 대비 점수 변화
1	싱가포르	587	▲11
2	아일랜드	577	▲10
3	홍콩	573	▲4
4	러시아	567	▼14
5	북아일랜드	566	▲1
6	영국	558	▼1
7	크로아티아	557	N/A
8	리투아니아	552	▲4
9	핀란드	549	▼17
9	폴란드	549	▼16
11	미국	548	▼1
12	타이완	544	▼15
12	스웨덴	544	▼11
14	오스트리아	540	▼4
14	불가리아	539	▼13
14	체코	539	▼4
17	헝가리	539	▼15
17	덴마크	539	▼8
17	노르웨이	539	▼20
20	이탈리아	537	▼11
21	마카오	536	▼10
22	오스트리아	530	▼11
23	슬로바키아	529	▼6
24	라트비아	528	▼30
25	네덜란드	527	▼18
26	독일	524	▼13

오랫동안 고인 물 같았던 공교육에 변화의 바람을 몰고 온 것이 바로 디지털 전환이다. 학교에 컴퓨터실이 생기고 타자법부터 메일 보내는 법, 문서 작성법을 배우던 시기를 지나 이제는 종이책과 칠판을 통해 배우던 내용을 기술적 도구를 이용해 배우는 단계로 들어서고 있다. 문제는 교육의 디지털 전환 효과를 아는 사람이 없다는 것이다. 다양성을 살릴 수 있고, 교육 내용의 개인화가 가능해지고, 환경의 제약을 넘어서는 교육이 이뤄지리라고 '기대'할 뿐이다. 교실에 스마트 기기가 도입되고, 대부분 교사가 다양한 기술적 도구를 활용하여 수업을 진행하게 되면 그때로부터 몇 년의 시간이 지나야 효과가 나타날 것이다. 긍정적인 효과와 부정적인 효과가 동시에 나타날 텐데, 부정적인 효과가 치명적이지 않고 줄여나갈 수 있다고 판단돼야 기술적 도구를 계속 사용할 수 있다. 그래서 지금부터가 중요하다. 기술 적용 효과가 어떻게 나타날지 알 수 없으므로 기술을 교육에 마구 풀어놓는 것이 아니라 통제력을 행사할 수 있어야 한다. 학생들이 어떤 기술적 도구를 언제, 얼마나 사용하는지 교사나 학부모가 통제할 수 있어야 한다.

현재 교육 당국은 스마트 기기를 배포하면서 운영체제별 관리 소프트웨어를 대표적인 통제 수단으로 내세우고 있다. 기기 관리 소프트웨어로 불리는 MDM을 설치하여 학생들에게 스마트 기기를 배포하고 있다. MDM을 설치하면 학생들의 사용성을 통제할 수 있을까? 안타깝게도 그렇지 않을 가능성이 크다. 아들에게 스마트폰을 사주면서 사용성을 통제하기 위해 통신사가 제공하는 앱을 설치했다. 처음 몇 달간은 아들의 스마트폰을 효과적으로 통제할 수 있었다. 그런데 언제부턴가 아들의 게임, 유튜브 등 제한을 걸어놓았던 앱들의 사용 시간이 표시되지 않았다. 아들이 인터넷 검색을 통해 통제 앱을 무력화하는 방법을 찾아낸 것이다.

검색창에 'MDM 무력화', 'MDM 푸는 법'을 입력하면 다양한 방법이 올라와 있는 것을 쉽게 알 수 있다. 바이러스가 나타나면 백신이 나오고, 그 백신을 무력화하는 또 다른 바이러스가 나오듯이 기술로 기술을 통제하는 것은 끝없는 숨바꼭질이 될 가능성이 크다. 더구나 학생들에게는 이전 세대가 가지지 못한 강력한 무기가 있다. 바로 인터넷이다. 번역 기능이 훌륭하게 제공되면서 이제는 언어의 장벽을 넘어 외국 웹사이트의 내용도 마음만 먹으면 손쉽게 확인할 수 있다. 인공지능이 계속해서 발전하면서 많은 사람이 우려의 목소리를 내는 이유는 인공지능을 인간이 통제할 수 없으리라는 두려움 때문이다. 교실에 풀어놓은 기술을 기술만으로 통제할 수는 없다.

교육에 도입된 기술을 통제하기 위해서는 세 가지 통제 방법이 조화를 이뤄야 한다. 바로 사용자 교육, 정책적 수단, 기술적 수단이다.

교육에 도입된 기술을 통제하는 방법

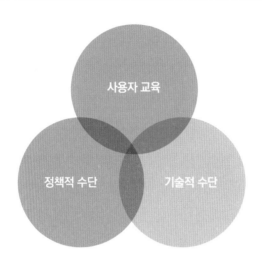

첫 번째가 사용자에 대한 교육이다. 교사와 학생, 학부모가 교육에 사용되는 기술을 받아들이는 태도를 정립해야 한다. 도구를 사용하는 주체적인 인간의 입장에서 교육에 도입된 기술을 바라보고 교육적 목적을 위해 사용하는 것임을 명확하게 인지해야 한다. 교육 당국은 교육의 본격적인 디지털 전환에 앞서 기술을 대하는 우리의 가치관이 정립될 수 있도록 교육을 지원해야 한다. 특히 기술과 함께 자라온 학생들이 교육적 목적을 위해 주체적으로 기술을 사용할 수 있도록 체계적인 교육이 필요하다.

두 번째는 정책적 수단이다. 사용자 교육은 가장 중요하지만 오랜 시간에 걸쳐 올바른 태도가 형성돼야 제대로 효과를 발휘하게 된다.

정책적 수단이란 교육에 기술을 사용하는 우리 사회의 합의라고 할 수 있다. 수단별로 사용 조건을 규정할 수 있는데, 사용 연령 제한이나 인공지능 활용 지침 같은 것이 그 예다. 다만 정책적 수단을 동원할 때는 자율성과 배치되는 부분을 세심히 고려해야 한다. 최소화하되 확고한 가이드라인을 제시해주는 것이 효과적이다.

세 번째인 기술적 수단은 마지막 통제 수단이 되어야 한다. 학생들이 자율적으로 기술을 통제하고 교육적 목적에 맞게 사용하는 것이 가장 이상적임을 명심하고, 기술적 통제 수단을 최소화해야 한다. 앞서 학교에서 앱이나 웹사이트 접근성을 통제할 때 학생들의 자율성이 길러질 수 있도록 여유를 두어야 함을 강조했다. 이를 잊지 말고 기술적 통제 수단을 사용할 때는 교사들 간에 충분한 논의를 거쳐 실행해야 한다. 기술적 통제 수단은 스마트 기기 운영체제나 플랫폼 소프트웨어에 내장된 기능을 사용하는 것이 더 안전하다. 앱 형태로 추가 설치되는 MDM 소프트웨어는 무력화될 가능성이 크다.

교육에 적용된 기술을 통제한다는 것은 기술이 교육적 목적을 위해 올바르게 사용되도록 한다는 것만을 의미하지 않는다. 교사와 학생, 학부모가 기술에 과의존하는 상태를 막는 것도 포함한다. 이제 교육에 기술을 도입하는 초기 단계인데 너무 이른 걱정이 아니냐고 할 수도 있겠지만, 최근 기술의 확산 속도를 생각하면 이 또한 미리 준비해야 한다. 컴퓨터 자판을 사용하면서 손으로 글씨를 잘 쓰지 못하게 되고, 인터넷과 검색이 일반화되면서 종이책을 읽는 일이 줄어들고 있다. 생성형 AI의 등장으로 인간의 사고 능력이 저하되리라는 점도 우려스럽다. 인공지능 시대에 살아남을 수 있는 가장 근본적인 경쟁력은 인간다움을 유지하는 것이라고 생각한다. 읽고, 쓰고, 생각하는 능력을 기르는 것이 교육의 목적에서 중요한 부분임을 잊지 말아야 한다. 전기가 끊기거나 인터넷이 막히면 아무것도 할 수 없는 인간이 되어선 안 된다. 학생들의 읽고, 쓰고, 생각하는 기본 능력이 충분히 발달하도록 돕고 그 위에 기술적 수단을 활용하여 개인적 적성, 흥미, 달란트에 따른 개인화 교육이 이뤄지도록 기술의 사용을 디자인해야 한다.

2023년 유네스코는 교육에 사용되는 기술에 대한 보고서를 발표했다.º 보고서는 전 세계 각국이 거버넌스와 규제Governance and Regualation가 없는 상태에서 교육에 기술을 사용하고 있음을 강조했다. 교육에 기술을 사용하는 국가에서는 모든 사람을 위한 양질의 교육이라는 공통의 목적을 위해 교사 주도의 대면 교육을 대체하지 않도록 기술이 교육에 사용되는 방식을 설계하고 자체적인 조건을 설정하도록 촉구했다.ºº

º UNESCO UNESDOC 디지털 라이브러리, 〈Global education monitoring report, 2023: technology in education: a tool on whose terms?〉, unesdoc.unesco.org/ark:/48223/pf0000385723

ºº UNESCO, "UNESCO issues urgent call for appropriate use of technology in education", 2023. 8. 11. www.unesco.org/en/articles/unesco-issues-urgent-call-appropriate-use-technology-education

Press release ›

UNESCO issues urgent call for appropriate use of technology in education

A new global UNESCO report on technology in education highlights the lack of appropriate governance and regulation. Countries are urged to set their own terms for the way technology is designed and used in education so that it never replaces in-person, teacher-led instruction, and supports the shared objective of quality education for all.

Ismael Martinez Sánchez - ProFuturo

유네스코에서도 교육에 기술을 적절하게 활용할 것을 긴급 촉구했다.

디지털 혁명은 가늠할 수 없는 잠재력을 지니고 있습니다. 그러나 사회에서 어떻게 규제돼야 하는지 경고가 제기되어온 것처럼 교육에 디지털 혁명이 사용되는 방식에 대해서도 관심을 가져야 합니다. 그것은 더 나은 배움의 경험과 학생과 교사의 더 나은 삶을 위한 것이어야 합니다. 학습자의 필요를 최우선으로 생각하고 교사를 지원해야 합니다. 온라인 연결은 인간 상호작용을 대체할 수 없습니다.

– 유네스코 사무총장 오드리 이줄레이Audrey Azoulay

"1인 1기기 보급을 완료하겠습니다."

각 시·도 교육청이 스마트 기기 보급에 열심이다. 인공지능 도입에도 속도를 내고 있다. 교육 당국의 계획과 달리 일선 학교의 현실은 혼란스럽기만 하다. 수백 대의 스마트 기기를 쌓아놓고 한숨짓는 교사들이 있다. 교육에 도입되는 기술은 통제할 수 있어야 한다. 무엇을 위해, 언제, 어떻게 사용할지 정교하게 디자인돼야 한다. 기술이 최소화돼야 하는 교육의 순간이 있기 때문이다. 이런 준비 없이 교육에 기술을 도입하는 것 자체에 목적을 둔다면 지금을 후회하게 될 수도 있다. 한때 유행했던 어느 영화의 포스터 문구 패러디 행렬에 빗대자면, '교실에 들이지 말아야 할 것을 들였나?'라고 생각하게 될 수도 있다.

8장

기술에는 부작용도 있기
마련이지만,
올바르게 사용하기만 한다면
더 나은 교육을
만들어나갈 수 있다.

교육에

기술이

잘 적용되려면

연수 등을 지원하여
교사가 기술 역량을
키울 기회를
제공해야 한다.

온·오프라인
학습 공동체를
꾸리는 것도
좋은 방법이다.

디지털 전환의 시대,
이제는
교실의 풍경을
바꿔야 할 때다.

불과 몇 년 전만 하더라도 한 학급이 사용할 수 있는 스마트 기기를 확보하기 위해 동분서주하는 선생님들을 자주 만날 수 있었다. 교육청 스마트 기기 지원 사업에 선정됐다며 슬쩍 웃어 보이는 선생님의 표정에서 변화를 향한 열정을 느낄 수 있었다. 하지만 현실은 그리 녹록지 않았다. 스마트 기기가 학교에 들어오는 순간부터 담당 선생님은 고난의 행군을 시작해야 했다. 수십 대의 기기를 일일이 세팅하고 학생들이 사용할 수 있는 상태로 만드느라 일주일 내내 기기와 씨름했다는 선생님의 이야기를 들을 때면 마음이 무거웠다. 기기 세팅이 끝난 이후에도 어려움은 계속됐다. 동료 교사들의 무관심 속에 수업에 적용하기 위해 고군분투하고, 어렵게 교사 대상 연수 일정을 잡아도 동료 교사들의 참여를 끌어내기가 쉽지 않았다.

어느 중학교에서 전 교사 대상 연수를 마쳤을 때 담당 선생님이 상기된 표정으로 다가와 감사를 전하셨다.
"이번 연수를 계기로 많은 선생님이 스마트 기기 활용에 관심을 가지게 될 것 같아요."
그동안 선생님이 홀로 얼마나 힘드셨을지가 고스란히 느껴졌다.

이제는 상황이 많이 달라졌다. 교육의 디지털 전환이라는 시대적 요청을 모두가 인정하는 분위기다. 코로나라는 유례없는 고난을 겪으며 우리 모두는 교육에 기술이 필요함을 절감했다. 플랫폼 소프트웨어, 스마트 기기, 전자칠판 등 기술적 도구들이 학교 현장에 쏟아져 들어오고 있다. 스마트 기기는 예전과 비교할 수 없을 만큼 많아졌지만, 아직도 혼란에 빠져 있는 학교를 보게 된다. 학생, 교사, 학부모 모두가 뜨거운 감자를 손에 쥐고 당황스러워한다.

01

교육 목적 정립

  기술적 도구를 잘 선택하고, 선택된 도구를 제대로 활용하기 위해서 가장 먼저 살펴봐야 하는 것이 교육의 목적이다. 교육의 목적이 정립되지 않으면 모든 교육적 수단이 길을 잃는다. 지향점이 명확해야 어떻게 그곳에 도착할지 계획을 세울 수 있다. 혼란의 시대, 빠른 변화의 시대 한가운데에서 교육이 어디로 나아가야 하는지 각 교육 주체가 공감하는 미래 교육의 방향성 설정이 무엇보다 중요하다.

  국가가 정의하는 교육의 목적이 있다. 우리나라는 교육기본법 제2조에서 교육의 목적을 정의한다. 법으로 정의된 교육의 목적은 각 교육기관이 해석하고 적용한다. 교육부는 '초중등학교 교육과정 총론 및 각론 고시'ᵒ를 통해 학교급별 교육의 목적을 밝혔다. 교육기본법

ᴼ 교육부, (교육부 고시 제2022-33호) 초중등학교 교육과정 총론 및 각론 고시, 2022년 12월 22일 발표

과 교육부 고시를 통해 정해지는 교육의 목적을 각급 학교는 좀 더 실천적인 과제로 해석한다. 학교별로 학생들을 어떻게 교육할 것인지 건학이념이나 교훈 등을 통해 드러낸다.

그동안 '교육의 목적'이라는 개념은 어쩌면 학교 현장에서 희미한 그림자가 되어 있었는지도 모른다. 눈앞에 놓인 교육 과제를 해결하느라 우리의 교육이 어디를 향해 가고 있는지 학생, 학부모, 교사 모두가 잠시 잊고 있었던 것은 아닌지 뒤돌아본다. 산업화 시대, 표준화된 매뉴얼에 따라 오차 없이 작업을 해낼 수 있는 사람을 길러내기 위한 교육의 시대는 지나갔다. 인공지능 시대를 맞이하면서 인간의 본질과 역할을 다시 고민해야만 하는 현실을 마주하고 있다. 현시대에 맞는 교육의 목적을 다시 생각해보고, 각급 학교에서 그에 맞는 실제적 과정을 설계하는 것이 필요하다.

교사는 학교에서 합의된 교육의 방향성, 목적에 따라 자신의 수업이 지향하는 바를 정해야 한다. 수업 목적과 방향성이 정해지면, 그 목적을 달성하기 위한 도구로서 기술을 선택하고 활용할 수 있다. 수업에서 학생 개인의 속도·적성·흥미를 얼마나 어떻게 반영할 수 있는지 구체적인 계획이 세워져야 어떤 기술적 도구가 필요한지 선택할 수 있고, 어떻게 활용할지 계획할 수 있다.

많은 학교에서 연수를 진행하면서 선생님들이 가장 좋은 반응을 보여줬던 부분은 실제 사용법이 아니라 '왜 기술적 도구를 사용해야 하는가'에 대한 설명이었다. 갑자기 많은 스마트 기기가 학교에 보급되면서 교사들은 사용해야 한다는 압박에 시달렸지만 정작 왜 사용해야 하는지, 수업에 활용하면 어떤 효과가 있는지 자신만의 답을 가지고 있는 이들은 드물었다. 기술적 도구의 활용 사례를 소개할 때 꼭 덧붙이는 말이 있다.

"다른 학교의 사례를 그대로 따라 하지 마시고, 자신의 수업이 어떻게 변화해야 하고 무엇을 목표로 하는지 먼저 생각해보시면 좋겠습니다."

교사 대상 연수를 진행할 때마다 기술적 도구를 활용하기 위한 수업이 아니고 수업의 목적을 달성하기 위한 수단이 기술적 도구임을 강조한다.

교육기본법에 정의된 교육의 목적, 교육부 총론에 나오는 학교급별 교육의 목적, 학교별 교육의 목적, 한 명의 교사가 생각하는 본인 수업의 목적까지 방향성이 일치하는 것이 중요하다. 그래야 교육에 투입되는 자원이 효율적으로 사용될 수 있다. 기술적 도구는 더더욱 그렇다. 교육 당국에서 아무리 많은 예산을 배정해 기술적 도구를 보급한다고 해도 수업 현장에서 필요로 하지 않는다면 사용되지 않는다. 정책 홍보나 연수 운영에 앞서 교육 목적에 대한 시대적 합의를 도출하고, 거기에 일선 학교 수업의 방향성이 일치해야 기술이 교육에 제대로 활용될 수 있다.

02

제도 정비의 필요

　학교에서 사용되는 다양한 기술적 도구의 선정 및 구매는 보통 두 가지 형태로 진행된다. 각 시·도 교육청 또는 교육청 산하 교육지원 청 단위에서 공동구매를 진행하거나 일선 학교에 예산이 배정돼 학 교별로 기자재선정위원회를 개최하여 구매한다. 공동구매가 이뤄지 면 수요 학교는 선택지를 안내받는다. 가장 큰 예산이 투입되는 스마 트 기기 보급 사업은 선택지별로 교육청이 결정한 스펙이 학교에 안 내되고, 학교는 내부 논의를 거쳐 공급받을 스마트 기기를 결정하여 교육청으로 회신한다. 공동구매가 진행되면 선택지에 대한 매우 제 한적인 정보만 제공되고, 학교는 교육청 입찰이나 구매 절차가 완료 되기 전까지는 정확히 어떤 제품이나 소프트웨어를 공급받을지 알 수 없다.

　최근 들어 교육청 공동구매가 급격히 증가했는데 이는 교육청 구 매 예산의 증가와 일선 교사들의 의견이 반영된 결과로 보인다. 학교별로 수십 대에 그쳤던 스마트 기기 보급이 학생 1인 1기기 보급 정책에 따라 수백 대 단위로 증가했다. 교육청별로 매년 수백억에서 1,000억 원이 넘는 예산을 집행하게 되면서 효율적 예산 집행 및 일선 학교 행정 부담 완화를 목적으로 공동구매를 실시하는 것이다. 수도권 교육지원청 기기 보급 담당자와 스마트 기기 공동구매에 대한 이야기를 나누던 중 선생님들의 민원 때문에 공동구매를 실시하게 됐다는 얘기를 들었다.

담당자 본인도 공동구매를 진행하지 않는 것이 부담도 적고 좋지만 예산을 학교로 내려보냈을 때 일선 학교 담당 선생님들의 반발이 만만치 않다고 했다. 일부 지역에 한정된 상황일 수도 있겠지만, 전국적으로 교육청 단위의 공동구매가 일반화된 것을 보면 대부분 학교의 반응이 그런 듯했다.

학교에서 사용되는 기술적 도구는 직접 도구를 사용하는 교사들의 의견이 가장 충실하게 반영돼 선정되고 보급되어야 한다. 뛰어난 연주자의 악기를 다른 사람이 대신 골라주는 경우는 없다. 수업에 사용되는 기술적 도구는 교사 스스로 자신이 추구하는 수업 방향에 따라 선택하고 활용하는 것이 가장 바람직하다. 교육청이 보급 계획을 세우고 진행하는 하향식보다는 일선 학교에서 필요한 기술적 도구를 정하고, 그에 대한 예산 배정이나 보급을 요청하는 방식이 되어야 한다. 그래야 교사가 정말로 원하고 필요로 하는 기술적 도구가 학교에 보급될 수 있고, 제대로 활용될 수 있다.

학교에서 기술적 도구가 제대로 활용되기 위해 필요한 또 한 가지

Technician, Perth High School - PKC10239

Perth High School, Oakbank Road, Perth, PH1 1HB

CONTRACT TYPE	Fixed Term	POSITION TYPE	Full Time
SALARY	£26,241 - £28,474 per year	CLOSING DATE	30/05/2023

Whole School Technician - ABS36761

Banff Academy, Bellevue Road, AB45 1BY

CONTRACT TYPE	Fixed Term	POSITION TYPE	Full Time
SALARY	£25,074 - £26,542 per year	CLOSING DATE	24/05/2023

School Technician - ANG04522

Brechin High School, Duke Street, Brechin, DD9 6LB

CONTRACT TYPE	Permanent	POSITION TYPE	Full Time
SALARY	£22,888 - £26,083 per year	CLOSING DATE	26/05/2023

School Technician (Permanent) - REN08796

Renfrew High School, Haining Road., PA4 0AJ

CONTRACT TYPE	Permanent	POSITION TYPE	Full Time
SALARY	£28,031 - £29,637 per year	CLOSING DATE	24/05/2023

영국 스코틀랜드 학교들이 게재한 IT 전담 매니저(School Technician) 구인 공고

요소가 있다. 바로 학교 IT 담당자다. 대한민국의 많은 공립학교에는 IT 담당자가 별도로 존재하지 않는다. 정보부장 선생님이나 컴퓨터를 잘 안다고 알려진 선생님들이 학교 IT 관련 일들을 전담한다. 컴퓨

터실에 데스크톱 컴퓨터와 모니터가 놓여 있던 시절은 지나갔다. 학교 곳곳에는 무선 와이파이가 설치됐고 전교생이 개인용 스마트 기기를 사용한다. 한 명의 선생님이 수업 이외에 부가적인 업무로 감당할 수 있는 수준을 벗어난 것이다. 일정 규모 이상의 회사에는 IT 지원 부서가 반드시 존재한다. IT의 효율적인 활용이 회사의 경쟁력과 직접적으로 연관돼 있기 때문이다. 대도시 지역의 학교에는 수백 명의 학생과 교사가 있다. 이제 다양한 기술적 도구를 수업에 제대로 활용하려면 별도의 IT 담당자가 반드시 필요하다.

2011년 미국에 세계 최초 크롬북을 출시하고, 구글과 함께 학교에 보급하기 위해 다양한 노력을 기울였다. 그때 미국 학교에는 IT를 전담하는 담당자가 있다는 걸 알게 됐다. 각 학교의 IT 담당자들이 수업을 위한 IT 시스템, 도구 전반을 관리하고 있었다. 국내에서도 국제학교나 일부 사립학교에는 IT 담당자가 있지만, 안타깝게도 상당히 드물다. 한꺼번에 모든 학교에 IT 담당자가 배치될 수는 없을 것이다. 학교 규모별로 필요성이 조금씩 다를 수도 있다. 학교 규모 및 지역을 고려하여 몇 개 학교를 묶어서 한 명의 IT 담당자를 배치하는 방법으로 시작하면 어떨까? 학교에서 사용하는 기술적 도구가 점점 늘어남에 따라 학교 IT 담당자의 수도 점진적으로 늘리면 될 일이다. 수업 준비와 학생지도에도 부족한 교사의 시간을 고장 난 스마트 기기와 느려진 무선 인터넷을 처리하는 데 사용할 수는 없다. 학교에 보급되는 기술적 도구가 내구연한 동안 제대로 활용되려면 학교 IT를 전담하는 담당자가 반드시 필요하다.

03

전문적 학습 공동체 활성화

경기도의 한 고등학교를 저녁 시간에 서너 번 방문한 적이 있다. 6시가 넘은 시간에 교사 대상 연수 요청을 받는 일은 없는지라 왜 그렇게 늦은 시간에 진행하는지 궁금했다. 학교에 도착해보니 선생님 열 분 정도가 샌드위치를 앞에 놓고 기다리고 계셨다. 선생님들과 함께 저녁으로 샌드위치를 먹으며 학교에 새롭게 도입되는 플랫폼 소프트웨어에 대한 다양한 이야기를 나누었다. 그 자리에 모인 선생님들은 더 나은 수업을 위한 '전문적 학습 공동체'를 만들어 서로 고민을 나누고 계셨다. 일과를 마친 피곤한 시간임에도 참석한 선생님들이 적극적으로 의견을 개진하는 모습이 인상적이었다. 그렇게 몇 차례 모임이 진행됐고, 그 학교는 현재 많은 선생님이 기술적 도구를 수업에 적극 활용하고 있다.

이처럼 교사들이 학교 내에서 전문적 학습 공동체를 구성하여 운영할 수 있다. 교사의 성장을 위해 구성하는 모임이므로 대부분의 교

교사들의 연구 모임을 통해 기술은 학교 내에 빠르고 효과적으로 전파될 수 있다. ⓒ 연합뉴스

육청에서는 전문적 학습 공동체 활동을 직무 연수 시간으로 인정해 준다. 많은 학교에서 기술적 도구에 관한 연수를 진행하면서 하나의 공통점을 발견했다. 바로 전문적 학습 공동체가 구성돼 활발하게 활동하고 있는 학교에서 기술적 도구가 비교적 잘 사용된다는 것이다.

그동안 기술적 도구가 선도적으로 도입됐던 학교에서 벌어지는 일은 비슷했다. 한두 명의 선생님이나 관리자가 스마트 기기 등 새로운 도구를 도입하는 데 관심을 보인다. 선도학교 등 교육청에서 진행하는 사업에 신청서를 제출하고, 대상 학교로 선정되면 예산을 배정받는다. 스마트 기기와 플랫폼 소프트웨어가 도입되면 관심이 많은 몇몇 선생님이 사용하기 시작하지만, 제한적인 활용에 그친다. 전 교사 대상 연수 등을 진행해보지만 더 많은 동료 선생님들에게 전파하기가 쉽지 않다. 관리자의 적극적인 의지가 없다면 그 학교에서는 일부 선생님만 기술적 도구를 사용하는 상황이 한동안 이어진다.

전 교사 대상 연수를 진행할 때면 다양한 우수 수업 사례를 소개한다. 선생님들의 눈빛이 가장 빛나는 순간이다. '나도 저렇게 수업할 수 있을까?' 하는 의구심과 '나도 저렇게 해보면 좋겠는데…' 하는 희망이 공존하는 시간이기도 하다. 이때 선생님들께 말씀드린다.

"같은 과목을 가르치는 선생님들과 어떻게 활용하면 좋을지 꼭 함께 고민해보세요."

학교 내에서 교사들 간에 기술적 도구가 전파되는 첫 번째 경로는 같은 과목을 가르치는 선생님들이다. 초등학교에서는 옆 반 선생님이 된다. 먼저 잘 활용하게 된 교사가 자신의 노하우를 같은 과목을 가르치는 선생님이나 옆 반 선생님과 아낌없이 나눌 때 그 학교에서는 일차적인 기술의 전파가 일어난다. 그런 알음알음의 노하우 전파가 조금 더 공식화될 수 있는 계기가 바로 전문적 학습 공동체다. 전문적 학습 공동체를 구성하여 '우리 학교의 환경'에 맞는 활용법을 찾아가는 것이 가장 바람직하다.

모든 학교에는 다른 학생, 다른 교사가 있다. 각 학교가 처한 환경은 고유하고 특별하다. 그에 맞는 기술적 도구의 활용법을 찾아내는 일을 전문적 학습 공동체가 담당할 수 있다. 학년별, 과목별로 다양한 교사가 참여할수록 공동 연구의 질이 높아지고 기술 전파의 경로도 단축될 수 있다. 특정 교사 한두 명의 힘으로 학교에 기술적 도구가 정착될 수는 없다. 교사가 기술적 도구에 대해 느끼는 어려움, 생소함은 교사들의 협력을 통해 극복할 수 있다.

04

교사의 기술 역량 강화

교육에는 학생, 학부모, 교육 당국, 교사 등 여러 주체가 있지만 기술을 교육에 적용하는 일에서 키를 쥐고 있는 교육 주체는 누가 뭐라고 해도 교사다. 가르치고 배우는 모든 활동을 교사가 계획하고 진행하기 때문이다. 많은 예산을 투입해서 인공지능 교과서를 만들어도, 수많은 스마트 기기를 학교에 쏟아부어도 결국 수업에 활용할지 말지를 결정하는 사람은 교사다. 그래서 기술이 학교에 잘 적용되려면 무엇보다 교사의 기술 활용 역량이 중요하다.

교사의 기술 역량이란 구체적으로 무엇을 말할까?

첫째, 자신의 수업에 사용할 기술적 도구를 선택하는 역량이다. 플랫폼 소프트웨어, 스마트 기기와 같은 학교 공통의 기술적 도구들은 학교 내에서 기준을 마련하고 다양한 의견을 수렴해 정하게 된다. 지금까지 이런 과정은 주로 담당 교사 또는 IT에 관심이 많은 선생님 위주로 진행됐다. 공통의 기술적 도구들은 향후 수업에 미치는 영향이 크고, 오랫동안 사용하게 될 가능성이 크므로 되도록 많은 교사의 의견을 참고하여 선정하는 것이 좋다. 이때 각 교사는 스마트 기기나 플랫폼 소프트웨어에 대한 의견을 제시할 정도의 지식을 갖추고 있어야 한다. 자세한 스펙이나 상세 기능 수준까지는 아니더라도 기기 형태, 운영체제, 플랫폼 소프트웨어의 주요 기능에 대해서 함께 고민하고 찬반을 표시할 수 있어야 한다.

교사에게 필요한 기술 역량

각자의 수업에 필요한 기술적 도구를 선택해야 할 때 기술적 역량은 더욱 중요해진다. NEIS나 인공지능 디지털 교과서와 같은 우리나라 공통의 기술적 도구들은 교사에게 선택 권한이 없다. 스마트 기기나 플랫폼 소프트웨어도 학교에서 결정한 사항을 따라야 한다. 하지

만 자신의 수업에 사용할 응용 소프트웨어나 하드웨어는 교사 스스로 선택할 수 있다. 교육의 디지털 전환이 시작되면서 앞으로 수업에 활용할 수 있는 수많은 응용 소프트웨어와 하드웨어가 쏟아져 나올 것이다. 교사들은 자신의 수업에 어떤 기술적 도구가 효과적이고 필요한지 선택할 수 있어야 한다. 새로운 개념을 학생들에게 이해시키고자 할 때 또는 익힌 개념을 바탕으로 심화 학습으로 나아가고자 할 때, 그에 맞는 적절한 기술적 도구를 선택하는 것은 온전히 담당 교사의 몫이다.

둘째, 선택한 기술적 도구를 수업에 활용하는 역량이다. 수업에 기술적 도구를 활용한다는 것은 기술적 도구에 대한 교사의 철학적인 동의와 기능의 이해를 바탕으로 한다. 선택된 기술적 도구를 수업에 직접 활용하기 위해서는 기술적 도구의 활용을 통해 학생들에게 더 나은 수업을 제공할 수 있다는 판단이 선행돼야 한다. 이는 기술적 도구를 미리 사용해보고 동료 교사들과 의견을 나누는 과정을 통해 만들어질 수 있다. 동료 교사의 추천을 받거나 관심이 가는 기술적 도구를 발견하면, 자신이 직접 사용해보면서 기능을 확인해본다. 그러면 자신의 수업을 머릿속에 떠올리며 수업 시나리오에 어떤 기능이 어떻게 녹아들 수 있는지 설계할 수 있다.

수업 설계 과정에는 학생들의 반응도 포함된다. 수업 시나리오가 만들어지면 동료 교사들과 간단한 시범 수업을 진행해보는 것이 큰 도움이 될 수 있다. 최초 적용을 통해 자신이 계획했던 시나리오를 점검한다. 한두 번의 시험 적용 과정을 거쳐 학생들의 반응과 소요 시간을 확인한다. 이를 바탕으로 수업 시나리오를 수정해나가면 점차 완성된 형태의 기술적 도구 활용 수업을 만들어나갈 수 있다.

제한된 수업 시간 내에 교사 자신이 원하는 목적을 달성하려면 기술적 도구 활용 과정이 원활하게 진행돼야 한다. 그러려면 스마트 기기의 배포, 로그인, 사용하고자 하는 앱 등 수업에 활용되는 기술적 도구의 기능을 충분히 숙지하고 있어야 한다. 수업 중에는 다양한 돌발 상황이 발생한다. 기기의 장애 발생, 인터넷 속도 저하, 학생의 실수로 인한 오작동 등 교사가 수업 중에 즉시 조치해야 하는 문제들이 있다. 학생들이 서로 도와 문제를 해결하는 방법과 교사가 직접 현장에서 조치하여 해결하는 방법을 병행할 수 있다. 학교 수업이라는 제한적인 환경을 고려할 때 수업 중 발생한 문제를 외부의 도움을 받아 해결하기는 현실적으로 힘들다.

결국 교사의 기술적 도구 활용 역량은 기술적 도구를 활용해 수업을 설계하는 능력과 실제 수업 시간에 기술적 도구를 원활하게 운용하는 능력으로 나눌 수 있다. 활용 능력을 높이는 가장 좋은 방법은 평소에 자주 사용해보는 것이다. 학생들이 사용하는 스마트 기기를 교사도 사용해봐야 돌발 상황에 대처할 수 있다. 수업 시간에 사용하고자 하는 앱을 충분히 사용해보고 동료 교사들과 함께 시범 적용을 해보면 좋은 활용 방안이 떠오를 것이다.

셋째, 기술적 도구를 통제하는 역량이다. 기술적 도구를 수업에 활용하면 일정 부분 수업의 주도권이 학생에게 넘어간다. 자리에 앉아 칠판을 주시하며 교사의 설명에 주의를 집중하던 방식에서 벗어나 학생 스스로 주어진 과제를 수행하게 된다. 이런 수업 환경에서 자칫 잘못하면 교사의 수업 통제가 느슨해질 수 있다. 교사는 수업을 장악해야 한다. 기술적 도구를 수업에 활용하는 것이 곧 자유분방한 수업을 의미하는 건 아니다. 오히려 더욱 세밀하게 설계되고 진행되는 수업을 의미한다. 수업 시간에 활용되는 기술적 도구들은 철저히 교사의 통제하에 있어야 한다. 그래야 교사가 계획한 대로 수업이 진행될 수 있다. 기술적 도구의 통제는 기본적으로 기술적 도구가 사용돼야 할 때와 멈춰야 할 때를 구분하는 것이고, 교사가 의도한 기능만 사용되는 것이다. 앞서 언급한 것처럼, 학생들을 교육해 기술적 도구를 통제하는 것이 선행돼야 하며 기술을 활용한 통제는 마지막 수단이 되는 것이 바람직하다. 기술적 도구를 본격적으로 활용하기 전에 학교에서 학생들을 대상으로 디지털 리터러시 교육을 실행하고, 교사들도 수업 시간에 기술적 도구 활용 가이드를 교육해야 한다.

학교에 기술적 도구가 빠르게 보급되면서 스마트 기기 등을 통제하기 위한 기능이 속속 도입되고 있다. 접근 가능 사이트, 사용 가능 앱 통제를 기본으로 수업 중 학생들의 스마트 기기 화면을 교사가 실시간으로 확인하거나 학생들이 사용하는 스마트 기기 화면을 교사가 통제하는 기능도 제공되고 있다. 교사는 학생들의 사용성을 통제할 수 있는 기능을 이해하고 필요한 경우 사용할 수 있도록 준비돼 있어야 한다.

국내에 크롬북을 출시하고 많은 선생님을 만났다. 그분들을 통해 학교 현장에 새로운 것을 도입하는 일이 얼마나 어려운지 알 수 있었다. 낯선 것을 도입하기 위해 관리자를 설득하고, 동료 교사를 이해시키는 과정이 너무나 힘들다고 토로하는 선생님들이 있었다. 학교에서 사용할 스마트 기기를 선정할 때 교육에 가장 좋은 기기가 아니라 아무 문제 없이, 잡음 없이 도입될 수 있는 기기를 원하는 선생님도 많다고 했다.

"선생님들이 잘 모르는 기기를 도입했다가 이런저런 말이 나오는 것이 싫습니다."

앞으로 다양한 기술적 도구가 계속해서 교사들 앞에 놓일 것이다. 누군가는 용기를 내어 첫 번째 사용자가 되고, 다른 이들은 그 뒤를 따를 것이다. 학교 내에서 새로운 기술적 도구에 조금 더 열린 환경이 만들어지고, 앞장서는 교사들을 격려하는 분위기가 조성되기를 바란다.

학교에서 교사 연수를 진행할 때는 종종 플랫폼 소프트웨어 도입을 담당하시는 선생님이 누구냐고 물어본다. 담당 선생님이 손을 들면, 나머지 선생님들께 격려의 박수를 보내자고 부탁드린다. 붉게 상기된 얼굴로 인사를 하는 담당 선생님을 바라보면서 모든 선생님 앞에서 말씀드린다.

"여기 서 계신 선생님이 수고해주신 덕분에 다른 모든 선생님과 학생들이 이런 도구를 사용할 수 있게 됐습니다. 감사합니다."

더 많은 교사가 새로운 기술적 도구에 더 적극적으로 다가가기를 기대해본다.

05

가정의 역할

　학부모들은 학교의 기술 도입을 어떻게 바라볼까? 그 단면을 보여주는 조사 결과가 2023년 5월 발표됐다. 서울시교육청이 모든 중학교 1학년 학생에게 스마트 기기를 보급하는 디벗사업 만족도를 조사했다. 조사에 참여한 학부모 3,468명 중 42.6%는 학생들의 스마트 기기 사용 시간 증가 등을 이유로 디벗 사업에 반대했다.○ 관련 내용을 검색해보면 사업에 비판적인 학부모의 글을 쉽게 찾아볼 수 있다.

　요즘 각 가정에서는 자녀들과 전쟁을 치르고 있다. 게임, SNS에 빠져 있는 자녀들과 매일 언쟁이 벌어진다. 자녀들의 스마트폰을 통제하기도 벅찬데 학교에서 학생들에게 스마트 기기를 나눠준다니, 당장 걱정이 앞선다. 서울시교육청은 이런 학부모들의 우려를 받아

○ 〈메트로〉, 김현정, "서울 중1 56.5%, 스마트기기 활용 '디벗 사업' 만족…학부모는 '글쎄'", 2023. 5. 14, www.metroseoul.co.kr/article/20230514500251

들여 초등학생들은 학교에서 사용하는 스마트 기기를 집으로 가져가지 못하게 하고, 중·고등학교는 학교가 자체적으로 결정하도록 운영 방안을 수정했다.

　요즘 식당에 가보면 어린 자녀에게 스마트폰을 보여주면서 식사를 하는 부모들을 쉽게 발견할 수 있다. 스마트폰은 어느새 칭얼대는 아이들을 달래는 최고의 수단이 됐다. 어린 나이부터 스마트 기기에 노출된 우리의 아이들은 학교에 입학하면서 대부분 자신의 스마트폰을 갖게 된다. 맞벌이를 하느라 자녀와 연락 수단을 가져야 하는 부모들은 아이의 손에 스마트폰을 쥐여준다. 이제 아이들은 채팅 앱이나 SNS로 친구들과 소통한다. 내 아이가 소외될까 봐 스마트폰을 사주는 부모들도 적지 않다. 문제는 어린 나이에 디지털 환경에 노출될수록 기술에 종속적인 태도를 보일 가능성이 크다는 것이다.

　학생들이 다양한 기술적 도구를 받아들이는 태도는 가정에서부터 형성된다. 무분별하게 아이에게 스마트 기기를 던져주는 것이 아니라 처음부터 무엇이, 언제, 왜 필요한지 명확하게 알려줘야 한다. 스마트폰은 내가 필요할 때 나와 세상을 연결해주는 도구이며, 노트북은 하고자 하는 일을 더 효율적으로 빠르게 하도록 돕는 도구임을 명확하게 인식시켜야 한다. 스마트폰과 노트북이 아이들에게 유튜브를 보고 게임을 하는 기기로 인식되느냐 아니냐는 부모의 모습에 달렸다. 부모가 집에서 항상 스마트폰으로 유튜브를 보며 게임을 하면 아이는 스마트폰의 용도를 그렇게 받아들인다. 집에서 늘 게임 도구로 사용되는 노트북이 학교에서 갑자기 학습 도구가 될 수는 없다.

컴퓨터를 포함한 기술적 도구를 어떻게 사용할 것인가에 대한 인식은 가정에서부터 길러져야 한다.

가정은 아날로그적인 공간이 되어야 한다고 생각한다. 디지털 기기의 사용을 최소화하고 꼭 필요할 때만 목적에 맞게 사용하도록 가정의 분위기를 만들어야 한다. 그래야 집중이 필요할 때 스마트폰을 치워놓을 수 있는 아이로 기를 수 있다. 기술을 대하는 우리 아이들의 태도가 가정에서부터 올바르게 형성돼야 학교에서 사용되는 기술적 도구를 도구로 대할 수 있다.

유네스코에서 교육에 사용되는 기술을 광범위하게 조사해 보고서를 발간했다.○ 이 보고서에서는 "교육에서 디지털 기술의 부가가치에 대한 확실한 증거는 거의 없다"라고 밝혔다.○○ 우리가 이 보고서에 주목해야 하는 이유다. 교육의 디지털 전환을 이루지 않으면 교육에 큰 문제라도 생길 것처럼 모두가 너무 서두른다. 전국의 시·도 교육청은 스마트 기기 보급 사업을 경쟁적으로 진행하고 있다. 학생 1인당 1대의 기기 보급을 목표로 속도를 내고 있다. 왜 지금이어야 하냐는 질문에는 명확한 답이 없다. 학교 현장에서 "또 준대요?"라고 반응하는데도, 활용할 준비가 됐는지 아닌지와 상관없이 사업은 진행된다.

교육 현장에 기술을 도입하는 일은 속도보다 방향이 훨씬 중요하다. 앞서 기술을 '테크늄'이라는 단어로 설명했다. 기술은 하나의 생태계를 이루며 마치 생명체와 같이 발전해나간다. 한번 교실에 풀어놓은 기술을 다시 거두어들이기는 매우 어렵다. 그러니 신중해야 한다. 교육에 필요한 기술적 도구들은 무엇이며, 어떻게 활용할 것인가에 대해 교육 주체들이 치열하게 논의하고 공감대를 형성해야 한다.

기술은 인간의 삶을 놀랍게 발전시켜왔다. 하지만 기술의 밝은 면

○ UNESCO UNESDOC 디지털 라이브러리, 〈Global education monitoring report, 2023: technology in education: a tool on whose terms?〉, unesdoc.unesco.org/ark:/48223/pf0000385723

○○ UNESCO UNESDOC 디지털 라이브러리, 〈2023 세계 교육 현황 보고서 요약본 – 교육 분야에서의 기술: 누구를 위한 도구인가?〉, , unesdoc.unesco.org/ark:/48223/pf0000386147_kor

뒤에는 그만큼의 어두운 면이 존재한다. 교육에 기술을 올바르게 사용한다면, 어두운 면을 극복하고 더 나은 교육을 만들어나갈 수 있다고 믿는다. 기술의 부작용을 최소화하면서 기술을 활용해 더 나은 교육을 만들어가야 하는 책임이 우리 모두에게 주어져 있다. 교육과 기술의 멋진 만남을 기대해본다.

에듀테크의 시대

기술은 어떻게 교육을 혁신하는가

초판 1쇄 인쇄 2024년 3월 20일
초판 2쇄 발행 2024년 9월 30일

지은이 이진우
펴낸이 김선식

부사장 김은영
책임편집 김재민 **디자인** 정명희 **책임마케터** 이홍규
다산스마트에듀팀장 김재민 **다산스마트에듀팀** 조아리, 이주원, 이홍규
저작권팀 이슬, 윤제희
마케팅본부장 권장규
미디어홍보본부장 정명찬 **브랜드관리팀** 오수미, 김은지, 이소영, 서가을
뉴미디어팀 김민정, 이지은, 홍수경, 변승주
재무관리팀 하미선, 김재경, 임혜정, 이슬기, 권미애, 오지수, 김주영
인사총무팀 강미숙, 지석배, 김혜진, 황종원
제작관리팀 이소현, 김소영, 김진경, 최완규, 이지우, 박예찬
물류관리팀 김형기, 김선민, 주정훈, 김선진, 한유현, 전태연, 양문현, 이민운
외부 스태프 윤문·교정·교열 공순례 **디자인** Y

펴낸곳 다산북스 **출판등록** 2005년 12월 23일 제313-2005-00277호
주소 경기도 파주시 회동길 490
전화 02-704-1724 **팩스** 02-703-2219 **이메일** dasanbooks@dasanbooks.com
홈페이지 www.dasanbooks.com **블로그** blog.naver.com/dasan_books
다산스마트에듀 www.dasansmartedu.com
종이 신승INC **인쇄** 민언프린텍 **코팅·후가공** 제이오엘앤피 **제본** 다온바인텍

ISBN 979-11-306-5066-1 (03370)

다산북스는(DASANBOOKS)는 독자 여러분의 책에 관한 아이디어와 원고 투고를 기쁜 마음으로 기다리고 있습니다.
책 출간을 원하는 아이디어가 있으신 분은 다산북스 홈페이지 '투고원고'란으로 간단하게 개요와 취지, 연락처 등을 보내주세요.
머뭇거리지 말고 문을 두드리세요.

이 책에 실린 모든 사진은 저작권 확인 등을 거쳤습니다. 저작권 확인이 누락된 사진을 발견하신 분은
다산스마트에듀로 연락 부탁드립니다. 추후 허가를 받고 정당한 대가를 지불하겠습니다.